本书受国家社科基金青年项目"新媒体环境下社区建设的新路径研究"（14CSH005）资助

新媒体环境下
社区建设的新路径

陈福平　著

厦门大学出版社　国家一级出版社
XIAMEN UNIVERSITY PRESS　全国百佳图书出版单位

图书在版编目(CIP)数据

新媒体环境下社区建设的新路径 / 陈福平著. -- 厦门：厦门大学出版社，2024.1
ISBN 978-7-5615-9261-8

Ⅰ.①新… Ⅱ.①陈… Ⅲ.①社区建设-研究-中国 Ⅳ.①D669.3

中国版本图书馆CIP数据核字(2024)第006135号

责任编辑　李峰伟
美术编辑　蒋卓群
技术编辑　许克华

出版发行　厦门大学出版社
社　　址　厦门市软件园二期望海路39号
邮政编码　361008
总　　机　0592-2181111　0592-2181406(传真)
营销中心　0592-2184458　0592-2181365
网　　址　http://www.xmupress.com
邮　　箱　xmup@xmupress.com
印　　刷　厦门集大印刷有限公司

开本　720 mm×1 020 mm　1/16
印张　11
字数　230千字
版次　2024年1月第1版
印次　2024年1月第1次印刷
定价　42.00元

本书如有印装质量问题请直接寄承印厂调换

PREFACE 前言

当前我国城市发展面临着新媒体环境下社区建设的新矛盾。一方面,作为国家基层管理单元的街道和社区组织机构,承接了社区建设中空间建设和服务供给的任务。公共资源投入的属地管理原则强化了社区建设的地域特性,特定的公共福利仅局限在有边界的社区内而不能外溢。另一方面,社区作为共同体,居民的关系网络构成了社区的另一个维度。但在以互联网为核心的新媒体技术环境下,居民的交往空间大大拓展,往往超出了特定的空间边界。这就形成了社区建设中的新矛盾,即随着数字技术的发展和新媒体所带来的"脱域"趋势,地域性的公共资源投入和居民的社区性社会关系将愈发分离,从而造成资源可能无法跟共同体建设有效对接。因此,在这种新媒体环境下,开展社区建设,政府和社区组织机构更有效地进行社区资源配置,激发居民参与,就成为摆在所有社区建设研究者和实践者面前的重要课题。

因此,本书首先关注了地域性新媒体建设的学术和理论意义。当前研究多关注新媒体或互联网给予人们超越地域社区的交往能力。然而社会交往包含了社会关系和情感支持两个维度,根据本研究的实证分析,单纯的在线交往虽有利于关系的拓展,但其对情感支持的实现能力并不如线下社区,而且这种能力随着社会发展也在逐渐下降。因此,本书提出在推动居民线上社区建设的同时,也应发展居民将线上关系向线下延伸的能力,这才能够给予人们更多情感共同体的支持。在这一意义上,在地域社区中,网络时代推动邻里新媒体的发展才真正具有共同体的塑造价值。

本书进一步将新媒体的社区化实践,具体通过新媒体与社区网络、社区服务、社区公共参与以及社区治理的结合进行分析和展现。大量新媒体与社会网络关系的研究关注了新媒体对居民个体网络的跨地域影响,往往忽视了两者关系间的"社区性"意义。因此,本书分析了两个层面上的"社区性"。第一,新媒体可能作为居民用于沟通和联系更多社区外群体的在线平台,居民可能利用新媒体在线平台与邻里沟通交往,参与社区事务。第二,居民的个体网络也存在着相应的"社区性"。这种"社区性"个体网络包含了存量和增量两个维度。居民社会网络的社区性存量体现在其社会网络在地域空间距离和社会关系距离两个方面。如果居民的社会网络愈趋于地理分布上邻近，关系距离紧密，则社区性存量越多。而在增量方面，如果新媒体的社区性使用越有助于居民拉近陌生邻里间的交往，则说明新媒体使用能够增强社区性的社会网络。根据本书的调查分析结果，高社区归属感、高环境利益感知等社区因素对居民核心网络的空间距离有收缩功能，而线上邻里参与能够促进居民与距离较近人群的交往。与此同时，社区归属感和环境利益感知、线上邻里参与也能够进一步增进地域范围内人群的亲密性（存量），线上邻里交往还能够拓展居民的社区性社会网络（增量）。因此，基于我国社区建设的时代背景，本书提出建设网络社区平台和推动地域性利益保护活动两个方面有助于培育社区关系的思路。

在当前社区建设工作中，新媒体与社区服务关系的结合表现为"互联网+社区服务"或智慧社区建设等政策实践；但当前研究往往忽视了其社区属性的重要意义。因此，从技术应用和社区治理的双重视角出发，本书发现社区治理水平影响了智慧社区建设效能，而社区参与则能够直接或间接地通过促进社区治理，提升智慧社区建设效能。这两种效能提升的"社区性"路径都有助于提高居民对智慧社区项目的需求。此外，社区参与和数字能力形成的"互补性"对破解智慧社区发展的"数字鸿沟"问题具有重要意义。

在居民层面，社区建设的重要环节是居民主动参与社区的公共事务。新媒体构建了各类居民在线沟通和交流的平台。因此，本研究分析了这类平台通过何种路径影响了居民对线下社区治理的参与。这有助于思考如何在日益邻里陌生化的城市社区治理中，促进居民参与社区公共事务的路径。

最后，本书对当前新媒体与社区治理之间的相互关系进行了分析。以政府相关机构推动建立的社区微博、社区微信公众号等新媒体平台为研究窗口，探究该类新媒体平台的社区治理绩效，从而反映新媒体对社区治理能力提升的影响。与此同时，本书也结合对社区新媒体运作实践中创立者、运营者和参与者等的访谈资料，分析了当前地方治理者在社区新媒体运作中存在的相关结构性问题。

综合以上分析，本书从新媒体对社区建设影响的基本问题出发，通过对目前社区建设要素的数字化、网络化和信息化趋势进行调查分析，阐释了城市社区发展中信息、服务和参与形式的重构以及可能的建设新路径，在书中强调主体在社区网络、社区服务和社区治理3个社区建设维度中的不同需求和参与。本书有助于深化目前研究中对争议的认识和整合，同时对提高我国基层社会治理水平和加强虚拟社会管理质量都有重要的政策意义。

2023年8月

CONTENTS 目 录

第一章 导 论 ... 1

第一节 研究背景、问题与意义 ... 1
一、研究背景 ... 1
二、研究问题 ... 2
三、研究意义 ... 6

第二节 当代中国新媒体与社区建设的制度发展和方向 ... 7
一、服务信息化:社区信息化与城市公共服务的结合 ... 8
二、万物互联:智慧城市和智慧社区建设 ... 9
三、新时代的社区建设:"互联网＋社区"行动计划 ... 11
四、我国新媒体与社区建设的制度发展和方向 ... 13

第三节 研究框架与方法 ... 14
一、概念界定:新媒体与社区建设 ... 14
二、分析框架和思路 ... 15
三、研究方法 ... 16

第四节 数据与章节安排 ... 16
一、研究数据与资料情况 ... 16
二、章节安排 ... 20

第二章 找回地域性:互联网时代的社会交往与关系重构 ... 22

第一节 互联网与社会交往:研究与现状 ... 23
一、互联网社交悖论:社会关系与情感支持 ... 23

二、当代中国的互联网与社会交往 ………………………………… 25
　第二节　网络时代的交往效能 ……………………………………… 27
　　一、互联网与个体社会交往：感知的情感强度 ………………… 27
　　二、移动互联网时代的网络社交效能 …………………………… 31
　第三节　效能下降的可能解释：在线关系的能力与局限 ………… 34
　第四节　找回地域性：亲密性社会网络的回归 …………………… 41

第三章　新媒体与社区网络 …………………………………………… 43

　第一节　研究背景与问题 …………………………………………… 43
　　一、研究背景 ……………………………………………………… 43
　　二、文献综述 ……………………………………………………… 45
　　三、研究框架与研究假设 ………………………………………… 50
　第二节　数据与操作化 ……………………………………………… 52
　　一、数据情况 ……………………………………………………… 52
　　二、变量操作化 …………………………………………………… 53
　　三、控制变量 ……………………………………………………… 56
　第三节　研究发现 …………………………………………………… 57
　　一、居民线上讨论网结构的描述性分析 ………………………… 57
　　二、社区、互联网因素对居民线上核心网络规模的影响 ……… 58
　　三、社区、互联网因素对居民线上核心网络地域分布的影响 … 60
　　四、社区、互联网因素对居民线上核心网络关系分布的影响 … 61
　　五、在线邻里交往对居民社区性社会网络拓展的影响 ………… 63
　第四节　本章小结 …………………………………………………… 64
　　一、研究结论 ……………………………………………………… 64
　　二、实践启示 ……………………………………………………… 66

第四章　新媒体与社区服务：智慧社区建设的"社区性" …………… 67

　第一节　当前智慧社区建设的主要问题 …………………………… 68
　第二节　技术与治理：理解智慧社区的两种视角 ………………… 70
　　一、智慧社区建设的技术层面 …………………………………… 70
　　二、智慧社区建设的治理层面 …………………………………… 71
　　三、智慧社区的两种鸿沟 ………………………………………… 72

第三节　数据与研究设计 ··· 74
　　一、数据来源 ··· 74
　　二、测量与操作化 ··· 74
　　三、统计模型 ··· 77
第四节　实证研究结果 ··· 77
　　一、结构方程模型分析结果 ·· 77
　　二、基于Bootstrap的中介效应检验 ···································· 79
第五节　本章小结 ··· 80

第五章　新媒体与社区公共参与 ·· 82

第一节　在线邻里交往与线下公共参与的影响机制研究 ············· 82
　　一、理解互联网的两种范式 ·· 82
　　二、作为一种传播基础结构的在线邻里交往 ························· 86
　　三、社区感：居民与社区之间的情感纽带 ····························· 87
　　四、网络赋权：效能感的中介作用 ······································· 91
第二节　研究设计 ··· 94
　　一、数据来源 ··· 94
　　二、概念界定与变量测量 ·· 95
　　三、研究思路与方法 ·· 99
第三节　研究发现 ·· 102
　　一、描述性分析 ·· 102
　　二、互联网与地域性社区：单因素方差分析 ························ 105
　　三、多元回归模型与中介效应分析 ······································ 108
第四节　本章小结 ·· 114

第六章　见"微"知著：社区治理中的新媒体能力建设 ············· 118

第一节　社区新媒体与治理的两种关系：资源网络与平台建设 ··· 120
　　一、新媒体资源网络：治理中的信息与互动 ························ 120
　　二、平台建设：作为基层政务的新媒体 ······························· 122
第二节　数据、方法与变量情况 ··· 125
　　一、数据调研方法 ··· 125
　　二、定量分析中的变量情况 ·· 125

第三节　新媒体能力建设与社区治理绩效 …………………… 129
  第四节　嵌入于社区治理的新媒体：技术弹性与内容生产 …… 132
    一、新技术的应用与收缩："行政化"的内容生产 …………… 132
    二、技术的社区分化：内容生产和需求的分离 ……………… 135
  第五节　本章小结 ………………………………………………… 137

第七章　总结与讨论 ………………………………………………… 141
  第一节　新媒体时代的社区建设 ………………………………… 141
  第二节　对策建议 ………………………………………………… 144
    一、融合居民线上与线下地域性网络，构建新型的社区邻里关系 … 144
    二、扩大社区数字服务的应用场景，发展智慧社区 ………… 147
    三、构建新型的社区数字参与方式和平台 …………………… 151
    四、充分融合社区新媒体的技术、网络和政务属性 ………… 154

附录　社区建设与信息化服务调查问卷 …………………………… 158

第一章 导 论

第一节 研究背景、问题与意义

一、研究背景

新媒体是指在报刊、广播、电视等传统媒体以后发展起来的新的媒体形态,是通过互联网、无线通信网、有线网络等渠道以及电脑、手机、数字媒体等终端,向用户提供信息和娱乐的传播形态和媒体形态。截至 2016 年 12 月,我国网民规模达 7.31 亿,普及率达到 53.2%,超过全球平均水平 3.1 个百分点。全年共计新增网民 4299 万人,增长率为 6.2%。中国网民规模已经相当于欧洲人口总量。① 新媒体环境正迅速改变着中国人的公共生活。在此背景之下,当代中国居民的生活和交往的边界大大超越了既定的空间边界。互联网,似乎让"海内存知己,天涯若比邻"的人类梦想成为现实。

在国家层面,各级部门也努力推动着城市社区的数字化、信息化和网络化进程。民政部、国家发改委、工信部、公安部、财政部联合发布的《关于推进社区公共服务综合信息平台建设的指导意见》指出,到 2020 年,全国大部分街道均应用社区公共服务综合信息平台,政府基本公共服务事项主要依托社区公共服务综合信息平台统一办理,切实改善社区信息技术装备条件,提高社区管理运行效率,提升居民群众使用率和满意度。② 2017 年,《中共中央 国务院关于加强和完善城乡社区治理的意见》中也提出"增强社区信息化应用能力。提高城乡社区信息基础设施和技术装备水平,加强一体化社区信息服务站、社区信息亭、社区信息服务自助终端等公益性信息服务设施建设。依托'互联网+政务服务'相关重点工程,加快城乡社区公共服务综合信息平台建设,实现一号申请、一窗受理、一网通办,强化'一门式'服务模式的社区应用。实施'互联

---

① 中国网信网.第 39 次中国互联网络发展状况统计报告(全文)[EB/OL].(2017-01-22)[2023-02-05]. http://www.cac.gov.cn/2017-01/22/c_1120352022.htm.
② 民政部网.关于推进社区公共服务综合信息平台建设的指导意见[EB/OL].(2013-12-05)[2023-02-05]. http://www.scio.gov.cn/ztk/xwfb/2013/gxbjhshggcxcjmzsyfzdqkfb/zcfg29743/Document/1353028/1353028.htm.

网+社区'行动计划,加快互联网与社区治理和服务体系的深度融合,运用社区论坛、微博、微信、移动客户端等新媒体,引导社区居民密切日常交往、参与公共事务、开展协商活动、组织邻里互助,探索网络化社区治理和服务新模式。发展社区电子商务。按照分级分类推进新型智慧城市建设要求,务实推进智慧社区信息系统建设,积极开发智慧社区移动客户端,实现服务项目、资源和信息的多平台交互和多终端同步"等意见。①

在城市社会学研究中,传统社区往往被视为一种拥有既定边界和认同、归属的空间环境。在专业城市规划领域里,传统的社区发展模式往往将社会行动限制在有形空间里的公共互动,如公立学校、公园和图书馆等公共空间。这种建造地域社区的有形公共空间,就能形成社区的无形公共领域的想象,支配了当前社区建设的主流趋势。然而近年来在对城市社区建设的研究中,学者逐渐开始重视社会网络或社会关系在城市邻里发展中的作用。② 因此,在新媒体技术发展的背景下,社区建设实际形成了特定背离的图景,即大量社会机构投入相关资源到既定边界的地域社区内,希冀重建社区公共空间和邻里交往,然而社区居民的社会关系网络却开始因为新媒体技术的跨地域性而弥散在社区之外。

如图1.1所示,当前城市发展在此背景中就面临了新媒体环境下社区建设的矛盾问题。社区包含了行政社区与关系社区的两层内涵③:一方面,作为国家基层管理单位的街道和社区组织机构,承接了社区建设中公共资源投入和空间建设的任务,由于公共资源投入的属地管理和户籍原则强化了社区建设的地域特性,特定的公共福利仅局限在有边界的社区内而不能外溢。另一方面,社区作为地域共同体,居民的关系网络形成了社区的另一个维度。但在以互联网为核心的新媒体技术环境下,居民的交往空间大大拓展,往往超出了特定的空间边界。社区建设中的技术矛盾由此产生,即随着沟通技术的发展和新媒体所具备的"脱域"能力,地域性的公共资源投入和网络性的居民交往之间愈发分离。这种矛盾对当前社区建设的服务和治理效能,就可能产生不同影响。因此,思考如何在这种新媒体环境下开展社区建设,政府和社区组织机构如何更有效地配置社区资源和激发居民参与,成为所有社区建设研究者和实践者需要面对的新课题。

二、研究问题

(一) 国内外研究的主要思路

目前,国外新媒体对社区建设影响的研究,主要包括了3个领域:

---

① 新华社.中共中央 国务院关于加强和完善城乡社区治理的意见[EB/OL].(2017-06-12)[2023-02-10]. http://www.gov.cn/zhengce/2017-06/12/content_5201910.htm.
② 陈福平,黎熙元.当代社区的两种空间:地域与社会网络[J].社会,2008,28(5):41-57.
③ 黎熙元,陈福平.社区论辩:转型期中国城市社区的形态转变[J].社会学研究,2008(2):192-217.

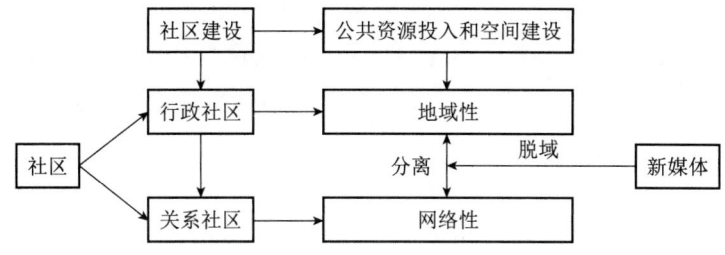

图 1.1 新媒体环境下社区建设的矛盾问题

第一,新媒体与社区网络的关系问题。该领域长期存在着新媒体对社区网络影响的"弱化论"、"强化论"与"补充论"3 种观点之间的争议。① 弱化论认为,以互联网为代表的新媒体技术会让社区居民逐渐脱离地域化的社区生活和交往,弱化社区的传统纽带,因此在互联网时代,地方社区将不再重要。② 强化论则提出互联网、在线社交网络(social network site,SNS)等新媒体不仅支持邻里交往,还促进了围绕地方问题的讨论和动员,在线活动对线下社区的组织参与具有积极作用。③ 而补充论认为新媒体既不会弱化社区网络,也不会对邻里关系产生强化作用。然而随着互联网的普及,对于那些本身就积极参与社区活动的居民而言,互联网增加了其参与的渠道。④

第二,新媒体对社区组织和服务的影响问题。该领域一些研究分析了地方社会组织如何利用新媒体进行更为广泛的跨地动员和资源整合。⑤ 对地方社会组织而言,媒体是能够帮助社会组织进行社会倡导和公众教育,动员公众参与,获取社会资源,实现运动目标。而基于互联网的新媒介技术降低了社会组织的动员成本,增加了其直接接触社会大众的机会。互联网的草根性和强大动员能力使其能够成为地方社会组织可

---

① PUTNAM R D. Bowling alone: the collapse and revival of American community[M]. New York: Simon & Schuster,2000;WELLMAN B,HAASE A Q,WITTE J,et al. Does the Internet increase, decrease, or supplement social capital? Social networks, participation, and community commitment[J]. American Behavioral Scientist,2001,45(3):436-455.
② KRAUT R,PATTERSON M,LUNDMARK V,et al. Internet paradox: a social technology that reduces social involvement and Psychological well-being? [J]. American Psychologist,1998,53(9):1017;NIE N H,ERBRING L. Internet and society[J]. Stanford Institute for the Quantitative Study of Society,2000,3:14-19.
③ HAMPTON K,BARRY W. Neighboring in netville: how the Internet supports community and social capital in a wired suburb[J]. City & Community,2003,2(4):277-311;HAMPTON K N,LEE C J,HER E J. How new media affords network diversity: direct and mediated access to social capital through participation in local social settings[J]. New Media & Society,2011,13(7):1031-1049.
④ WELLMAN B,HAASE A Q,WITTE J,et al. Does the Internet increase, decrease, or supplement social capital? Social networks, participation, and community commitment [J]. American Behavioral Scientist, 2001,45(3):436-455.
⑤ CASTELLS M. The new public sphere: global civil society, communication networks, and global governance [J]. The Annals of the American Academy of Political and Social Science,2008,616(1):78-93.

以利用的重要工具,而地方社会组织在互联网时代也不必拘泥地域化议题和资源的限制,拓展了社会组织活动的空间。然而另一些研究从信息地理的角度,强调了新媒体产生的信息流将居民与某一居住地点产生联系,从而催生虚拟与现实的复合性地方服务。① 因此,在社区组织和服务领域,地域性的参与和组织服务仍可能在新媒体获得新生。

第三,新媒体与社区治理的相互关系问题。一方面,相关研究从电子政务(e-government)的角度强调了新媒体在降低地方社区治理成本、推进服务、提高治理透明度和问责性等方面的作用。在社区治理中,社区治理机构的信息化运作,作为有效的行政改革策略,可以提高行政效率、增加透明度,增强公民对政府的信任,有利于基层政府和社区的社区参与。② 然而,也有研究指出由于数字鸿沟(digital divide)问题,即年长者或低社会经济地位者,由于不掌握互联网及其相关应用技术,新媒体也可能危害治理的质量和服务的普适性。③

而对新媒体的研究则主要在近几年引起了国内学术界的关注,研究问题集中于以下几个方面:

第一,新媒体与社会关系的理论分析。这些研究从宏观角度分析了互联网和信息技术对社会建设与社会结构的影响。④ 一方面,刘少杰将网络个体的联结视为更为有机的整合,他认为网络中自主自觉的个体能够更加清楚地认识相似个体的共同处境和共同利益,进而对周围事物形成共识。⑤ 因此,网络社会的认同一定会从个体认同联结为群体认同或集体认同,即真正意义上的社会认同。而李强等则分析道,互联网构建了一种匿名性特征,在人际互动中身体完全缺席已完全可能。这种互动导致了社会身份的虚无。⑥ 相对以往的空间限制所形成的熟人关系或熟人社会,空间分离的个体主义情感关系在中国社会逐渐蔓延。因此,在对待互联网与社群的关系问题上,我们仍然存在是积极影响还是消极影响的疑问。

第二,新媒体与社区参与。一些研究关注了新媒体在业主维权、社区抗争或邻避

---

① HAMPTON K, BARRY W. Neighboring in netville: how the Internet supports community and social capital in a wired suburb[J]. City & Community, 2003, 2(4): 277-311.
② SAVOLDELLI A, CODAGNONE C, MISURACA G. Understanding the e-government paradox: learning from literature and practice on barriers to adoption[J]. Government Information Quarterly, 2014, 31: 63-71; JUN K, WANG F, WANG D. E-government and citizen attitudes towards local government in China: transparency and capacity for service delivery[J]. Public Performance & Management Review, 2014, 38(1): 125-151.
③ LENK K, TRAUNMULLER R. Broadening the concept of electronic government[J]. Law and Electronic Commerce, 2001, 12: 63-74.
④ 刘少杰. 网络化时代的社会结构变迁[J]. 学术月刊, 2012(10): 14-23; 李强. 互联网对社会的影响及其建设思路[J]. 北京社会科学, 2013(1): 4-10.
⑤ 刘少杰. 网络化时代的社会结构变迁[J]. 学术月刊, 2012, 521(10): 14-23; 刘少杰. 网络化时代社会认同的深刻变迁[J]. 中国人民大学学报, 2014, 28(5): 62-70.
⑥ 李强, 刘强, 陈宇琳. 互联网对社会的影响及其建设思路[J]. 北京社会科学, 2013, 123(1): 4-10.

运动中沟通、动员和宣传等方面的作用。① 而部分研究则分析了新媒体在非冲突性的社区日常行动中,如日常沟通交往、讨论社区事务、组织兴趣爱好和公益活动、开展邻里互助及提供社区服务等方面的功能。②

第三,新媒体与社区信息化。例如,许克祥系统地介绍了数字化社区建设和王颖等对社区信息化路径进行了剖析。③ 然而当前社区服务信息化建设也存在着一些困境,主要包括:理念与行动转换失衡,曲高和寡;服务供给与购买方式单一,价格偏高;社区信息化建设人才流失严重,创新乏力。④

(二)国内外研究的主要不足

从以上论述可以看出,在国外新媒体与社区建设的关系研究中,主要存在以下两个方面的不足之处:

首先,虽然都认可需要重视技术变迁下社区建设的新发展,但仍争议多过共识。例如,对于社区关系网络而言,新媒体是推动了社区网络建设还是销蚀了地方邻里网络?地方信息化服务的发展,是否会让所有居民受益?新媒体对社区参与的推动,是否只在社区权益受损时,才发挥其作用?以上问题都值得社区建设研究者和实践者去认真思考。

其次,这些研究更多关注新媒体对社区建设产生何种影响,却相对忽视了其通过哪些技术和社会要素影响社区。与此同时,相关研究倾向于将新媒体使用作为一个更大的环境背景来讨论社区建设,但忽视了新媒体在社区内部对各建设要素的重构作用。

而国内的研究,讨论的主题比较丰富,但更多强调了新媒体对居民行动的动员作用,比较缺乏从自上而下的建构视角进行切入。同时,对社区建设影响的分析也更多采取静态、单水平、单主体分析,忽视了新媒体环境下社区建设要素的动态性、多水平和交互性。在研究内容上,多数研究更基于第一代互联网的影响,对 Web 2.0 环境下新媒体技术出现的移动化和社会化趋势则相对关注不足。

因此,针对过往研究中的争议以及现实实践中的矛盾,本书的基本问题包括:

---

① 黄荣贵,桂勇.互联网与业主集体抗争:一项基于定性比较分析方法的研究[J].社会学研究,2009(5):29-56;陈鹏.当代中国城市业主的法权抗争——关于业主维权活动的一个分析框架[J].社会学研究,2010(1):34-63;管兵.维权行动和基层民主参与——以 B 市商品房业主为例[J].社会,2010,30(5):46-74;陈晓运.去组织化:业主集体行动的策略——以 G 市反对垃圾焚烧厂建设事件为例[J].公共管理学报,2012(2):67-75.
② 熊易寒.从业主福利到公民权利——一个中产阶层移民社区的政治参与[J].社会学研究,2012(6):77-100;陈华珊.虚拟社区是否增进社区在线参与?一个基于日常观测数据的社会网络分析案例[J].社会,2015(5):101-121.
③ 许克祥.数字化社区[M].北京:北京大学出版社,2005;王颖,等.信息化改变社区[M].北京:社会科学文献出版社,2012.
④ 操世元,周万军."互联网+"环境下社区服务信息化的理念与困境——以杭州市为例[J].行政科学论坛,2017,25(1):32-38.

首先，以互联网为核心渠道的新媒体，对当代中国人的社会关系产生了何种影响？其是弱化还是强化了人们的社会交往？在这种社会关系结构作用的背景下，当我们投入社会资源于地域性社区，建设社区的新媒体服务平台，具有怎样的社会价值？

其次，针对新媒体在社区网络、社区服务以及社区参与上的效果和问题，我们如何寻找一条社区建设的新路径？在此问题之下，我们需要探索的细分问题则为以下3个：

（1）基于新媒体平台的社区网络会对居民的社会交往产生影响吗？我们如何去建立一个能够真正拉近当代城市陌生邻里环境的在线沟通平台？

（2）在新媒体与社区服务结合或智慧社区建设的政策背景之下，社区服务的数字化发展现状如何？居民对此是如何评价的？目前在这类服务的供给和需求中存在着哪些成就和不足？

（3）社区居民参与是当前社区建设的重要驱动力量。新媒体的社区运用会影响居民参与社区公共事务吗？其影响路径是怎样的？目前存在着怎样的问题？

最后，被视为可能填补"传播灰色地带"的重要力量，新媒体是否能够提高社区治理水平？在目前的社区治理中，新媒体一方面促进了社区多方的有序互动和融合，但似乎在各类社区维权行动中，新媒体又往往成为对抗的导火索。这种技术角色转换背后又隐藏着怎样的社区日常实践的逻辑呢？

三、研究意义

本书拟从新媒体对社区建设影响的基本问题出发，通过对目前社区建设要素的数字化、网络化和移动化趋势进行调查，分析城市社区发展中信息、服务和参与形式的重构以及可能的建设新路径，重视分析居民、社区和地方管理者三方的多元、多水平互动，强调主体在媒介使用、硬件建设以及服务项目中的不同需求和参与。本书有助于深化目前研究中对争议的认识和整合，同时对提高我国基层社会治理水平和加强虚拟社会管理质量都有重要政策意义。

本书的基本理论立足点包括：

第一，新媒体环境下的社区建设需要把握技术建构和社会建构的整合。一方面要重视新媒体环境下信息数字化、服务网络化和参与交互性的技术变化，另一方面也不能忽视多水平社区建设主体固有的公共议题属性、数字使用能力、治理组织结构、城市环境特征以及公共服务特质等社会因素的塑造作用。通过两种视角的结合和互构性，分析社区系统内外部的新运作环境。

第二，新媒体环境下的社区建设需要注重居民、社区和政府三方参与的基础性作用。新媒体环境包含了重硬件和重软件的两种建设取向，本书则立足于参与式整合模式，尤其重视以地方为本的社区设计。通过对新媒体环境下居民、社区和政府的新需求和新互动模式的探索,提高数字时代社区管理的社会可接受度和居民体验感。在社会学意义上,注重研究自上而下和自下而上参与的对接路径。

第三,针对数字鸿沟的影响,需要注意社区建设中新媒体使用的普惠性问题。新媒体是否使用、如何使用以及使用效果等多重数字鸿沟的存在,使得我国社区建设的新媒体环境呈现多元化特征。在这一背景下,研究重视以顶层设计和基层适用的双向考量,分析城市建设多元主体基础性到发展性需求的多层次性。

第四,以建设性取向分析新媒体在社区建设中的作用与功能。相关研究表明,数字阶层往往也是高社会经济地位者,存在着社区建设中日常参与不足却又善用新媒体进行群体行动动员的悖论问题。关键原因是该群体的社会网络已移至地域社会之外,却又有着密切的社区利益。因此,本书采用建设性视角,通过把握关键的多方关注问题,着重于社区多主体新媒体应用的日常化和互动的制度化,塑造开放性社区参与空间和社会资本。

通过本书,我们希望能够弥补已有研究的一些不足。首先,在研究对象上,以往研究多集中于互联网对社会的影响,而新出现的新媒体趋势如社交网络服务、移动互联网络的影响则关注不足;本书对城市信息化服务和网络化参与项目进行综合开发,提高社区协作能力,能够对城市社区治理提供新的着眼点。其次,在研究视角上,本书采取多主体、多层次和多维度的多元组合视角,重视新媒体环境下社区自上而下和自下而上建设的对接,对信息时代我国社区建设层面上的新变化和新经验进行总结和探讨,能给未来城市发展提供新的思路。

第二节 当代中国新媒体与社区建设的制度发展和方向

1986年民政部提出了开展"社区服务"的要求,并首次在政府文件中提出了"社区"的概念。90年代初,在社区服务广泛开展的基础上,政府进一步提出了社区建设的思路。该思路的提出背景则基于市场经济发展,居民需求的日益增长和多元化,单纯强调社区服务的社区体制改革已不能满足这一需求。"随着政策、体制和利益关系的调整,城市基层政权和基层组织的功能日趋弱化,对居民越来越缺乏凝聚力和吸引力,在新形势下必须找到一条能强化基层政权和基层组织功能,增强其凝聚力的新路子。"[①]因此,从发展之初,社区建设就被寄予了满足居民需求和强化基层管理的双重目标。当运用到社区建设的国家发展进程中时,作为新媒体形态的互联网和相关信息通信技术与社区的结合则体现了从技术取向逐渐向社会取向,从硬件建设逐渐到软件和硬件全面升级的发展历程。

---

① 李学举.社区建设工作谈[M].北京:中国社会出版社,2003:42.

一、服务信息化：社区信息化与城市公共服务的结合

早在 2006 年，中共中央、国务院即出台了《2006—2020 年国家信息化发展战略》（下称《战略》）①。《战略》中指出了互联网与基层政府管理相结合的一些发展方向，其中包括：第一，改善公共服务。"逐步建立以公民和企业为对象、以互联网为基础、中央与地方相配合、多种技术手段相结合的电子政务公共服务体系。重视推动电子政务公共服务延伸到街道、社区和乡村。逐步增加服务内容，扩大服务范围，提高服务质量，推动服务型政府建设。"第二，加强社会管理。"整合资源，形成全面覆盖、高效灵敏的社会管理信息网络，增强社会综合治理能力。协同共建，完善社会预警和应对突发事件的网络运行机制，增强对各种突发性事件的监控、决策和应急处置能力，保障国家安全、公共安全，维护社会稳定。"第三，推进社区信息化。"整合各类信息系统和资源，构建统一的社区信息平台，加强常住人口和流动人口的信息化管理，改善社区服务。"第四，缩小数字鸿沟。"坚持政府主导、社会参与，缩小区域之间、城乡之间和不同社会群体之间信息技术应用水平的差距，创造机会均等、协调发展的社会环境。"在社区层面，"逐步在行政村和城镇社区设立免费或低价接入互联网的公共服务场所，提供电子政务、教育培训、医疗保健、养老救助等方面的信息服务"。

2013 年，民政部出台了《关于推进社区公共服务综合信息平台建设的指导意见》（下称《指导意见》），至此社区公共服务的信息化建设开始在全国铺开。该意见指出，"社区公共服务综合信息平台是依托信息化手段和标准化建设，整合公共服务信息资源，采取窗口服务、电话服务和网络服务等形式，面向社区居民提供基本公共服务的平台"。《指导意见》也指出了推进社区公共服务综合信息平台建设的原则，包括：①政府引导，社会参与；②服务为本，均等覆盖；③统筹规划，资源整合；④标准先行，规范建设。② 从以上原则出发，基本任务包括了建设社区公共服务信息系统、整合社区公共服务信息资源、完善社区公共服务综合信息平台规划布局和加强社区公共服务综合信息平台运行管理这 4 个方面的内容。

2016 年 10 月，全国社区建设部际联席会议第二次全体会议审议通过了《城乡社区服务体系建设规划（2016—2020 年）》（下称《规划》）③。《规划》中指出，城乡社区服务中的"信息共享正在形成"。具体表现为社区公共服务综合信息平台覆盖率已达到

---

① 中华人民共和国中央人民政府.中共中央办公厅 国务院办公厅关于印发《2006—2020 年国家信息化发展战略》的通知[EB/OL].（2006-03-19）[2023-03-10]. http://www.gov.cn/gongbao/content/2006/content_315999.htm.
② 民政部网.关于推进社区公共服务综合信息平台建设的指导意见[EB/OL].（2013-12-05）[2023-10-31]. https://www.mca.gov.cn/zt/n270/n275/c90376/content.html.
③ 中华人民共和国国家发展和改革委员会.城乡社区服务体系建设规划（2016—2020 年）[EB/OL].（2017-07-07）[2023-03-15]. https://www.ndrc.gov.cn/fggz/fzzlgh/gjjzxgh/201707/t20170707_1196830.html.

10%,智慧社区建设在部分地区探索起步,信息化与社区服务深度融合,提高了公共服务便捷性和群众办事满意度。因此,到2020年,城乡社区服务信息化的具体目标是基本形成"网络联通、应用融合、信息共享、响应迅速的城乡社区服务信息化发展格局"。从更为具体的指标上看,《规划》提出,"力争到2020年,城市社区公共服务综合信息平台覆盖率达到60%,农村社区公共服务综合信息平台覆盖率达到30%。结合或依托社区公共服务综合信息平台,建立覆盖城乡、开放便捷的社区数字化学习公共服务平台及体系"。

在构建城乡社区公共服务综合信息平台的路径上,《规划》提出了3个方面的建设方向:

第一,结合"互联网+政务服务",完善数据接口和共享方式,扎实推进城市社区公共服务综合信息平台建设,最大限度集成不同层级、不同部门、分散孤立、用途单一的各类业务信息系统,构建社区公共服务综合受理窗口,推行"前台一口受理、后台分工协同"。

第二,整合社区公共服务信息资源,推进基础证照的信息多元采集、互通共享、多方利用。

第三,拓展社区公共服务综合信息平台应用,构建实体受理窗口、网上办事大厅、移动客户端、自助终端的多样化服务格局,实现一号申请、一窗受理、一网通办。

《规划》还制定了当前城乡社区服务能力建设重点工程,其中包括:大力推进城乡社区公共服务综合信息平台建设,逐步实现社区公共服务事项的一窗式受理、全人群覆盖、全口径集成、全区域通办;积极引导社会力量参与城乡社区综合服务设施建设运营、信息化建设、人才队伍建设和社会组织培育发展。

从《战略》到《规划》,我国政府在信息化方面不断提出策略和规划,推动电子政务服务的发展,加强社区信息化建设,缩小数字鸿沟。这些政策的重点在于通过建设和完善各级信息化平台,通过数字化的硬件建设,提高公共服务便捷性和群众办事满意度,加强社会管理能力,促进社会稳定和公共安全。此外,政策还强调了政府引导、社会参与、统筹规划、资源整合和标准化建设等原则,以确保信息化建设的顺利推进。

二、万物互联:智慧城市和智慧社区建设

社区服务信息化体现了在互联网发展背景下民政工作与新型信息技术的进一步结合,而智慧城市和智慧社区建设的发展则体现了基层社区管理的硬件和软件与信息技术全面结合,体现了从"信息互联"到"万物互联"的进步。智慧城市建立在物联网、互联网、云计算、大数据、遥感遥测等新一代信息技术基础上,不仅可以带来研发、生产、管理、服务效率的提高,还可以打破时空限制,实现生产生活要素有机组合,使城市

的公共服务资源向乡镇延伸和覆盖,让城市管理更加科学,人居环境更加优美,产业结构更加高效,城乡发展更加均衡,进一步提高城镇化的质量与内涵。

2014年3月,中共中央、国务院印发了《国家新型城镇化规划(2014—2020年)》[①],明确强调了将智慧城市作为提高城市可持续发展能力的重要手段和途径。同年8月,经国务院同意印发《关于促进智慧城市健康发展的指导意见》,是我国智慧城市建设的第一份系统性文件。[②] 自此开始,智慧城市在政策层面进展明显:从《国家新型城镇化规划(2014—2020年)》到《关于促进智慧城市健康发展的指导意见》《关于开展国家智慧城市2014年试点申报工作的通知》[③],这些文件对智慧城市建设的指导思想、实践路径、工作重点都有了明确的界定,相较前几年,智慧城市的建设方向进一步明确。因此,2014年被称为我国智慧城市建设元年。

2014年5月,住建部发布《智慧社区建设指南(试行)》[④],提出智慧社区建设的"总体架构与支撑平台、基础设施与建筑环境、社区治理与公共服务、社区管理服务、便民服务、主题社区、建设运营模式、保障体系建设"等方面内容,旨在指导和规范我国智慧社区的建设工作。这标志着大数据、云计算、智能化等新型技术与基层社区全面结合的开始。与此同时,该指南将智慧城市建设的地域范围予以明确规定,即在街道以下经过行政性划分的社区范围(也是每个居委会辖区的范围)。

本书系统整理了我国智慧城市和智慧社区建设相关政策的发展历程,见表1.1。从这个时间表中,可以发现以下两个特点:

首先,随着智慧城市建设的深入,"智慧"的落地重心开始进一步下移,与居民生活更为紧密的社区层面建设开始日益显示出重要性。

表1.1 我国智慧城市和智慧社区建设相关政策的发展历程

时间	智慧城市和智慧社区政策发展
2012年1月	《国务院关于印发工业转型升级规划(2011—2015年)的通知》[⑤],首次提出"智慧城市建设"方向
2012年11月	第一批智慧城市试点,智慧社区作为典型应用指标之一(57个指标)

---

① 新华社.国家新型城镇化规划(2014—2020年)[EB/OL].(2014-03-16)[2023-03-15]. http://www.gov.cn/zhengce/2014.03/16/content_2640075.htm.

② 中华人民共和国中央人民政府.发展改革委 工业和信息化部 科学技术部 公安部 财政部 国土资源部 住房城乡建设部 交通运输部关于印发促进智慧城市健康发展的指导意见的通知[EB/OL].(2014-08-27)[2023-03-15]. http://www.gov.cn/gongbao/content/2015/content_2806019.htm.

③ 中华人民共和国科技部.住房城乡建设部办公厅 科学技术部办公厅关于开展国家智慧城市2014年试点申报工作的通知[EB/OL].(2014-09-12)[2023-03-15]. https://www.most.gov.cn/xxgk/xinxifenlei/fdzdgknr/qtwj/qtwj2014/201409/t20140912_115504.html.

④ 中华人民共和国住房和城乡建设部.住房城乡建设部办公厅关于印发《智慧社区建设指南(试行)》的通知[EB/OL].(2014-05-04)[2023-03-20]. https://www.mohurd.gov.cn/gongkai/zhengce/zhengcefilelib/201405/20140520_217948.html.

⑤ 中华人民共和国中央政府.国务院关于印发工业转型升级规划(2011—2015年)的通知[EB/OL].(2011-12-30)[2023-03-20]. http://www.gov.cn/zhengce/content/2012-01/19/content_3655.htm.

续表

时　间	智慧城市和智慧社区政策发展
2013 年 5 月	第二批智慧城市试点,智慧社区作为重点考核内容
2013—2014 年	96 个城市开始智慧城市试点建设
2014 年 3 月	中共中央、国务院发布《国家新型城镇化规划(2014—2020 年)》①,智慧城市正式纳入规划
2014 年 5 月	《智慧社区建设指南(试行)》②发布
2014 年 8 月	第三批智慧城市试点,智慧社区作为必选指标,同时开展智慧社区专项
2014 年 8 月	8 部委发文促进智慧城市健康发展
2016 年 12 月	民政部召开智慧社区建设研讨会,研究智慧社区的总体建设战略
2016 年 12 月	《国务院关于印发"十三五"国家信息化规划的通知》③,指出"推进智慧社区建设,完善城乡社区公共服务综合信息平台,建设网上社区居委会,发展线上线下结合的社区服务新模式,提高社区治理和服务水平"

其次,在从智慧城市到智慧社区的发展过程中,国家也日益注意到新型技术手段和城市建设的结合不仅来自技术产业本身,其也有赖于基层管理体制和管理水平的提升。这意味着要让技术发挥出最大效能,也需要城市管理者对体制机制上阻碍技术发挥的问题进行改革,并激发出创新性思维,推动城市治理体制改革的全面深化。

三、新时代的社区建设:"互联网+社区"行动计划

2015 年,李克强总理在《政府工作报告》中首次提出"互联网+"行动计划,并强调要发展"智慧城市",借助社会化服务和市场运作,促进智慧城市和智慧社区的建设步伐。④ 同年 7 月 4 日国务院印发了《国务院关于积极推进"互联网+"行动的指导意见》(下称《指导意见》),至此拉开了我国在"互联网+"下发展的新序幕。⑤《指导意见》中提出"互联网+"益民服务的重点任务,其中包括"积极探索公众参与的网络化社会管理服务新模式,充分利用互联网、移动互联网应用平台等,加快推进政务新媒体发展

---

① 新华社.国家新型城镇化规划(2014—2020 年)[EB/OL].(2014-03-16)[2023-03-20].http://www.gov.cn/zhengce/2014-03/16/content_2640075.htm.
② 中华人民共和国住房和城乡建设部.住房城乡建设部办公厅关于印发《智慧社区建设指南(试行)》的通知[EB/OL].(2014-05-04)[2023-03-20].https://www.mohurd.gov.cn/gongkai/zhengce/zhengcefilelib/201405/20140520_217948.html.
③ 中华人民共和国中央政府.国务院关于印发"十三五"国家信息化规划的通知(国发〔2016〕73 号)[EB/OL].(2016-12-27)[2023-05-20].http://www.gov.cn/zhengce/content/2016-12/27/content_5153411.htm.
④ 新华社.政府工作报告(全文)(2015 年 3 月 5 日)[EB/OL].(2015-03-16)[2023-03-20].http://www.gov.cn/guowuyuan/2015-03/16/content_2835101.htm.
⑤ 中华人民共和国中央人民政府.国务院关于积极推进"互联网+"行动的指导意见(国发〔2015〕40 号)[EB/OL].(2015-07-04)[2023-03-20].http://www.gov.cn/zhengce/content/2015-07/04/content_10002.htm.

建设,加强政府与公众的沟通交流,提高政府公共管理、公共服务和公共政策制定的响应速度,提升政府科学决策能力和社会治理水平,促进政府职能转变和简政放权"。此外,《指导意见》也指出,"发展社区经济,在餐饮、娱乐、家政等领域培育线上线下结合的社区服务新模式"。在民生服务上,《指导意见》提出要推广在线医疗卫生新模式、促进智慧健康养老产业发展、探索新型教育服务供给方式等新举措。

2017年6月,中共中央、国务院发布首个国家层面的城乡社区治理纲领性文件——《中共中央 国务院关于加强和完善城乡社区治理的意见》(下称《意见》),《意见》明确要求全面提升城乡社区治理法治化、科学化、精细化水平和组织化程度,促进城乡社区治理体系和治理能力现代化。同时提出,到2020年,基本形成基层党组织领导、基层政府主导的多方参与、共同治理的城乡社区治理体系,城乡社区治理体制更加完善,城乡社区治理能力显著提升,城乡社区公共服务、公共管理、公共安全得到有效保障。①

具体在"互联网＋社区建设"方面,《意见》提出,要增强社区信息化应用能力。提高城乡社区信息基础设施和技术装备水平,加强一体化社区信息服务站、社区信息亭、社区信息服务自助终端等公益性信息服务设施建设。依托"互联网＋政务服务"相关重点工程,加快城乡社区公共服务综合信息平台建设,实现一号申请、一窗受理、一网通办,强化"一门式"服务模式的社区应用。实施"互联网＋社区"行动计划,加快互联网与社区治理和服务体系的深度融合,运用社区论坛、微博、微信、移动客户端等新媒体,引导社区居民密切日常交往、参与公共事务、开展协商活动、组织邻里互助,探索网络化社区治理和服务新模式。发展社区电子商务。按照分级分类推进新型智慧城市建设要求,务实推进智慧社区信息系统建设,积极开发智慧社区移动客户端,实现服务项目、资源和信息的多平台交互和多终端同步。

从"互联网＋社区"到智慧社区的政策发展,体现了国家越来越重视信息技术和社会生活的全面融合,并促进政府与公众之间的沟通交流,提高政府的公共管理、公共服务和公共政策制定的响应速度,以及提升政府的科学决策能力和社会治理水平。互联网和移动互联网等技术手段的运用,实现了政府职能转变和简政放权的目标。同时,这些政策也着重推动社区的内生发展能力,加强社区的治理能力和治理体系现代化建设。通过增强社区数字化应用能力,并结合新媒体平台和电子商务的发展,鼓励社区居民参与公共事务、开展协商活动和邻里互助,实现社区治理的现代化和智能化。

---

① 新华社.中共中央 国务院关于加强和完善城乡社区治理的意见[EB/OL].(2017-06-12)[2023-03-20]. http://www.gov.cn/zhengce/2017/06/12/content_5201910.htm.

四、我国新媒体与社区建设的制度发展和方向

综合对我国新媒体与社区建设结合的相关制度和政策梳理，从政策的内涵和发展上看，有以下几个特点：

第一，从社区信息化服务、智慧社区再到"互联网＋社区"的政策发展历程看，随着新时代互联网技术的快速发展，新型信息技术和社区的结合是一个逐渐由重视基础设施，再到技术和社区管理、服务的全面融合过程。随着新经济的发展和社会建设的深入，对国家治理体系和治理能力现代化也提出了新要求，而社区作为国家建设的最基础环节，社区治理在社会治理体系中的作用变得更为重要。此外，新型城镇化也需要城市建设和发展的数字化。社区信息化正是在这种背景下得以启动。从政策发展历程看，"智慧社区"是社区信息化服务的进一步深入，其体现了一个从"信息互联"到"万物互联"的过程，而最终目标是让智能化与社区治理相融合，实现新时代的"智慧"治理。"互联网＋社区"行动计划则进一步推动了"万物互联"再到"互联网＋物／人／制度"的信息技术与社会生活的全面结合。这就需要对基层治理制度加以设计和升级，在社区建设中进一步将技术和目前的社区管理、社区服务进行全面结合，实现社会治理能力的现代化。

第二，党的十九大提出社会治理重心要向城乡社区下沉的任务。[①] 我国"互联网＋社区"相关政策的陆续出台，正体现了这种与社会治理改革与创新过程中的重心方向一致的趋势。在我国社区治理环节，基层自治组织一直长期存在过度行政化的问题。根据相关法律规定，基层自治组织的目标是"居民自治"，但在现实实践中其承担了大量基层政府的行政任务。基层自治组织疲于应付上级管理机构的各项事务性工作，弱化了其促进居民参与和自治的核心作用。另外，随着职业流动市场化和住宅商品化，各类商品房住宅社区在城市大量出现，当前居民职业结构和生活方式也不再建立于传统单位的基础之上，城市邻里已呈现"陌生化"的趋势。这对推动居民参与社区治理也带来了新的挑战。因此，利用新型信息技术手段的便捷性、互动性，运用大数据、云计算和人工智能等新型应用，精准挖掘多方需求，推动社区治理的多元参与成为社会治理重心下移的重要手段。此外，随着各类社会组织和经济组织参与到社区治理中，新型社区治理体系的构建也是顺应新时代需求的表现。"互联网＋"的改革和创新，有利于对当前社区建设中技术基础和管理体制的变革，有利于最终实现上述社会治理目标。

第三，"互联网＋社区"的相关政策内容的变化也体现了一个由"重视技术发展"到

---

① 新华社. 习近平：决胜全面建成小康社会 夺取新时代中国特色社会主义伟大胜利——在中国共产党第十九次全国代表大会上的报告［EB/OL］.（2017-10-27）［2023-03-25］. http：//www.gov.cn/zhuanti/2017/10/27/content_5234876.htm.

"重视人民生活需求"的过程。从社区信息化、智慧社区再到"互联网+"行动计划的政策演变,体现了我国政府在新型技术和社会治理体系结合的过程中,日益重视"以人为本"的发展理念。科技发展的"以人为本",就要从市民的实际需求出发,对政府和市场的技术和服务供给进行合理的设计,真正"智慧"地满足城市居民生活需要。以信息化手段推动基层社会治理的创新和发展,要以基层治理的问题和需求为对象,强调"以人为本"地推动社区的和谐、健康、有序发展,让社区居民参与到社区的管理和服务中来,从而提高"城乡社区治理法治化、科学化、精细化水平和组织化程度,促进社区治理体系和治理能力现代化"。

第三节 研究框架与方法

一、概念界定:新媒体与社区建设

(一)新媒体

新媒体是指在报刊、广播、电视等传统媒体以后发展起来的新的媒体形态,是通过互联网、无线通信网、有线网络等渠道以及电脑、手机、数字媒体等终端,向用户提供信息和娱乐的传播形态和媒体形态。而我们认为社区维度的新媒体包括了狭义和广义两个层次。在狭义层次上,社区新媒体重在传播和互动,相对于传统的报纸、电视、广播等传统媒体,是基于数字技术的网络媒体发展,在居住社区建立起来的新型立体的、综合的媒体,是结合互联网、平面媒体乃至社区活动的立体传播方式。而在广义层次上,社区新媒体则不但包括了传播和互动,也包括了服务和治理。其是政府、社区和居民,利用电脑、手机和其他数字终端设备,通过互联网及其相关软件和应用,在地域社区进行互动、管理和服务的媒介。

在本书中,我们将更加立足于广义层次上的社区新媒体,即既关注新媒体在整体社会层面上对社区的影响,也将分析社区建设中结合了新媒体所形成的社区传播和社区服务形态。

(二)社区建设

在国家政策领域,社区建设最早出现于2000年11月中共中央办公厅、国务院办公厅关于转发《民政部关于在全国推进城市社区建设的意见》的通知中,指出社区建设是指"在党和政府的领导下,依靠社区力量,利用社区资源,强化社区功能,解决社区问题,促进社区政治、经济、文化、环境协调和健康发展,不断提高社区成员生活水平和生活质量的过程"。而在相关理论分析中,社区是一定区域内的社会生活共同体。其包含地域性和社会性两个维度,前者意指社区所具有的空间、行政和福利等要素,而后者则包括社会网络、社会组织和制度等内容。

因此,在本书中,我们将社区建设划分为社区网络、社区服务和社区公共参与3个维度。社区网络为社区居民在地域空间内所结成的关系网络,其既包括了基于血缘、地缘和业缘等基础上的原生性关系网络,也包括了社区居民通过地域空间参与和交往而形成的超越先赋纽带的自获性关系。社区服务则为由政府、居民和社区相关组织、机构所提供的福利性、行政事业性和商业性等服务形式。而社区参与是基层行政管理服务和居民自治的有机结合,居民对社区公共事务的参与是社区自治和民主实践的重要表现。

二、分析框架和思路

(一) 分析框架

本书的分析框架如图1.2所示。新媒体技术体现为以各类技术设备等为载体,以互联网为主要渠道,所形成的各类新型技术形态。居民层面体现为居民使用社区性的网站论坛、微信群、QQ群、微博等。政府和社区机构层面则体现为各种社区信息化服务、互联网+社区服务、智慧社区设施等。而本书将致力于分析这些新媒体形态对政府、居民和社区之间关系的地域化营销,这些影响也将最终转化为社区建设的动力。其与传统社区建设的3个基本要素:社区网络、社区服务和社区参与的结合,也将构筑出互联网时代的地方社会发展的新路径。

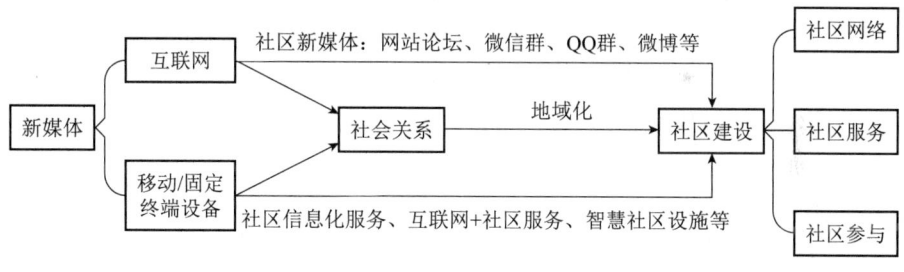

图1.2 本书的分析框架

(二) 研究思路

本书的基本思路如图1.3所示。在本书中,将新媒体环境下使用主体、建设内容和技术趋势3个层面上多主体、多水平的动态发展进行系统分析。其表现为3个递进步骤:

(1) 分析居民、社区和政府3个社区建设主体的新媒体使用基本情况。

(2) 评价多个主体在社区网络、社区服务和社区参与3个社区建设的基本要素上的经验和不足。

(3) 针对上述两者的分析和评价,通过对建设主体和社区要素在网络化、信息化和数字化等新媒体技术趋势下的需求和经验进行总结,提出对策主张,即不同的主体、内容和趋势下的多种组合中的社区建设新路径。

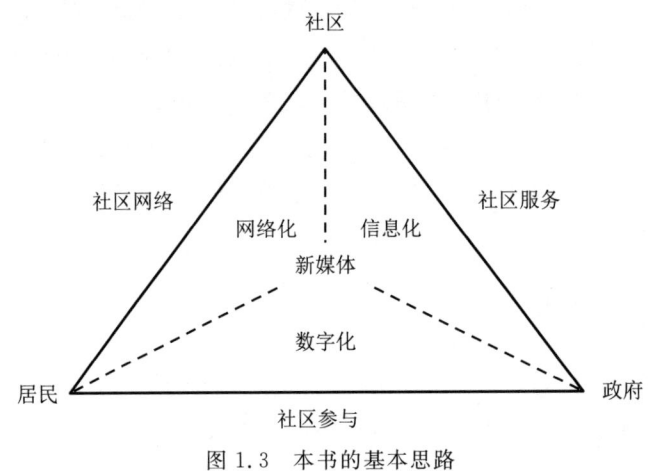

图 1.3 本书的基本思路

三、研究方法

在研究方法上,本书主要采用定性和定量相结合的实证研究方法,包括以下3个环节:

(1)充分收集各城市的社区新媒体统计数据资料以及相关调研报告、政策文本,对现行社区信息化、智能化以及居民新媒体使用的制度背景和案例进行比较分析。

(2)根据互联网普及水平、公共服务发展和城市信息化程度等特征,拟选取厦门进行定点调研,利用分层随机抽样方法,对城市社区新媒体环境下社区建设各主体和各项模块进行问卷调查。

(3)对居民、社区组织和公共服务机构的负责人及有关人员进行深度访问,挖掘特殊性和创新性案例,剖析当前社区建设中新媒体运用的成功经验和不足。

第四节 数据与章节安排

一、研究数据与资料情况

根据研究需要,在分析中,我们将使用到课题组的抽样调查数据和国内相关公开数据库,在此简要介绍这些数据的基本情况。

(一)厦门市社区建设与信息化服务调查

课题组于2016年2—6月在厦门市进行了调查,根据老城区、商品房社区和村改居社区3种典型类型分类,抽取了22个社区,利用居民人口信息系统进行系统等距抽样,每个社区抽取50位居民进行问卷调查。调查最终获取了971个有效样本,完成率为88.3%,见表1.2。另外根据社区规模,我们对样本进行了人口加权。根据《2015年厦门市国民经济和社会发展统计公报》,全市常住人口386万人,固定互联网宽带接入用户144.45万户,移动互联网用户459.84万户,具有较高的城市信息化水平。[①] 调查结果显示,样本中互联网用户样本为798,占比82.18%,基本与城市水平一致。

表1.2 调查街道社区信息及样本数

街道编码	街道	社区编码	社区	调查完成样本数
2	LJ街道	21	XXA社区	50
		22	HXX社区	34
3	ZH街道	31	XXB社区	48
		32	SN社区	31
		33	RA社区	33
4	XG街道	41	XSD社区	50
		42	XW社区	50
5	KY街道	51	ST社区	51
		53	HJ社区	51
6	YD街道	61	SL社区	50
		62	ZX社区	50
7	WC街道	71	XD社区	50
		72	WZ社区	50
		73	WC社区	52
8	JL街道	82	HF社区	22
		83	LHWC社区	50
9	LQ街道	91	JJT社区	48
		93	RJ社区	38
		95	QP社区	16
10	BH街道	101	BC社区	49
		102	HC社区	49
		103	SL社区	49
			总计	971

在性别结构上,最终收回的有效问卷中,男性有442名,占到样本的45.5%;女性

---

① 厦门市人民政府.2015年厦门市国民经济和社会发展统计公报[EB/OL].(2016-03-30)[2023-03-20]. http://www.xm.gov.cn/ftzb/xmsgmjj/.

529 名，占到了样本的 54.5%。在年龄结构上，本次调查的受访者中，年龄最小的为 16 岁，年龄最大的为 86 岁，平均年龄为 43.23 岁。在教育结构上，将受教育程度按照由低到高排列，各个受教育水平的受访者人数及比例的统计描述汇总见表 1.3。受教育程度变量的众数落在了本科组，即拥有本科教育水平的受访者人数最多；中位数则落在了大专组，即将个体按照教育水平从低到高排列，位于中间水平的个案的受教育水平为大学专科。综合两个反映集中趋势的指标来看，此次调查的受访者受教育程度较高。

在收入结构上，月收入变量在本研究中是一个定序变量，共有从月收入为"0 元"到"10000 元以上"12 个等级，除首尾两个组别外，每组组距为 1000 元。该变量的描述性分析可见表 1.3。从整体分布来看，收入水平呈现出中等收入者较多，低收入和高收入者较少的橄榄形结构。收入水平的众数和中位数都落在了"3001～4000 元"这一组。政治面貌的描述性统计结果可以参见表 1.3。在受访者中，群众的人数最多，有 628 人，占到了 64.7%；中共党员有 213 人，占到了 21.9%。

在本社区居住年限上，从调查结果来看，居民在社区内居住的时间从 0.5 年到 80 年不等，居住年限的平均值是 14.77 年。该变量的分布同样是典型的右偏分布，使用中位数来反映该指标的平均水平比较合适。居住年限的中位数是 12 年。

表 1.3 样本的人口学特征（$N=971$）

变量	类别	样本数	百分比/%	变量	类别	样本数	百分比/%
性别	男性	442	45.5	月收入	4001～5000 元	117	12.1
	女性	529	54.5		5001～6000 元	78	8.0
教育程度	小学及以下	50	5.2		6001～7000 元	47	4.8
	初中	179	18.4		7001～8000 元	43	4.4
	高中及中专	207	21.3		8001～9000 元	35	3.6
	大专	230	23.7		9001～10000 元	19	2.0
	本科	264	27.2		10000 元以上	60	6.2
	研究生及以上	41	4.2	政治面貌	群众	628	64.7
月收入	0 元	9	0.9		中共党员	213	21.9
	1～1000 元	80	8.2		民主党派	12	1.2
	1001～2000 元	62	6.4		共青团员	118	12.2
	2001～3000 元	199	20.5	年龄	最小值～最大值	平均值	标准差
	3001～4000 元	222	22.9		16～86 岁	43.23 岁	

（二）中国综合社会调查

中国综合社会调查（Chinese General Social Survey，CGSS）始于 2003 年，是我国最早的全国性、综合性、连续性的学术调查项目。2003—2008 年是 CGSS 项目的第一期，共完成 5 次年度调查（2007 年没有执行），生产出 5 套高质量的年度数据。除

2004年的调查数据,剩下的年度数据都已在中国学术调查数据库(China National Survey Data Archive,CNSDA)的网站(http://www.cnsda.org/)上发布,到目前为止,用户可免费申请使用。2010—2019年是CGSS项目的第二期。截至2015年年底,已完成5次年度调查,其中2010—2013年的数据已公布。①

表1.4显示了研究所涉及调查年份的样本数及互联网使用者和非使用者的样本情况。

表1.4 CGSS数据网民情况(2010—2013年)

项　目	样本数	网民样本数	网民样本占比/%
CGSS2010	11783	4046	34.34
CGSS2011	5620	1953	34.75
CGSS2012	11765	4604	39.13
CGSS2013	11438	4933	43.13

(三)中国社会状况综合调查

"中国社会状况综合调查"(Chinese Social Survey,CSS)是中国社会科学院社会学研究所于2005年发起的一项全国范围内的大型连续性抽样调查项目,目的是通过对全国公众的劳动就业、家庭及社会生活、社会态度等方面的长期纵贯调查,来获取转型时期中国社会变迁的数据资料,从而为社会科学研究和政府决策提供翔实而科学的基础信息。

该调查是双年度的纵贯调查,采用概率抽样的入户访问方式,调查区域覆盖了全国31个省/自治区/直辖市,包括了151个区市县,604个村/居委会,每次调查访问7000到10000余个家庭。此调查有助于获取转型时期中国社会变迁的数据资料,其研究结果可推论全国年满18~69周岁的住户人口。

为了兼顾纵贯调查的连续性和社会议题的现实性,CSS的调查问卷在设计上分为基础模块、更替模块和热点模块3个部分。其中基础模块固定不变,包含了个人基础信息、劳动与就业、家庭结构、家庭经济状况等内容;更替模块如社会阶层地位流动、社会保障、休闲消费、社会价值观等,隔一定周期后重复调查;热点模块则与时俱进,目前已进行了社会群体利益关系、民生问题、城镇化等主题的研究。②

表1.5显示了研究所涉及调查年份的样本数及互联网使用者和非使用者的样本情况。

---

① 2012年CGSS:http://www.cnsda.org/index.php?r=projects/view&id=85111874.
2013年CGSS:http://www.cnsda.org/index.php?r=site/article&id=42.
② 中国社会状况综合调查项目介绍:http://css.cssn.cn/zgshzkzhdc/xmjs/.

表 1.5 CSS 数据网民情况（2015 年）

项　目	样本数	网民样本数	网民样本占比/%
CSS2015	11783	4377	37.15

（四）中国家庭追踪调查

中国家庭追踪调查（China Family Panel Studies，CFPS）由北京大学中国社会科学调查中心（Institute of Social Science Survey，ISSS）实施。[①] CFPS2010 调查数据库覆盖了全国 25 个省、自治区、直辖市，最终完成了对 14960 户家庭、33600 名成人、8990 名少儿的访问（表 1.6）。

表 1.6 CFPS 数据网民情况（2010 年）

项　目	样本数	网民样本数	网民样本占比/%
CFPS2010	33600	6278	18.68

二、章节安排

由于研究报告结构，我们只在报告第一章对相关研究文献的主要方向进行介绍，而更具针对性和细致的相关研究和文献的综述将放在各章中。本研究的主要内容包括：

（1）新媒体环境下地域性社区建设的意义研究（见第二章）。当前的研究多关注于新媒体或互联网给予人们超越地域社区，与人交往的能力。而本研究则分析了在当前推进线上和线下相互融合的社区建设的意义。由于社会交往包含了社会关系和情感支持两个维度，然而根据实证分析，单纯的在线交往虽有利于关系的拓展，然而其对情感支持的实现能力却并不如线下社区，而且这种能力随着社会发展在逐渐下降。因此，本研究提出在社区建设中推动居民线上建设的同时，也注重让居民单纯的线上关系向线下延伸，能够给予人们更多的情感支持。从这一意义上，在地域空间里推动邻里新媒体的发展在网络时代仍具有重要的社会效益。

（2）新媒体环境下社区网络的构建研究（见第三章）。在新媒体与城市社区居民社会网络关系的分析中，虽然不少研究关注了新媒体对居民个体网络的跨地域影响，然而却忽视了两者关系间"社区性"的意义。因此，本研究将分析两个层面上的"社区性"。一方面，新媒体既可能被居民作为用于沟通和联系更多社区外群体的在线平台，但也存在社区性使用的一面：居民可能利用新媒体在线平台与邻里沟通交往，参与社区事务。另一方面，居民的个体网络也存在着相应的"社区性"。这种个体网络包含了存量和增量两个维度。居民个体社会网络的社区性存量体现在其社会网络在地域空

[①] 中国家庭追踪调查：http://www.isss.pku.edu.cn/cfps/.

间距离和社会关系距离两个方面。如果居民的社会网络愈趋于地理分布上邻近,关系距离紧密,则社区性存量越多。而在增量方面,如果新媒体的社区性使用,越有助于居民拓展原为陌生邻里的实体社区中交往,则说明新媒体使用能够增强社区性的社会网络。因此,要达到这种效果的路径,并非取决于互联网对社会关系影响的好坏,而在于我们如何选择使用相关的新媒体平台。本书使用调研数据,探究社区和互联网因素对居民在线网络的空间距离和关系距离的影响机制。研究结果也表明,新媒体的社区性使用能够显著地提高居民社会网络的社区性存量和增量。

(3)新媒体与社区服务:智慧社区的发展问题(见第四章)。在当前的社区建设工作中,新媒体与社区服务关系的结合目前进一步体现为智慧社区等政策实践。然而根据现有研究,当前智慧社区建设却存在着两个主要问题:一是虽然各地的社区服务实践中智慧社区在不断推进,然而居民对该类智慧建设的认同感和接受度并不高。二是已有研究表明,在地方服务数字化、智慧社区建设等过程中,数字鸿沟问题可能造成部分人群无法接收到相关服务,而形成新媒体时代的不平等。针对以上两个问题,我们从居民对智慧社区建设的需求和评价出发,系统分析以上两个问题的具体表现,并探索其形成原因以及可能的突破路径。

(4)新媒体环境下社区参与问题研究(见第五章)。社区治理体现于政府、社区和居民等多方在社区公共事务和社区服务中的参与。在居民层面,社区治理的核心是居民主动参与社区的公共事务。新媒体构建了各类居民在线沟通和交流的平台。因此,我们分析了这类平台通过何种路径影响了居民对线下社区治理的参与。这里有助于思考如何在日益邻里陌生化的城市社区治理中,促进居民参与社区公共事务的路径。

(5)新媒体环境下社区治理问题(见第六章)。由于大众媒介的"社区"缺场,社区新媒体被视为可能填补空白的重要手段。然而根据相关研究,社区新媒体似乎扮演了促进有序治理和激发社区抗争的双重角色。针对上述问题,本章利用混合研究设计,探索了兼具信息媒体、社会网络、基层政务等多维属性的社区新媒体与社区治理之间的关系。研究表明,居民日常的新媒体资源网络提升了社区治理水平,但是官方平台则只发挥了媒体作用,甚至出现信息过载。通过进一步分析发现,当前社区治理主体间的管理关系和社区组织资源塑造了这种新技术的弹性,使平台的内容生产与居民的真实需求分离,从而导致了技术的"收缩"。因此,在信息化和城市人口扩张的背景下,基于地域空间的新媒体网络可以成为构建社区共同体的重要力量。与此同时,新型信息技术要取得更好的社区效益也有赖于当前治理体系由行政思维转向网络时代的"节点"思维,促进资源网络和正式平台的融合。

(6)新媒体环境下社区建设的新路径(见第七章)。最后我们从社区发展的理论和现实背景出发,讨论了新媒体与社区建设结合之于中国基层社会发展的实践意义,并阐释了本书的基本学术价值和利用新媒体实现社区建设新路径的理论内涵。此外,我们也总结了一些可行的新媒体社区实践。

第二章 找回地域性:互联网时代的社会交往与关系重构

互联网与社会交往之间的关系,已是社会科学领域中的老话题。一方面,在互联网流行之初,研究者就对其寄予厚望,认为互联网提供了更为便捷、即时和异步的沟通手段,提升了人们跨越时空的交往能力。这能够扩大使用者的社会网络,从而缓解随着现代性增长的社会孤立(social isolation)。此外,人们也更容易通过互联网找到志趣相投的伙伴,获得新的情感和支持来源。然而也有不少研究者对此抱着怀疑态度。1998年,克劳特等研究者提出互联网社交悖论(Internet paradox)问题:互联网作为一种社交工具,反而减少了使用者的社会联系和社会参与,使用者似乎更难以获得足够的情感支持。[1] 在此之后,也有许多研究发现了这种互联网的负面效应。在当下的媒体中,对互联网到底是让我们更亲近还是更孤独的问题,各种论述同样莫衷一是。

针对此问题,笔者发现,在相关论述中也存在着一些未尽之处。首先,乐观看待互联网者往往强调其对社会网络的拓展作用,纵然是悲观的一方,也将社会关系构建作为问题的解决方案。然而拥有更多的社会关系和更大的社会网络并不等于在情感上的满足。这意味着我们还是要将聚焦点放到互联网对社会情感的真实作用上。其次,使用者在互联网中构建的社会关系具有演化特性,而互联网具有增加某些人或人群某些方面交往的功能,然而不同人群又可能在网络社交中汲取不同程度的情感支持,因此无论是基于互联网社会发展的特定时期,还是基于处在特定生命历程中样本如学生、年轻人等的分析,可能都无法准确评估互联网对社会交往和交往中情感支持变化的真实影响。

在当下中国,"互联网+"无论是在政策领域还是在民众生活中都愈显重要。网络时代,当代中国人的社会交往和精神生活因互联网发生了怎样的变化?互联网起到了何种影响?我们如何利用互联网丰富社会关系,充实情感生活?在这种社会关系结构

---

[1] KRAUT R, PATTERSON M, LUNDMARK V, et al. Internet paradox: a social technology that reduces social involvement and psychological well-being? [J]. American Psychologist, 1998, 53(9): 1017-1031.

作用的背景下,当我们投入社会资源于地域性社区,建设社区的新媒体服务平台,具有怎样的社会价值?

带着种种疑问,笔者尝试通过相关经验材料进行分析和讨论。我们利用CGSS项目数据分析发现,互联网使用者会感知到更高的社交水平,然而这种社交效能却在逐渐下降。基于此,进一步评估了互联网对网民整体社交效能的影响。因此,笔者提出,网络情感支持的获得并不在于在线关系的多寡,若互联网愈趋于只是丰富现实亲密关系的沟通渠道,而非带来增量,那么其可能无法发挥应有的社交效能。通过对网民群体的分析表明,互联网发展弱化了其将虚拟关系转化为现实关系的能力,进而无法满足人们对互联网给予情感支持的需求。随着当代中国"互联网+"的推进,互联网之于社交的悖论,重在于虚拟"弱"关系是否能够向现实"强"关系转化。因此,推动网络交往的"社区化"机制建设,找回地域性,加强这种转化的市场和公共供给,可能将是让互联网提升更大社交效应的重要路径。

第一节 互联网与社会交往:研究与现状

一、互联网社交悖论:社会关系与情感支持

克劳特等研究者用两年时间追踪了73个家庭的169位互联网用户,研究发现,随着互联网使用时间的增加,个人在与家庭成员相处时间、社交规模、社区参与都出现一定程度下降,从而提升了使用者的孤独感与抑郁水平。[1] 他们将此称为"互联网的社交悖论"(Internet paradox),并提出由于在线活动取代了面对面沟通,但在线的弱纽带并不能解决孤独和压抑,因为网络沟通缺乏特定情况的发生背景,从而无法提供有效的情感支持。

此后,不同学者针对互联网对社会交往的威胁开展了各类研究。这些研究表明互联网减少了人们的社会联系,导致社会孤立,催生了情感支持缺失的孤独感。一项研究分析了4113名美国成人的互联网使用情况,发现互联网的使用增加了社会孤立。[2] 普特南认为互联网技术最开始的目的就是用来娱乐而非交往的,并且由于时间配置问题,人们花在互联网上的时间会替代社会活动的时间,会造成社会孤独。[3] 麦克菲森等

[1] KRAUT R, PATTERSON M, LUNDMARK V, et al. Internet paradox: a social technology that reduces social invo lvement and psychological well-being? [J]. American Psychologist, 1998, 53(9): 1017-1031.
[2] NIE N H, ERBRING L. Internet and society[J]. Stanford Institute for the Quantitative Study of Society, 2000(3): 14-19.
[3] PUTNAM R D. Bowling alone: the collapse and revival of American community[M]. New York: Simon & Schuster, 2000.

对1985年和2004年美国综合社会调查数据分析发现,人们正变得更加社会孤立且核心社会网络正在变小,他们把其归因为手机和互联网的使用。[1] 赫莱贝茨等人基于斯洛文尼亚的电话调查和网页调查两套数据,发现互联网对社会关系的影响有限,其只对一些特定的弱势阶层才具有扩大社会网络的作用。[2] 不同研究表明,随着互联网使用时间的增多,个体孤独感也在增强。[3]

自克劳特的标靶文章发表,不同的意见就从未停止。夏皮尔提出,克劳特的两组样本:学生和社区发展组织领袖,前者由于生命历程短而后者为高社会地位的群体,自然他们的地方化社会关系会很少。[4] 汉布尔格和本阿特兹则认为克劳特的研究忽视了当把互联网用于社会、工作、休闲等不同需要时,其社会效果也不一样。[5] 除了样本和测量,更多的反对者则针对克劳特的"互联网悖论"提出了质疑。

更多的研究反驳了互联网减少了使用者的社会关系和社会参与的情况。一方面,互联网实际能够扩大社会网络,加强人群联系。汉普顿和威尔曼基于加拿大多伦多一个入网社区的居民访谈、问卷调查和民族志数据,发现互联网不仅支持邻里交往,还促进了围绕地方问题的讨论和动员。[6] 赵善阳分析了美国GSS2000数据,当控制了工作联系和家庭关系时,互联网使用者会更多地与朋友和亲属联系。[7] 博斯同样对美国成人样本进行分析,网络用户和非用户相比,有相同的非常亲密的人,而在比较亲密的人数量上还要高出20%。[8] 当人们回答在最近一周曾与家庭外多少朋友见面或交谈时,互联网使用者也有更高的水平。[9] 在社会网络结构方面,一项基于美国成人样本的研究发现,互联网使用者有更大的核心讨论网和更广泛的定位法网络。其中互联网使用

---

[1] MCPHERSON M, SMITH-LOVIN L, BRASHEARS M E. Social isolation in America: changes in core discussion networks over two decades[J]. American Sociological Review, 2006, 71(3): 353-375.

[2] HLEBEC V, MANFREDA K L, VEHOVAR V. The social support networks of Internet users[J]. New Media & Society, 2006, 8(1): 9-32.

[3] MOODY E J. Internet use and its relationship to loneliness[J]. Cyberpsychology & Behavior, 2001, 4(3): 393-401; COGET J F, YAMAUCHI Y, SUMAN M. The Internet, social networks and loneliness[J]. Society, 2002, 1(1): 180-201; SUM S, MATHEWS R M, HUGHES I, et al. Internet use and loneliness in older adults [J]. Cyberpsychology & Behavior, 2008, 11(2): 208-211.

[4] SHAPIRO J S. Loneliness: paradox or artifact? [J]. American Psychologist, 1999, 54(9): 782-783.

[5] HAMBURGER Y A, BEN-ARTZI E. The relationship between extraversion and neuroticism and the different uses of the Internet[J]. Computers in Human Behavior, 2000, 16(4): 441-449.

[6] HAMPTON K, WELL MAN B. Neighboring in netville: how the Internet supports community and social capital in a wired suburb[J]. City & Community, 2003, 2(4): 277-311.

[7] ZHAO S Y. Do Internet users have more social ties? A call for differentiated analyses of Internet use[J]. Journal of Computer-Mediated Communication, 2006, 11(3): 844-862.

[8] BOASE J A. America online and offline: the relationship of personal networks to email and other communication media[D]. Toronto: University of Toronto, 2006.

[9] HUA W, WELLMAN B. Social connectivity in America: changes in adult friendship network size from 2002 to 2007[J]. American Behavioral Scientist, 2010, 53(8): 1148-1169.

对定位法网络中的弱关系和核心讨论网中的强关系比例都有积极影响。① 另一方面，互联网也能够增强使用者的线下参与（社区参与、志愿组织）。威尔曼等人基于国家地理网站上 39211 名北美来访者的调查数据分析表明，互联网使用促进了人们的志愿组织参与和政治参与，线下和线上的社会参与呈正相关关系。② 汉普顿等研究者考察了互联网各类使用对邻里、社团、宗教组织和公共活动的参与。结果表明，除了社交网站服务和邻里组织负相关，其他在线活动都对线下的组织参与具有积极作用。③ 相关实证研究也显示出在线活动对线下公共参与和政治参与的积极影响。④

通过对双方论辩者研究的梳理，我们认为相关思路仍有尚待厘清的问题。第一，克劳特等人的研究实际包含了两个维度：使用者的社会关系和情感支持的变化。其支持者或反对者在研究中常将两者作为一体进行阐释，然而实际上情感上的缺失与社会关系中的孤立并不完全相同。因此，互联网的社会交往效能应体现在其作为社交手段时，对使用者情感需求的满足程度。第二，由于互联网具有增加或减少社会交往的二元效应，我们也应该着重考察其净效用（net effect）问题。⑤ 这意味着研究者一方面要考察互联网所助推的社交，更要关注最终的社会情感影响；另一方面，根据互联网积极论的研究，互联网使用会带来人群社会关系结构的变化，而事实上，消极论者则强调了这种关系结构变化后情感支持缺失的问题。这意味着互联网对社会关系和情感支持的可能影响会随着网络社会发展产生不同的效果。因此，我们也有必要对变化中的网络社会之于总体人群的影响进行评估。

二、当代中国的互联网与社会交往

随着互联网的发展，针对当代中国互联网社交问题，这场互联网悖论的争议也继续着。一些基于国内互联网用户的研究表明，个体由于在网络上花费大量的时

---

① CHEN W. Internet use, online communication, and ties in Americans' networks[J]. Social Science Computer Review, 2013, 31(3): 404-423.
② WELLMAN B, HAASE A Q, WITTE J, et al. Does the Internet increase, decrease, or supplement social capital? Social networks, participation, and community commitment [J]. American Behavioral Scientist, 2001, 45(3): 436-455.
③ HAMPTON K N, LEE C J, HER E J. How new media affords network diversity: direct and mediated access to social capital through participation in local social settings[J]. New Media & Society, 2011, 13(7): 1031-1049.
④ VALENZUELA S, NAMSU P, KERK F K. Is there social capital in a social network site? Facebook use and college students' life satisfaction, trust, and participation[J]. Journal of Computer-Mediated Communication, 2009, 14(4): 875-901. CAMPBELL S W, KWAK N. Mobile communication and civic life: linking patterns of use to civic and political engagement[J]. Journal of Communication, 2010, 60(3): 536-555.
⑤ AXEL F. Does the Internet make us lonely? [J]. European Sociological Review, 2000(4): 427-438.

间,导致社会交往减少,而网络使用程度越高,孤独感越强。[①] 时至智能手机的广泛使用,手机上网也在增加个体的孤独感。[②] 国内学者同时也发现孤独的个体会更倾向于使用互联网来缓解孤独。孤独感越强,网络依赖的程度越深,对网络的应用程度也越深入。[③] 大学生会使用智能手机和社交网站服务,通过线上的社交行为来缓解自己的孤独感。[④]

而另一些实证研究也展现了互联网的乐观一面。互联网帮助个体累积虚拟社会资本,获取情感性支持。互联网可以拓展"弱连接"关系认识"圈外朋友",从中获取异质性的信息资源,进而提升自己的桥梁型社会资本。[⑤] 互联网使用对使用者参与精神性和社会性活动具有积极作用。[⑥] 在具体使用方式中,即时通信和电邮等双向的人际沟通活动在维系个人的弱关系方面具有明显的优势,而撰写博客、参与论坛讨论等具有虚拟社区参与性质的活动则有利于培育新的社会联系;[⑦]社交网站的投入时间和使用强度越高,获得的网络社会资本越多;[⑧]互联网在线业主论坛有助于居民的线下参与,虚拟与现实的重叠性强化了集体认同转化为集体行动的能力。[⑨] 由此可见,在国内的相关实证研究中也同样延续着这场关于互联网对社会互动影响的争论。

当代中国的互联网正如何改变大众的生活呢?图2.1展现了中国互联网在空间、时间和使用载体上的变化。2005—2015年,中国互联网使用者的上网时长已从每周15.9小时增长到了26.2小时,平均每天上网3.74小时,接入网络成为许多人每天极为重要的生活方式。与此同时,互联网的使用地点也逐渐从早期的网吧、公共图书馆等公共空间转向了私人家庭。而使用方式的变化则最为明显,从2006年不足15%的人使用手机上网,到了现在已近90%的使用者通过手机接入互联网。或许在当代中国家庭里鲜活的休闲图景已不再是一家人围坐看电视,而是各自用着接入网络的智能手机,在沙发、座椅、睡床上,参与或围观着外面的大千世界。我们或许正迎来一个愈趋

---

① 刘加艳.大学生孤独感与网络使用特点关系的研究[J].中国临床心理学杂志,2004(3):286-292;穆毅.孤独与狂欢:基于网络直播用户的心理和行为分析[J].新闻研究导刊,2016,7(22):67-68.
② 安容瑾,姜永志.大学生手机依赖与孤独感及网络空间人际信任关系探究[J].新闻战线,2015(4):163-164.
③ 田丽,贾哲敏.互联网使用与孤独感关系探析[J].图书情报工作,2011,55(6):6-10.
④ 阴良.孤独感、社会认同与SNS使用之研究——以人人网为例[J].新闻大学,2010(4):11;刘文俐,蔡太生.社会支持与大学生手机依赖倾向的关系:孤独的中介作用[J].中国临床心理学杂志,2015,23(5):3.
⑤ 付晓燕.SNS使用对中国青年社交行为的影响[J].中国青年研究,2013(3):93-96.
⑥ ZHON R,FONG P,TAN P. Internet use and its impact on engagement in leisure activities in China[J]. Plos One,2014,9(2):e89598.
⑦ 黄荣贵,骆天珏,桂勇.互联网对社会资本的影响:一项基于上网活动的实证研究[J].江海学刊,2013,283(1):227-233.
⑧ 刘静,杨伯溆.校内网使用与大学生的互联网社会资本——以北京大学在校生的抽样调查为例[J].青年研究,2010(4):13.
⑨ 黄荣贵,桂勇.互联网与业主集体抗争:一项基于定性比较分析方法的研究[J].社会学研究,2009(5):29-56.

于生活化、私人化和个体化的网络社会。

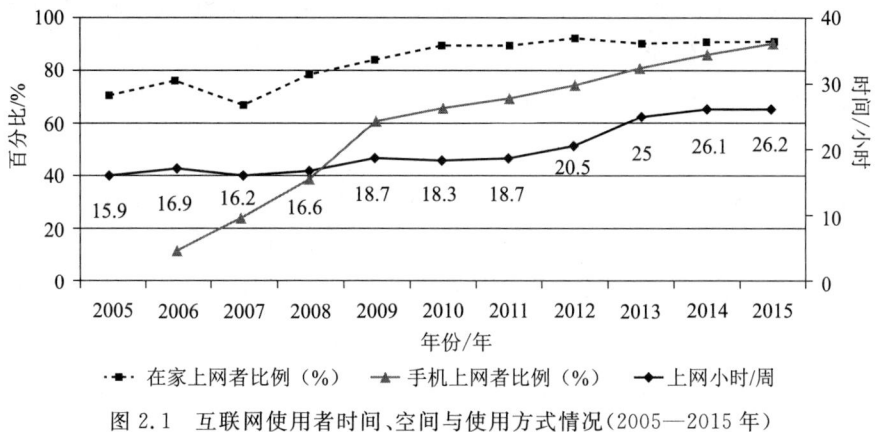

图 2.1　互联网使用者时间、空间与使用方式情况(2005—2015 年)

数据来源:中国互联网络信息中心(CNNIC)。

在社会学者眼中,互联网对人们交往和自我建构的意义也不尽相同。李强等分析道,互联网构建了一种匿名性特征,在人际互动中身体完全缺席已完全可能。[①] 这种互动导致了社会身份的虚无。相对以往的空间限制所形成的熟人关系或熟人社会,空间分离的个体主义情感关系在中国社会逐渐蔓延。而刘少杰则将网络个体的联结视为更为有机的整合,他认为网络中自主自觉的个体能够更加清楚地认识相似个体的共同处境和共同利益,并进而对周围事物形成共识。因此,网络社会的认同一定会从个体认同联结为群体认同或集体认同,即真正意义上的社会认同。[②] 因此,在对待互联网与社群的关系问题上,我们仍然存在着诸多困惑。

基于此,笔者提出两个核心的研究问题,即:

(1)考虑到当前研究中,针对互联网在扩大交往关系,但又似乎减少了情感支持的矛盾时,当代中国互联网之于使用者的社交效能是什么?其呈现了何种变化?

(2)这种社交效能变化又可能是由何种原因引起的?

第二节　网络时代的交往效能

一、互联网与个体社会交往:感知的情感强度

正如我们提出,互联网的社会交往效能体现于网络作为社交手段时,对使用者情

---

① 李强,刘强,陈宇琳.互联网对社会的影响及其建设思路[J].北京社会科学,2013(1):7.
② 刘少杰.网络化时代的社会结构变迁[J].学术月刊,2012(10):14-23.

感需求的满足程度。因此,我们使用个体对社交水平的主观感知来考察社交效能情况。一方面,人们对自身社交水平的感受,既包含了社会关系的数量,也包含了对关系的情感强度的认识。例如"结识"了很多人,却并不等于主观上认为与很多人有社交。另一方面,在关于孤独情绪的研究中,当分析情感支持缺失的关系孤独感时,个体对自身社交的主观认知也是测量中的核心模块。①

为了更准确地估计这种变化趋势,了解互联网在社会生活中的影响,我们利用CGSS项目2010—2013年的截面混合数据,分析了上网对人们主观社交水平的影响。② 前述关于互联网对社会关系影响的研究中多使用美国GSS数据,比较了互联网用户和非互联网用户的社会关系差异。③ 因此,我们使用CGSS数据分析了相同的变量,只是其侧重关注了上网对使用者社会关系的影响,我们对这种可能的关系变化带来的社交感知进行了分析。然而上网与社交水平也可能存在双向因果的内生性问题,如人们由于缺乏社交产生孤独、抑郁等情感支持不足问题,进而使用互联网来促进交往。④ 因此,我们考虑利用工具变量来获得有效估计。在目前针对互联网使用的社会影响研究中,主要使用的工具变量为对手机或计算机等ICT产品的偏好。⑤ 但由于本研究的因变量不同于前者所研究的公共参与行为,这种产品偏好可能与社交仍有相关性。因此,针对个体微观数据特性,从需求侧考虑,我们利用省级

---

① MARANGONI C, ICKES W. Loneliness: a theoretical review with implications for measurement[J]. Journal of Social & Personal Relationships, 2016, 6(1): 93-128.
② 在分析中我们使用的变量及CGSS2010—2013项目问卷编号为主观社交水平(A31-1)、上网(A28-5)、性别(A2)、年龄(A3)、受教育年限(A7a)、收入(A8a)、婚姻状况(A69)、政治面貌(A10)、居住地类型(S5)、自评健康状况(A15,其中2011年数据为D26)、社会公平感(A35-5)。其中主观社交水平则为询问了受访者空闲时间的社交情况,包括从不、很少、有时、经常和非常频繁5个测度,赋值为1~5分。收入为受访者去年全年总收入,受教育年限为根据现有学制,对受访者最高受教育程度进行了受教育年转换。4个年度数据合并样本量为40606个,如果使用列删法处理变量缺失值,样本数为35502个。变量缺失值多集中在收入变量上,由于收入非本研究考察重点且为了保留样本点其他变量信息,我们对缺失值进行了多重插补处理。
③ MCPHERSON M, SMITH-LOVIN L, BRASHEARS M E. Social isolation in America: changes in core discussion networks over two decades[J]. American Sociological Review, 2006, 71(3): 353-375; ZHAO S Y. Do Internet users have more social ties? A call for differentiated analyses of Internet use[J]. Journal of Computer-Mediated Communication, 2006, 11(3): 844-862; HUA W, WELLMAN B. Social connectivity in America: changes in adult friendship network size from 2002 to 2007[J]. American Behavioral Scientist, 2010, 53(8): 1148-1169; CHEN W. Internet use, online communication, and ties in americans' networks[J]. Social Science Computer Review, 2013, 31(3): 404-423.
④ CAPLAN S E. Preference for online social interaction: a theory of problematic Internet use and psychosocial well-being[J]. Communication Research, 2003, 30(6): 625-648; CAMPBELL A J, CUMMING S R, HUGHES I. Internet use by the socially fearful: addiction or therapy? [J]. Cyberpsychology & Behavior, 2006, 9(1): 69-81.
⑤ 陈云松.互联网使用是否扩大非制度化政治参与——基于CGSS2006的工具变量分析[J].社会,2013(5):118-143;刘学,耿曙.互联网与公共参与——基于工具变量的因果推论[J].社会发展研究,2016,10(3):1-26.

通信类产品和服务的消费价格指数作为工具变量。根据需求价格弹性,将互联网使用视为商品需求,其价格的变动将影响人们的使用选择。张冲等研究者利用全国2001—2012年省级面板数据的研究表明,通信行业的消费价格指数对城镇居民通信消费具有显著的正向影响。而通信类消费价格指数作为诸多社会消费品中占比不大的一种,则可能不会对交往产生影响。[①②] 因此,笔者最后选取了一组通信消费价格指数作为工具变量,包括通信类消费价格、通信工具消费价格和通信服务消费价格3类指数。

作为比对,研究中还使用了倾向值匹配(propensity score matching, PSM)方法对样本进行了匹配处理,利用匹配后样本进行回归分析。虽然倾向值匹配方法无法解决反向因果的内生性问题,但对回归的混淆变量问题有一定调整估计的作用。[③] 通过比较 PSM 和工具变量(instrument variable, IV)方法的结果,可以帮助研究得到更稳健的评估。[④] 为了提高匹配精度,研究采用了最邻近匹配和半径匹配的多重匹配方法,要求样本按照 1∶1 的最邻近匹配且匹配半径小于 0.00005,最终获得了匹配样本。匹配结果符合平衡性需求与非混淆性假定。

表 2.1 显示了对社交水平的一般线性回归(ordinary linear regression, OLS)、匹配后样本 OLS(PSM)以及工具变量-广义矩估计(IV+GMM)结果。[⑤] 通过工具变量的一系列检验,根据 Kleibergen-Paap rk LM 检验结果,拒绝了"工具变量识别不足"的零假设,说明工具变量与内生变量具有相关性。Kleibergen-Paap rk Wald F 统计量和 Cragg-Donald Wald F 统计量的值分别为 84.317、126.162,大于 Stock-Yogo 检验 10% 水平上的临界值 13.43,拒绝了工具变量是弱工具变量的零假设。根据 Hansen J 检验的相伴概率为 0.7498,表明工具变量是合理的(即与内生变量相关,而与扰动项不相关)。由此可知,我们选用的工具变量总体是合适的。

---

① 居民消费可能影响社会交往。然而根据国家统计数据测算,居民日常消费中占比较大的为食品和居住消费。2010—2012 年,城乡居民的交通通信消费占到居民总消费的比例为 13.3%、12.8% 和 13.4%。参见 http://data.stats.gov.cn/easyquery.htm?cn=E0103。若扣除掉交通消费,通信消费在日常消费中占比则会更低。考虑到控制了收入情况,通信消费价格变动更可能是影响未上网的居民决定是否使用网络,而对社交水平直接影响更小。
② 张冲,完颜瑞云,孙炜红,等.中国城镇居民通信消费的影响因素研究[J].北京邮电大学学报(社会科学版),2015,17(2):60-66.
③ 胡安宁.倾向值匹配与因果推论:方法论述评[J].社会学研究,2012(1):221-246.
④ GANGL D P. Assessing bias in the estimation of causal effects: Rosenbaum bounds on matching estimators and instrumental variables estimation with imperfect instruments[J]. Sociological Methodology, 2004, 34: 271-310.
⑤ 由于混合截面数据可能的异方差问题,我们采用了更稳健的广义矩估计(generalized method of moments, GMM)进行工具变量回归。

表 2.1 对主观社交水平影响因素的分析(2010—2013 年)

自变量	主观社交水平					
	OLS		PSM		IV+GMM	
上网[a]	0.552***	(0.028)	0.547***	(0.043)	1.163***	(0.313)
年份变量	0.154***	(0.007)	0.175***	(0.014)	0.186***	(0.033)
上网×年份变量	−0.229***	(0.010)	−0.232***	(0.016)	−0.361***	(0.092)
性别[b]	−0.008	(0.012)	0.018	(0.017)	−0.009	(0.013)
年龄	−0.004	(0.002)	−0.000	(0.003)	0.003	(0.004)
年龄平方	−0.000	(0.000)	−0.000	(0.000)	−0.000*	(0.000)
受教育年限	0.025***	(0.002)	0.025***	(0.002)	0.021***	(0.003)
收入对数	0.014***	(0.002)	0.013***	(0.003)	0.012***	(0.002)
婚姻状况[c]	−0.028	(0.017)	−0.020	(0.024)	−0.023	(0.017)
政治面貌[d]	0.187***	(0.020)	0.167***	(0.027)	0.169***	(0.021)
居住地类型[e]	−0.024	(0.015)	0.012	(0.020)	−0.050***	(0.019)
自评健康状况	0.072***	(0.006)	0.072***	(0.008)	0.072***	(0.006)
社会公平感	0.012**	(0.006)	0.018**	(0.008)	0.011*	(0.006)
省份(虚拟变量)	已控制		已控制		已控制	
常数项	1.954***	(0.074)	1.779***	(0.106)	1.595***	(0.185)
内生性检验					15.881	
Kleibergen-Paap rk LM					251.124	
Kleibergen-Paap rk Wald F					84.317	
Cragg-Donald Wald F					126.162	
Stock-Yogo 检验 10%的临界值					13.43	
Hansen J 检验（P 值）					0.7498	
样本数	40606		21716		40606	
R^2	0.085		0.079		0.067	

注：①样本进行了加权处理。②括号内为异方差稳健标准误。③ * $p<0.1$，** $p<0.05$，*** $p<0.01$。④参照组：[a]没上过网；[b]女性；[c]无配偶；[d]非党员；[e]农村。

3种统计模型的结果都表明,上网能够提高人们的主观社交水平,即网民比非网民会感受自己有更多的社交。与此同时,年份变量的影响为正,这表明个体对自身社交水平的感知在近年也在逐步提高。

然而3个模型也都显示,上网与年份的交互效应为负,即随着时间推移,上网对主观社交水平的积极作用正在减弱。也就是说,随着互联网技术的发展,人们也可以拥有更多的在线"朋友"和随时随地的交流,然而互联网对使用者自身交往感知的积极作用却弱化了。因此,对个体而言,在线社交所能提供的情感强度可能是造成这种背离的关键要素。[①]

二、移动互联网时代的网络社交效能

受益于智能手机的出现,移动互联网在近年来得到了快速发展。基于此,微博、微信等在线社交网络(SNS)已深刻影响了当代中国人的日常交往和生活娱乐。如我们前文所分析的那样,中国的网络社会可能正进入一个生活化、私人化和个体化的时代。基于移动端的在线社交应用既给予了人们随时随地联系沟通的能力,然而也可能让使用者更便利地设置一种以自我为中心的社交边界。那么在这个新时期背景下,互联网的社交效能是否会发生改变?

由于移动互联网的发展在近几年,这对分析数据的时新性要求较高。因此,我们使用了CSS2015年的数据,以微博(微信)等聊天交友软件使用情况考察了新媒体时期的互联网交往使用,将各省市自治区的互联网普及率作为网络发展程度的情境指标,考察了两者以及交互效应下对人们情感支持不足的重要表现——孤独感的影响。[②] 然而,在线社交网络的交友使用与孤独感之间也同样可能存在互为因果的内生性问题。但是不同于单一的是否上网,使用在线社交网络的情况更为复杂。因此,我们利用互联网使用技能作为研究的工具变量。根据传统技术接受模型(technology acceptance model,TAM),将微博、微信等互联网使用作为新技术的接受,受到感知的有用性和易用性影响。因此,在线社交网络的普及本身可能成为互联网技术应用在生活和工作中的延伸使用。[③] 孤独感则不直接影响人们日常互联网技能的使用。

笔者使用的变量情况如下:

[①] 克劳特在1998年关于互联网悖论的标靶文章中虽然分析了互联网对孤独、情感失落等问题的影响,但最后讨论的个体情感的核心问题则是互联网与主观幸福感的关系。作为补充,我们也使用了同样的模型,分析了CGSS数据中上网对主观幸福感的影响,发现结果与对主观社交水平的非常一致。
[②] 论文使用数据来自中国社会科学院、中国社会科学院-上海市人民政府上海研究院资助的"2015年中国社会状况综合调查"。该调查由中国社会科学院社会学研究所执行,项目主持人为李培林。笔者感谢上述机构及其人员提供数据协助,本内容由笔者自行负责。
[③] 陈福平.社交网络:技术 vs. 社会——社交网络使用的跨国数据分析[J].社会学研究,2013(6):72-94.

(1)因变量:孤独感通过询问受访者对"我经常会感觉到很寂寞无助"的同意程度测量,包括"非常不同意"到"非常同意"5项。

(2)自变量:①微博(微信)等聊天交友软件的使用程度,测量范围为从不、一年几次、一月至少一次、一周1~2次、一周3~5次、几乎每天。②互联网发展程度。我们使用了省级层次的互联网普及率作为考察互联网发展水平的指标。③其他控制变量则包括了性别(女性/男性)、年龄(年龄平方项)、收入(对数化处理)、受教育年限、政治面貌(非党员/党员)、居住地类型(农村/城市)和社会公平感(1~5分)。

(3)工具变量:我们利用两个项目测量了互联网使用技能情况。①互联网日常使用程度:具体测量为不使用、时不时使用和每天使用。②互联网日常需求程度:具体为受访者工作中对网络技能的需求程度,包括需要和不需要两个测度。

根据相关研究的建议,我们使用了基于多水平分析框架下的工具变量回归对模型进行了估计。[①] 我们在第一阶段利用多元线性回归,使用工具变量和其他控制变量对微博(微信)等聊天交友软件的影响进行了分析;在第二阶段对因变量孤独感的多水平线性估计(multilevel linear estimate,MLE)过程中,将第一阶段回归的内生变量预测值、互联网普及率及两者的交互项纳入模型。此外,我们同时利用省簇聚类(cluster with province)的两阶段广义矩估计(GMM)作为比较,便于评估研究使用的工具变量效度。

表2.2显示了两个模型的研究结果。模型1为两阶段广义矩估计工具变量回归模型,结果显示我们使用的工具变量符合合理且合适的要求。模型2为工具变量多水平线性估计。而模型1和2的结果都表明,微博(微信)等聊天交友软件使用都会降低人们的孤独感,也就是说这些互联网应用可以提高人们交往的情感支持强度。而随着互联网发展,人们的孤独感也会随之降低。然而两者的交互项为负值,表明了在线社交网络交往对孤独感的缓解作用,随着网络发展却在弱化。

表2.2 对孤独感的影响因素分析

自变量	因变量:孤独感			
	模型1(GMM+IV)		模型2(MLE+IV)	
微博(微信)等聊天交友软件	−0.785***	(0.191)	−0.127***	(0.043)
互联网普及率	−0.033***	(0.010)	−0.006**	(0.003)

[①] BECK N. Random coefficient models for time-series-cross-section data:Monte Carlo experiments[J]. Political Analysis,2007,15(2):182-195;VADLAMANNATI SUPA K C. Impact of political risk on FDI revisited—an aggregate firm-level analysis[J]. International Interactions:Empirical and Theoretical Research in International Relations,2012,38(1):111-139.

续表

自变量	因变量:孤独感			
	模型1(GMM+IV)		模型2(MLE+IV)	
互联网普及率×微博(微信)等聊天交友软件	0.013***	(0.004)	0.002**	(0.001)
性别[a]	0.057**	(0.026)	0.044*	(0.024)
年龄	0.046***	(0.008)	0.051***	(0.007)
年龄平方	−0.001***	(0.000)	−0.001***	(0.000)
受教育年限	−0.023***	(0.005)	−0.028***	(0.004)
收入对数	−0.007**	(0.003)	−0.004	(0.003)
婚姻状况[b]	−0.365***	(0.035)	−0.375***	(0.033)
政治面貌[c]	−0.152***	(0.043)	−0.143***	(0.043)
居住地类型[d]	0.008	(0.040)	−0.033	(0.042)
社会公平感	−0.261***	(0.027)	−0.244***	(0.028)
常数项	4.958***	(0.537)	3.454***	(0.195)
残差			1.246***	(0.047)
截距方差			0.020***	(0.006)
斜率方差			0.002***	(0.000)
协方差(截距与斜率)			−0.002	(0.002)
组内相关系数			0.017	
内生性检验	15.131***			
Kleibergen-Paap rk LM	11.754***			
Kleibergen-Paap rk Wald F	22.065			
Cragg-Donald Wald F	250.385			
Stock-Yogo检验10%水平上临界值	19.93			
Hansen J 检验(P值)	0.4851			

注:①括号内为稳健标准误。② * $p<0.1$,** $p<0.05$,*** $p<0.01$。③参照组:[a]女性;[b]无配偶;[c]非党员;[d]农村。

我们利用交互效应图来更好地展示对网络社交效能变化的分析结果。如图2.2所示,上网者会有更高的社交水平感知,微博、微博等交友软件使用者也会有更低的孤独感。这显示了互联网具备一定情感支持强度社交的能力。然而我们也发现一种令人困惑的现象,随着时间推移或是更高水平的互联网发展环境下,使用网络或是使用微博、微信,这种互联网提供情感支持强度的能力都在下降(拟合线斜率降低)。

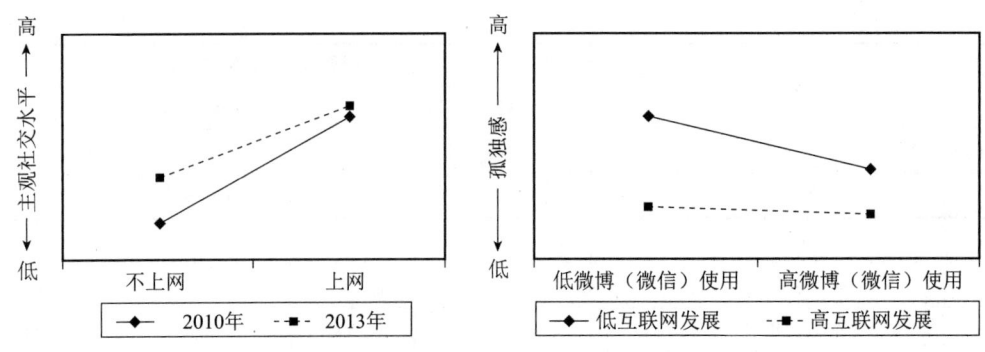

图 2.2 发展背景中的网络社交效能变化

第三节 效能下降的可能解释：在线关系的能力与局限

如前面所分析的那样，互联网虽然能够提高使用者社会交往的情感支持，然而随着互联网的普及，人们在潜在人群中可能寻觅到更多的在线"朋友"的情况下，这种网络社交效能却在逐渐弱化。那么可能是何种原因导致了这种变化的出现？在此，我们尝试从传统研究争议中的关键问题里寻找答案。

孤独感是一种伴随着个体社会关系网络无法满足其情感需求的失落情况。[①] 与此同时，韦斯认为社会性孤独来源于关系网络缺失的社会孤立，而情感性孤独则在于亲密关系的减少。[②] 因此，互联网之所以存在效能下降的问题，很可能在于其所构建的社会关系尤其是亲密性社会关系逐渐无法满足人们的情感需求。那么这种现象背后深层的网络机理是什么呢？

我们尝试从网络关系特质的角度进行剖析。如图 2.3 所示，在①中，对个体而言，虽然人们拥有或大或小的线下亲密关系网络，然而这种网络已无法满足其情感需求，从而产生孤独、抑郁等问题。因此，人们试图选择通过互联网这种沟通工具去拓展新的社会关系或是强化现有社会关系的亲密性。这样就可能形成如②和③的状态。[③] 在②的状态中，个体利用互联网找到了新的满足情感需求的关系。然而这些在线新形成

---

① PINQUART M, SORENSEN S. Gender differences in self-concept and psychological well-being in old age: a meta-analysis[J]. Journals of Gerontology, 2001, 56(4): 195-213; WHEELER L, REIS H, NEZLEK J B. Loneliness, social interaction, and sex roles[J]. Journal of Personality and Social Psychology, 1983, 45(4): 943-953.
② WEISS R S. Loneliness: the experience of emotional and social isolation[M]. Cambridge: MIT Press, 1973.
③ 还有一种互联网使用者只存在在线亲密关系而无线下亲密关系的情况，但这类情况不常见。正如我们对现有研究的分析，在线关系多为现有关系的线上延伸或在线弱关系。另外，这类关系的情感支持意义也可能十分短暂而有限。

的关系并不比通过电话或面对面交流的关系更加亲密,同时支持性也弱于其他方式的沟通,多为弱关系。① 根据社会资本理论,弱关系或桥接型社会资本(bridging social capital)带来信息资源,而强关系或团结型社会资本(bonding social capital)则倾向于提供人情和情感帮助。② 阿德曼等研究者提出弱关系与强关系网络相比,往往伴随着更低水平的亲密感和更少的讨论主题,交谈中也更少亲密话题,沟通渠道的多样性也少于后者。③ 研究表明,在线弱关系能够提供老年使用者信息和友谊,然而这种关系并不适合情感类社会支持的交换。④ 因此,单纯依靠在线关系并不能解决使用者的情感支持不足问题。如果在线关系能够进一步转化成线下关系,才能真正实现亲密关系的转换,从而恢复人们所需求的情感亲密状态,否则在线关系的多寡可能只影响人们的"信息流"而非"情感流"。当线上关系向线下互动进一步转化时,在线的桥接型社会资本更容易变成团结型社会资本,从而对使用者提供更强的情感支持。⑤ 谢波对上海33位老年网民在名为"老小孩"的在线网站上的活动进行了深度访谈发现,相比于单纯的在线关系,线下进一步互动能够帮助使用者将弱关系或伙伴关系,发展成强关系或密友

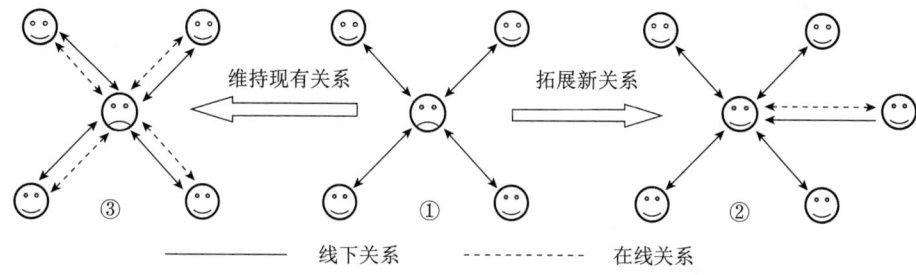

图 2.3 网络时代亲密关系变化

---

① CUMMINGS N, BUTLER B, KRAUT R. The quality of online social relationships [J]. Communications of the ACM,2002,45(2):103-108;MESCH G,TALMUD I. The quality of online and offline relationships:the role of multiplexity and duration of social relationships[J]. Information Society,2006,22(3):137-148.

② GRANOVETTER M S. Strength of weak tie[J]. American Journal of Sociology,1973,78(6):347-367;BIAN Y J. Bringing strong ties back in:indirect ties,network bridges,and job searches in China[J]. American Sociological Review,1997,62(3):366-385;PUTNAM R D. Bowling alone:the collapse and revival of American community[M]. New York:Simon & Schuster,2000.

③ ADELMAN M B, PARKS M R, ALBRECHT T. Beyond close relationships:support in weak ties[M]// ALBRECHT T L, ADELMAN M B. Communicating social support. Newbury Park,CA:Sage,1987.

④ KANAYAMA T. Ethnographic research on the experience of Japanese elderly people online[J]. New Media & Society,2003,5(2):267-288;WRIGHT K. Computer-mediated social support, older adults, and coping[J]. Journal of Communication,2000,50(3):100-108.

⑤ SESSIONS L F. How offline gatherings affect online communities when virtual community members "meetup" [J]. Information, Communication & Society,2010,13(3):375-395;SHEN C, CAGE C. Exodus to the real world? Assessing the impact of offline meetups on community participation and social capital[J]. New Media and Society,2015,17(3):394-414.

关系支持。① 基于此,笔者提出以下假设:

假设1:互联网使用者将在线关系转化为线下亲密关系的能力越强,越能从互联网获得情感与社会支持。

另外,互联网使用者也可能只是利用网络维持与线下亲密关系的沟通,即互联网是一种线下沟通的补充渠道。事实上,这可能也是更多网络用户的选择。一些对不同国家网民与非网民的比较研究表明,互联网实际对社会关系拓展的影响有限,使用者更多是与已认识的亲友进行网上联系。② 纵然是在社会化媒体时代,多数社交网站用户使用倾向是为了保持原有关系,而非拓展新关系。③ 那么这种补充渠道对情感支持不足者的既定关系结构而言,作用可能十分有限。首先,比较图2.3中①和③的状态,在关系结构不变的情况下,对个体而言,互联网似乎只是增加了一种原有关系的沟通方式。由此值得反思的是,原有关系的不满足本身就是情感孤独的来源,增加一种手段是否就可以缓解孤独?其次,在诸多沟通方式中,与手机、电话以及面对面交谈比较,在线沟通其实并无保持亲密关系的优势。研究表明,人们的关系分类本身也与沟通方式有关,如最亲密的社会关系仍倾向于使用电话或手机作为主要沟通渠道。④ 对脸书网(facebook)的一些实证研究也发现,其使用强度会影响人们的桥接型社会资本,但与团结型社会资本关系不大。⑤ 因此推断,既然互联网对现存亲密关系的影响不大,而在情感支持不足的背景下,网络效能的下降,可能还是由于图2.3中②状态的网络关系在拓展和转化上出现了问题。由此,笔者提出以下假设:

假设2:随着互联网发展,使用者将在线关系转化为线下关系的能力却在下降。

---

① XIE B. The mutual shaping of online and offline social relationships[J]. Information Research,2008,13(3):18.
② HLEBEE V. The social support networks of Internet users[J]. New Media & Society,2006,8(1):9-32;SHANYANG Z. Do Internet users have more social ties? A call for differentiated analyses of Internet use[J]. Journal of Computer-Mediated Communication,2006,11(3):844-862.
③ BOYD D M,ELLISON N B. Social network sites:definition,history,and scholarship[J]. Journal of Computer-Mediated Communication, 2007, 13(1):210-230;ELLISON N B,STEINFIELD C,LAMPE C. Connection strategies:social capital implications of facebook-enabled communication practices[J]. New Media & Society,2011,13(6):873-892.
④ LING R S. New tech,new ties[M]. Cambridge,MA:MIT Press,2008;GERGEN K J. Mobile communication the transformation of democratic process[Z]. KATZ J E. Handbook of mobile communication studies,2008;GERGEN KENNETH J. Mobile communication and the transformation of democratic process[Z]//KATZ J E. Handbook of mobile communication studies,2008.
⑤ BURKE M,KRAUT R,MARLOW C. Social capital on Facebook:differentiating uses and users[C]//Proceedings of the SIGCHI Conference on Human Factors in Computing Systems. 2011:571-580;ELLISON N B,VITAK J,STEINFIELD C,et al. Negotiating privacy concerns and social capital needs in a social media environment[M]//TREPTE S,REINECKE L. Privacy online. Berlin,Heidelberg:Springer,2011:19-32.

综合假设 1 和假设 2,可以得到:

假设 3:随着互联网发展,由于使用者将在线关系转化为线下关系的能力下降,进而导致了人们对从互联网获得情感与社会支持的需求也下降。

根据假设和变量的层次,我们采用多层次随机中介效应分析进行研究。由于互联网发展为二水平变量,而虚拟关系转化为现实关系的能力和网络情感与社会支持需求为个体层次变量,即构成了 2-1-1 中介关系的多层次模型。① 因此,模型设定如下:

模型 1:Level-1:$M_{ij} = \beta_{0j}^{(1)} + \beta_{1j}^{(1)} \cdot X_{ij} + \varepsilon_{ij}^{(1)}$;Level-2:$\beta_{0j}^{(1)} = \gamma_{00}^{(1)} + a \cdot W_j + u_{0j}^{(1)}$。

模型 2:Level-1:$Y_{ij} = \beta_{0j}^{(2)} + \beta_{1j}^{(2)} \cdot X_{ij} + \varepsilon_{ij}^{(2)}$;Level-2:$\beta_{0j}^{(2)} = \gamma_{00}^{(2)} + c \cdot W_j + u_{0j}^{(2)}$。

模型 3:Level-1:$Y_{ij} = \beta_{0j}^{(3)} + \beta_{1j}^{(3)} \cdot X_{ij} + b_j \cdot M_{ij} + \varepsilon_{ij}^{(3)}$;Level-2:$\beta_{0j}^{(3)} = \gamma_{00}^{(3)} + c' \cdot W_j + u_{0j}^{(3)}$;$b_j = b + u_b$。

其中 Y_{ij} 为因变量即网络情感与社会支持需求,W_j 为互联网发展程度即不同地区的互联网普及率,M_{ij} 为中介变量即虚拟关系转化为现实关系的能力,X_{ij} 为一组控制变量。模型采用两步多层次模型估计。第一步估计 W_j 对 M_{ij} 的效应(随机截距模型),第二步估计 W_j 和 M_{ij} 对 Y_{ij} 的同时效应(随机斜率模型),平均中介效应可以由 $E(ab_j) = aE(b_j)$ 计算,平均中介效应的标准误可以按照传统的单一水平中介模型计算得到。② 若在模型 1 和模型 2 中,W 或控制变量 X 对 M 和 Y 的影响显著,且模型 3 中,W 或 X 对 Y 不显著,则为完全中介效应;若回归系数变小,则为部分中介效应。

我们使用了中国家庭追踪调查 2010 年的数据。③ 通过成人调查中手机和上网模块,研究选取了其中 6278 名互联网用户进行分析。具体的变量情况为:①中介变量:在线关系向线下关系的转化能力。研究使用了问卷中 KU6 量表进行了因子分析,测量项目包括询问受访者与网友进一步手机联系、见面、成为现实朋友的情况。表 2.3 为因子分析结果,研究使用了最后得到的因子得分。②因变量:网络情感与社会支持需求。CFPS2010 项目中调查了互联网用户使用网络的目的,我们对问卷中 KU3 量表也进行了因子分析。如表 2.4 所示,最后提取了 3 个主成分因子。其中互联网使用者与和网友说心里话、寻找情感或专业帮助等项目,归类为网络情感与社会支持因子。研究也使用该因子的得分作为因变量。③自变量:研究使用了互联网的普及率作为衡量互联网发展程度的情境效应,具体为 2010 年各省、自治区、直辖市的互联网普及率。④控制变量。研究对相关的人口学特征和互联网使用

---

① 温忠麟,刘红云,侯杰泰.调节效应和中介效应分析[M].北京:教育科学出版社,2012:234.
② 温忠麟,刘红云,侯杰泰.调节效应和中介效应分析[M].北京:教育科学出版社,2012:235.
③ 中国家庭追踪调查(CFPS)由北京大学中国社会科学调查中心(ISSS)实施。CFPS2010 调查数据库覆盖了全国 25 个省、自治区、直辖市,最终完成了对 14960 户家庭、33600 名成人、8990 名少儿的访问。具体参见:http://www.isss.pku.edu.cn/cfps/gycfps/cfpsjj/index.htm。

特点进行了控制。具体包括：性别（女性/男性）；年龄；受教育年限（根据学制进行了重新编码）；婚姻状况（有/无配偶）；居住地类型（农村/城市）；上网时长（受访者每天上网的小时数）；在线陌生人联系，受访者与不认识的或陌生人聊天的频率，包括常聊、偶尔聊、不聊3个测度。通过控制上网时间和在线陌生人联系，可以考察在相同的网络使用强度和在线弱关系结构下，自变量和中介变量对因变量影响的净效用。另外，我们对个体层次的连续变量进行了组平减和二层次变量总平减的中心化（centering）处理。

表2.3 在线向线下关系转化因子分析

项目	因子负荷	共同度
与网友进一步用手机联系	0.8328	0.6935
与网友见面	0.8557	0.7322
与网友成为现实朋友	0.8419	0.7800
特征值	2.134	
解释的方差比例	71.15%	

注：克伦巴赫α系数＝0.7804，KMO＝0.7085。

表2.4 互联网使用需求因子分析（主成分分析，因子旋转后）

项目	网络情感与社会支持	工具性使用	休闲娱乐	共同度
娱乐	−0.0047	0.0730	**0.8847**	0.788
学习	0.0602	**0.8094**	0.0560	0.662
工作	0.0500	**0.8468**	−0.0491	0.722
社交	0.3607	**0.5050**	0.3635	0.517
和网友说心里话	**0.8402**	0.0347	0.1077	0.719
寻求网友的情感帮助	**0.8557**	0.0271	0.1081	0.745
寻求网友的专业帮助	**0.7209**	0.2776	−0.0522	0.599
解闷	0.4262	−0.1745	**0.6092**	0.583
特征值	2.734	1.527	1.074	
解释的方差比例	28.45%	21.78%	16.47%	

注：克伦巴赫α系数＝0.6959，KMO＝0.7303。

表2.5为多层次中介分析的3个模型。其中模型1和模型2为随机截距模型，模

型3为随机斜率模型。首先,在模型1中互联网普及程度对中介变量在线向线下关系的转化能力因子影响为负向,这说明随着互联网发展,人们线上向线下关系发展程度反而降低了,支持了本研究的假设2。其次,在模型2中,上网时长对人们的网络情感和社会支持需求影响不显著,在线陌生人联系程度则对其有积极影响。这表明互联网满足人们情感问题的关键并非互联网工具本身,而是其所蕴含的社会关系。互联网普及率对网络情感和社会支持需求具有负向影响,这也再次印证了我们前面所判断的,互联网发展中,网络社交提供的情感支持能力下降的问题。那么这是何种原因导致呢?这就需要模型3进行判断。在模型3中,我们同时考察了二层变量和中介变量的联合影响。结果显示,个体层次上,男性、居住在农村、无配偶、低受教育水平的使用者会有更强的网络情感与社会支持需求。同时网络使用者在线关系向线下关系的转化能力越强,越倾向于从互联网获得情感和社会支持,这支持了假设1。比较模型2和模型3,在纳入中介变量后,互联网普及率的影响已处于边际显著的状态($p=0.090$)。[①]因此,可以认为这种转化能力是互联网发展对网络情感和社会支持的中介变量,起到了部分或完全中介的作用。另外,收入的影响也变为不显著,因此收入对因变量也存在着完全中介效应

表2.5 对线下转化因子和网络情感需求的多层次线性回归分析

自变量	因变量					
	在线向线下关系转化因子		网络情感与社会支持需求			
	模型1		模型2		模型3	
	系数	标准误	系数	标准误	系数	标准误
在线向线下关系转化因子					0.263***	(0.017)
性别[a]	0.272***	(0.037)	0.145***	(0.029)	0.073**	(0.033)
年龄	−0.007***	(0.001)	−0.013***	(0.002)	−0.011***	(0.002)
受教育年限	−0.018***	(0.006)	−0.018***	(0.004)	−0.014***	(0.004)
收入对数	0.011***	(0.003)	0.007**	(0.003)	0.004	(0.003)
婚姻状况[b]	−0.262***	(0.033)	−0.155***	(0.037)	−0.083**	(0.035)
居地类型[c]	−0.002	(0.034)	−0.144***	(0.052)	−0.143***	(0.046)
上网时长	0.028***	(0.007)	0.005	(0.006)	−0.001	(0.006)

[①] 若以95%的置信度($p<0.05$),则模型为完全中介效应;若以90%的置信度($p<0.1$),则模型为部分中介效应。

续表

自变量	因变量					
	在线向线下关系转化因子		网络情感与社会支持需求			
	模型1		模型2		模型3	
	系数	标准误	系数	标准误	系数	标准误
在线陌生人联系	0.179***	(0.014)	0.124***	(0.019)	0.074***	(0.019)
二层次变量						
互联网普及率	−0.004**	(0.002)	−0.005**	(0.002)	−0.0035*	(0.002)
常数项	−0.003	(0.038)	0.124**	(0.056)	0.121**	(0.052)
残差(ε_{ij})	0.879***	0.044	0.886***	0.023	0.820***	0.021
截距方差(u_{0j})	0.020***	0.006	0.020***	0.006	0.015***	0.005
斜率方差(u_b)					0.005***	0.001
组内相关系数(rho)	0.022		0.022		0.023	
一层样本	6278		6278		6278	
二层样本	25		25		25	

注：①样本进行了加权处理。②括号内为稳健标准误。③ * $p<0.1$，** $p<0.05$，*** $p<0.01$。④参照组：[a]女性；[b]无配偶；[c]农村。

为了更好地评估这一结果，我们利用中介分析的3种检验进行了验证（表2.6）。中介检验结果显著且影响为负向，这支持了假设3，即随着互联网发展，由于使用者将在线关系转化为线下关系的能力下降，进而导致了人们对从互联网获得情感与社会支持的需求也下降。

表2.6 多水平中介效应分析

类型	互联网普及→在线向线下关系转化→网络情感与社会支持需求			收入→在线向线下关系转化→网络情感与社会支持需求		
	T值	标准误	p值	T值	标准误	p值
Sobel检验	−2.193	0.0005	0.028	3.726	0.004	0.000
Aroian检验	−2.188	0.0005	0.028	3.715	0.004	0.000
Goodman检验	−2.197	0.0005	0.028	3.736	0.004	0.000

第四节 找回地域性：亲密性社会网络的回归

如图 2.4 所示，针对互联网与社会交往研究中的相关争议，我们剖析了互联网对社交影响的社会关系和情感支持两个维度，并对这两个维度体现出的社交效能问题进行了实证分析。笔者利用相关的微观调查数据分析发现，对个体而言，使用互联网或是使用在线社交网络(SNS)都有助于提高使用者社交的情感支持水平，然而发现随着互联网发展，这种积极效能下降的问题。对此笔者提出了一个可能的解释：在网络社会过程中，由于互联网将在线关系转化为线下关系的能力逐渐弱化，其生成亲密性社会关系的能力也因此降低，从而使其在满足人们情感需求方面也变得力不从心。笔者利用互联网用户的使用行为和需求数据，进行了系列多层次中介分析，结果也支持了前文的假设。

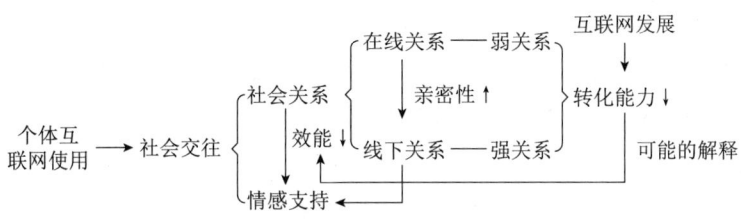

图 2.4 互联网时代的社交效能问题

虽然互联网与交往、孤独的研究及其争议已持续了多年，许多社会科学研究者都参与了这场辩论，然而似乎仍难以达成共识。针对这个争议，本章提供了两个启示。首先，在互联网扩大交往的支持者阵营中，并没有很好地把社会交往中的关系和情感两个维度进行有效区分，关系的孤立不等于情感上的孤独。虽然不少研究表明，社会网络规模往往与精神健康相关，然而事实上，一个拥有众多社会关系的个体仍然可能会有情感支持的不足。其次，在互联网导致孤独等情感缺失问题的支持者一方，往往关注特定线上关系对网络使用者情绪的影响。然而互联网作为社交工具，在线关系实际处于变动的状态，线上建构关系的影响却可能未必在线上。如若线上的关系转入线下密友后，使用者放弃了互联网作为主要沟通手段，则只关注线上关系就无法获取到互联网的真实效能。根据本章内容，互联网最具情感效用的结构体现在从虚拟到现实、从弱关系到强关系的转化能力上。林南认为，社会资本是行动者在行动中获取和使用的嵌入在社会网络中的资源，即来自社会网络并得到动员的资源。[①] 从这个意义

---

① 林南.社会资本:关于社会结构与行动的理论[M].张磊,译.上海:上海人民出版社,2005:24-25.

上,这种转化后的资本可能是最符合网络社会资本的内涵,也更需要我们加以重视。

互联网的使用对社交的情感支持作用仍然是积极的,其会提高个体对自身社交水平的感知。而在移动互联网时代,微博、微信等在线社交网络的使用也有助于缓解人们的孤独感。但是,我们更需要关切的是互联网社交效能下降的事实。正如研究所指出,互联网中在线关系向线下关系的转化具有重要的意义。虽然我们无法指出这种转化能力下降背后的深层原因,其可能是因为交往成本的上升(如收入高者更有转化优势)、人群信任感的变化或其他社会结构因素的影响,然而认识到这种关系转化的作用却有助于我们如何去进一步建设网络社会。因此,推动在线向线下社交的"社区化"机制建设,找回地域性,提高这种转化的市场和公共供给,可能将是让互联网发挥更大社交功能的重要路径。社区可以是同一个居住小区,也可以是同城。地域空间的邻近性,既可能给予线上交往共同的话题和背景,也能够降低从线上到线下的交往成本。例如,杜蓉等研究者考察了豆瓣网的同城活动,发现在44天里有6545个活动,近10万用户参与,其中发布最多的是讲座、音乐和聚会类活动。[①] 事实上,大如同城活动、粉丝聚会、在线婚恋网站,小到居住社区的网络亲子群、团购群,都反映了这种丰富的线下拓展的网络生态。较之先前将人群从线下带到线上,对于互联网企业或是社区治理者,未来的挑战则可能是思考以何种方式将人群再从线上转换到线下。

最后,在互联网社会影响的相关分析中,许多研究采用了学生样本进行评估。正如我们的研究指出,低龄、未婚、低教育程度者往往具有更高的网络关系转化能力,这样就可能造成错误评价互联网的社会效应。因此,我们期望未来有更多基于总人口抽样调查的追踪项目中,纳入互联网使用者心理和行为的调查问题,这样有助于真实而客观地评价互联网对整个社会形成的影响。

[①] 杜蓉,於志文,刘振鲁,等.基于豆瓣同城活动的线上线下社交影响研究[J].计算机学报,2014,37(1):8.

第三章　新媒体与社区网络

在新媒体与城市社区居民社会网络关系的分析中,虽然不少研究关注了新媒体对居民个体网络的跨地域影响,然而却忽视了两者关系间"社区性"的意义。因此,笔者将分析两个层面上的"社区性"。如图3.1所示,一方面,新媒体既可能被居民作为用于沟通和联系更多社区外群体的在线平台,但也存在社区性使用的一面:居民可能利用新媒体在线平台与邻里沟通交往,参与社区事务。另一方面,居民的个体网络也存在着相应的"社区性"。这种个体网络包含了存量和增量两个维度。居民个体社会网络的社区性存量体现在其社会网络在地域空间距离和社会关系距离两个方面。如果居民的社会网络愈趋于地理分布上邻近,关系距离紧密,则社区性存量越多。而在增量方面,如果新媒体的社区性使用,越有助于居民拓展原为陌生邻里的实体社区中交往,则说明新媒体使用能够增强社区性的社会网络。因此,要达到这种效果的路径,并非取决于互联网对社会关系影响的好坏,而在于我们如何选择使用相关的新媒体平台。

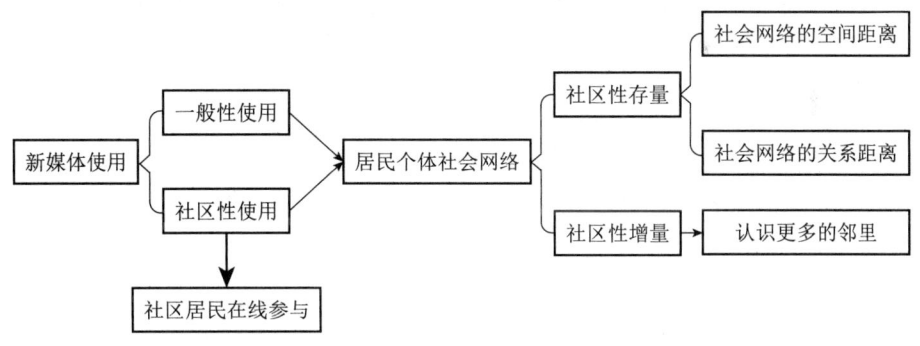

图 3.1　新媒体对社区网络的作用路径

第一节　研究背景与问题

一、研究背景

当代中国的社区关系有着深刻的制度烙印。改革开放以前,国家实行的单位制对城市居民的人际关系产生了重要影响,居民人际网络呈现出规模大、同质性高、业缘关系比重突出的特点。① 改革开放以后,单位制逐渐瓦解,单位的功能开始逐渐由现代化的社区制度承袭。但现代化社区制下人们的生产和生活空间逐渐分离,人际关系结构发生变化。同时伴随着交通的发展、城市化的推进、城市空间的重组,城市居民的社会关系变得更加碎片化,社区因素对人际关系的影响逐渐衰微。

互联网的发展给居民人际关系带来更为深刻的影响。互联网带来了全新的沟通方式,人们在原有的地域空间上不断创造出新的关系空间,社交结构发生了巨变。微信、QQ成为中国网民最常用的即时通信工具,提供了实时的在线沟通环境,打破了距离对人与人之间相互联系的限制;以微博为代表的新兴社区网站加速了信息的传递与分享,其平等、开放的设置有利于扩展人们的网络社会资本,促进与陌生人的人际接触;以百度贴吧等为代表的在线互动论坛,构筑起了堪比现实的虚拟精神共同体,促进了新型人际互动方式;以第二人生、英雄联盟为代表的大型角色扮演社区和网游王国,使得沉浸其中的网民更多地与有相同爱好的群体保持联系,共同经历、共同成长。虚拟社区关系的出现启示我们要重新审视人们之间的社会联系和社区关系。面对互联网带来的多元社会互动的挑战,传统的人际关系在新兴的电子社区中能否有一席之地,虚拟的线上关系是否会替代实体关系成为居民重要的核心网络呢?哪些因素会对居民线上核心网络产生影响呢?目前国内的相关研究还比较少,且社区研究视角和互联网研究视角割裂。社区研究者主要围绕地域性的社区开展研究,强调通过重塑社区归属感、挖掘社区共同利益等社区因素以培育实体社区的社区关系,他们将在线邻里交往作为重建地域性社区关系的可能手段。互联网研究者则主要围绕互联网的特性研究线上互联网因素对居民人际关系的影响,而较少考虑人际关系的地域性特征。笔者认为,居民的线上网络与线下网络是相辅相成的关系。居民的线上人际网络既可能包括了传统熟人社区中的关系,也可能包括互联网虚拟人际关系,对个体而言都是其人际关系的组成部分。要了解居民的线上核心网络结构,需要将线上、线下环境一起纳入考察,才能更接近居民人际关系变化的本质。因此,笔者基于厦门市居民的线上核心网络相关数据,将社区、互联网因素一起整合到模型中探究线上、线下因素对居民线上核心网络规模、地域分布、关系分布的影响机制。因此,我们的研究问题是:居民线上核心网络,是线下关系的延伸还是一种新生的网络虚拟关系?社区因素、互联网因素对居民线上核心网络的结构产生了何种影响?居民线上核心网络的扩散是否会扩大线下网络的规模?社区建设者在新时代该如何培育居民的地域性社区关系,构建地域社会治理共同体?

中华民族的社会关系在上千年的传承中深受亲缘、地缘因素的影响,传统社会网络与地域空间高度重合。如今,社区结构发生变化,人们的关系逐渐"脱域",而互联网

---

① 张文宏,阮丹青,潘允康.中国农村的微观社会网与宏观社会结构[J].浙江学刊,1999(5):35-41.

因素为这样的关系转移提供了可能性,并拓宽了居民交往的时空距离,延伸出了多元的线上网络关系。传统核心关系是否遭受一定程度的冲击呢?本章内容有助于了解居民的线上核心网络是否真如西方学者所述,逐渐从地域中脱离,形成新的样态,由此可以进一步探究这种形态与传统社区核心网络的差异。

在现实意义上,随着单位制的瓦解和社区制的建立,中国的社区制度并未打下牢固的根基,而现在又需要面对社会流动、信息技术等新趋势对社区管理带来的挑战。因此,探索当代居民核心网络是如何受到社区因素和互联网因素的双重作用,有助于探究培育社区归属感、增强居住稳定性、挖掘共同利益、建设在线邻里交往平台实现社区关系"再域化"的相关措施。同时了解互联网对现代居民人际关系的形塑作用,对社区共同体培育和社区治理创新思路也有启示意义。

二、文献综述

(一) 核心社会网络相关研究

英国人类学家拉德克利夫·布朗在20世纪40年代最早提出"社会网络"的概念,他把个体看成是一个结点,人与人的关系就是结点与结点的关系,关系的交织形成了社会网络。[1] "核心社会网络",顾名思义是指社会网络中的核心部分,阮丹青等将其界定为"涉及一定程度的信任和亲密关系"的网络[2],施勒姆等人提出核心社会网络是个体社会网络关系中相对较小但比较重要的关系,能够给网络中心的人提供信息、支持、资源、机遇等[3]。具体而言,核心社会网络就是构成个体社会支持网中最重要的部分,归属于强关系,是能够对居民的生活提供需要的资源和支持的网络。定名法是测量个人核心社会网络的重要方法,让每个被访者提供重要社会网络成员的姓名、个人特质及成员间的相互关系,从而得以测量个人的网络资本。"讨论重要问题的人"[4]、"对一个人来说最亲近的人"[5]、"对他人的态度、行为和幸福感影响最大的人"[6]等都是定名法的具体操作化。伯特的讨论网是应用最广泛的一种核心网络测量方法。本章涉及

---

[1] 周玉.干部职业地位获得的社会资本分析[M].北京:社会科学文献出版社,2005;柳军.微内容网络舆情传播研究[M].武汉:武汉大学出版社,2015;骆群.弱势的镜像:社区矫正对象社会排斥研究[M].北京:中国法制出版社,2012;胡荣.社会学概论[M].北京:高等教育出版社,2009.

[2] 阮丹青,周路,布劳,等.天津城市居民社会网初析——兼与美国社会网比较[J].中国社会科学,1990(2):157-176.

[3] PALACKAL A, MBATIA P N, DZORGBO D B, et al. Are mobile phones changing social networks? A longitudinal study of core networks in kerala[J]. New Media & Society, 2011, 13(3):391-410.

[4] BURT R S. Network items and the general social survey[J]. Social Networks, 1984, 6(4):293-339; MARSDEN P V. Core discussion networks of americans[J]. American Sociological Review, 1987, 52(1):122-131.

[5] WELLMAN B. The community question: the intimate networks of east yorkers[J]. American Journal of Sociology, 1979, 84(5):1201-1231.

[6] MCCALLISTER L, FISCHER C S. A procedure for surveying personal networks[J]. Sociological Methods & Research, 1978, 7(2):131-148.

的社会网络就是依据伯特提出的"重要事宜"定名法来确定个人的核心社会网络的范围。

（二）社区变迁下的人际网络研究

地域空间不仅是人类社会生活的地理居住场所，也是社会关系实践的重要平台。在人际关系的早期研究中，由于依赖传统的车马等交通工具，距离对人际交往的限制作用显而易见。[①] 正因如此，基于地域的"社区"概念被提出。然而，以滕尼斯为代表的"社区失落论"者认为，随着城市化、工业化，人们的社区感将逐渐消退，亲属、邻里、朋友等自然社会联系会日趋疏离。[②] 20 世纪中期，以甘斯[③]、费舍尔（Fischer）为代表的"社区继存论"者则认为城市中仍存在着同质性较高、拥有共同的价值观并保持持续亲密关系的社群。[④] 居住在社区中的人们会与部分邻里和家人重新建立起亲密关系。[⑤] 20 世纪 60 年代以来，以巴里·韦尔曼为代表的"社区解放论"者认为，社区应被视为网络而不是地域，社区就是人与人之间的亲密关系，社区的本质是人与人构成的网络关系。[⑥] 由此，摒弃传统社区研究的地域桎梏，将网络、社群研究纳入现代社区的研究视野中，成为一些学者的共同指向。社区研究逐渐从传统城市地域共同体演变为对脱域的共同体研究。

"脱域"最早由吉登斯在《现代性的后果》一书中提出，指社会关系从彼此互动的地域性关联中脱离出来。[⑦] 兰亚春对长春市社区居民进行调查，通过数据证明了当前中国社会脱域关系网络规模远远大于地域关系规模。[⑧] 陈福平和黎熙元对广州 3 种类型的城市社区进行实证研究，得出了类似的结论，邻里关系已经不是居民社会支持的重要来源。[⑨] 然而社区的稳定与发展，取决于社区内居民的共同努力。过去学者的研究证明社区社会资本越高，居民参与解决社区公共问题的可能性越大。[⑩] 城市社区中人际关系的脱域将导致社区功能无法发挥，影响社区的建设和发展。[⑪] 对于城市居民"人

---

① MOK D,WELLMAN B,CARRASCO J. Does distance matter in the age of the Internet? [J]. Urban Studies,2010,47(13):2747-2783.
② 滕尼斯.共同体与社会[M].林荣远,译.北京:北京大学出版社,2010.
③ GANS H J. The levittowners:ways of life and politics in a new suburban community[M]. New York:Columbia University Press,1982:474.
④ MCCALLISTER L,FISCHER C S. A procedure for surveying personal networks[J]. Sociological Methods & Research,1978,7(2):131-148.
⑤ WILLMOTT B P,YOUNG M. Family and class in a London suburb[J]. Population,1984,17(2):369.
⑥ HAMPTON K,WELLMAN B. Long distance community in the network society:contact and support beyond netville[J]. American Behavioral Scientist,2001,45(3):476-495.
⑦ 吉登斯.现代性的后果[M].田禾,译.江苏:译林出版社,2010.
⑧ 兰亚春.居民关系网络脱域与城市社区共同体培育[D].长春:吉林大学,2012.
⑨ 陈福平,黎熙元.当代社区的两种空间:地域与社会网络[J].社会,2008(5):41-57.
⑩ 李俊,郑卫东.社会研究方法的思考与实践[M].上海:上海人民出版社,2009:56.
⑪ 梁艳艳,陈桂香,任静强.脱域视角下我国当代城市社区建设分析[J].河南科技学院学报,2011(3):47-49.

际疏离"的病症,社区研究者纷纷提出降低社区人口频繁流动、培育社区归属感、借助互联网工具重建地缘关系、挖掘共同利益等脱域社区关系"再域化"的路径以培育社区共同体。① 但目前社区研究者多是从理论上梳理社区关系的影响因素且很少关注在线邻里交往平台的参与和影响。此外,对于学者们提到的通过挖掘共同利益促进社区关系的培育,也有研究指出,这种共同利益究竟是怎样的利益并没有表达清楚。②

(三) 互联网时代的人际网络研究

互联网的出现挑战了空间距离对人际关系的限制,并重新建构着人们的关系结构。在距离上,互联网超越了传统距离对人际交往的限制。其具备的高速、接近零成本、超时空的特征,使得一些西方学者认为,距离对人类关系的作用即将结束,并提出了"距离的死亡论""空间、城市与地理的终结论"的观点③。在关系上,互联网技术构建了全新的网络空间。在这个网络空间中,存在着各式各样依据共同兴趣、利益结合起来的虚拟社区,生产着新型的人际关系。网络上虚拟的交往对象、虚拟的社交圈子与真实的世界连接,使人们陷入半虚拟化的生产状态。④

目前国外学者关于互联网对社区人际关系的影响褒贬不一:一部分观点认为互联网会使人沉浸在虚拟的社会关系,而与真实的人际关系产生区隔,造成社区关系的隔离⑤;另一部分学者则认为互联网不仅促进与虚拟世界的交流,也能够增进居民与远距离亲友的交流,并增进与线下亲人、邻里等关系的交流,为培养公民意识提供可能。⑥

然而,在具体作用机制上,互联网对线上线下人际关系的影响是复杂的,不是简单的线性促进或者消解,而是依据使用环境、方式的不同带来差异化的影响。互联网技术对人际关系的具体影响机制研究,历经了几代的变化。最初以克劳特为代表的学者

---

① 单菁菁.社区情感与社区建设[M].北京:社会科学文献出版社,2005:35;王亮.社区社会资本与社区归属感的形成[J].求实,2006(9):48-50;冯钢.现代社区何以可能[J].浙江学刊,2002(2):5-11.
② 桂勇.城市"社区"是否可能?——关于农村邻里空间与城市邻里空间的比较分析[J].贵州师范大学学报(社会科学版),2005(6):17-23.
③ MOK D,WELLMAN B,CARRASCO J. Does distance matter in the age of the Internet?[J]. Urban Studies,2010,47(13):2747-2783.
④ 毛德胜.半虚拟化生存——大数据时代的人际交往模式探析[J].新闻知识,2014(9):6-8.
⑤ KRAUT R,PATTERSON M,LUNDMARK V,et al. Internet paradox:a social technology that reduces social involvement and psychological well-being?[J]. American Psychologist,1998,53(9):1017;NIE N H,ERBRING L. Internet and society[J]. Stanford Institute for the Quantitative Study of Society,2000,3:14-19.
⑥ MOK D,WELLMAN B. Did distance matter before the Internet? Interpersonal contact and support in the 1970s[J]. Social Networks,2007,29(3):430-461;HAMPTON K,WELLMAN B. Neighboring in netville:how the Internet supports community and social capital in a wired suburb[J]. City & Community,2010,2(4):277-311.

探究了互联网使用与否、使用时长对居民人际关系的影响。[①] 其后研究探究了不同互联网工具的影响,程蕾和赵艳艳针对微博、微信等沟通工具进行研究,发现不同互联网工具对人际关系的作用具有差异。[②] 另一些学者也研究了互联网的不同使用方式带来的影响差异。[③] 许丹红通过因子分析将互联网使用方式分为网络交往、工作学习、休闲娱乐3类,发现3种使用方式都能够促进人们的网络社会资本的积累。付晓燕对SNS社区用户进行考察,通过访谈研究划分了SNS用户的6种使用方式,包括媒体平台型、娱乐工具型、信息搜集型、通讯工具型、寻觅知音型、资源拓展型,发现不同的使用方式会影响个人网络社会资本的积累。钟智锦在对大学生网络社会资本和现实社会资本的研究中,发现浏览网页能同时促进网络弱关系和现实社会资本,电子邮件的使用能够推动建立网络强关系,网络聊天通常发生在有深入交往动机的双方。SNS社交网站能够同时拓展网络弱关系和现实中的强关系,玩网络游戏能够帮助将网络虚拟弱关系转化为强关系,但有可能会使现实中的关系遭到侵蚀,减少个体与现实中人群的交流。因此,他认为虚拟社会资本和现实社会资本是既对立又互补的关系。在最新的研究中,学者们开始尝试将互联网结构性因素纳入网络人际关系研究中,发现网络结构性因素也会影响个人的网络资本。

有研究将新媒体时代社会中人际关系的特征总结为"超越地域的网络关系与以地域为基础的关系网络并存,陌生人关系网与熟人关系网并存"。[④] 国内的一些研究表明,互联网带来的影响并没有那么悲观,王波和甄峰的研究发现,尽管互联网拓展了人们的交际范围,但是空间距离和熟人关系在互联网时代人际交往中的作用仍旧存在。[⑤] 人们在新浪微博社区中更倾向于与本地人而非外地人交流,倾向于与熟人而非陌生人交流,人们的社会经济因素、居住条件、微博使用频繁程度是造成上述影响的因素。也有一些对农民工的媒介使用研究得出了类似的结论。刘丹和黄基秉用定量分析方法在对富士康工人互联网使用情况的研究中,也发现尽管得到了技术赋权,但工人们在网上仍旧喜欢与亲戚、朋友、同乡等熟人关系交往,相比于网络朋

---

① KRAUT R, PATTERSON M, LUNDMARK V, et al. Internet paradox: a social technology that reduces social involvement and psychological well-being?[J]. American Psychologist, 1998, 53(9): 1017.
② 程蕾,赵艳艳. 人·圈子·社会:自媒体语境下的人际传播——基于对微博、微信使用情况的考察[J]. 新闻世界, 2015(5): 138-139.
③ 许丹红. 互联网使用动机、网络密度与网民社会资本[J]. 青年研究, 2016(6): 21-31; 付晓燕. SNS使用对中国青年社交行为的影响[J]. 中国青年研究, 2013(2): 93-96; 钟智锦. 互联网对大学生网络社会资本和现实社会资本的影响[J]. 新闻大学, 2015(3): 30-36.
④⑤ 王波,甄峰. 网络社区交流中距离的作用——以新浪微博为例[J]. 地理科学进展, 2016, 35(8): 983-989.

友,他们更信任传统的熟人。① 丁未通过对深圳城中村农民工媒介使用情况调查,得到了相似结论,农民工们倾向于借助新技术构建一个以熟人为核心的"空中共同体"。② 但是上述研究局限于特定的人群及互联网使用环境,不同人群会有不同的数字使用习惯和需求,数字交往对象及关系构成可能也存在差异。

因此,新媒体既可能被居民用于沟通和联系更多社区外群体,但也存在社区性使用的一面:居民可能利用新媒体在线平台与邻里沟通交往,参与社区事务。此外,居民的个体网络也存在着相应的"社区性"。这种个体网络包含了存量和增量两个维度。对于前者,互联网使用能够加强与近距离关系的互动。线上人际关系是既存的社区线下人际关系的映射,居民的线上交往以熟人关系为主,互联网工具把传统的熟人关系移植到了"线上"。③ 互联网将社区居民的线上与线下关系交织在一起,促进了邻里之间的互动。通过在线网络发展起来的邻里互动,促进了社区居民之间的相互信任。④ 而对于后者,互联网不仅可以增强家庭、工作以及邻里等地方性的关系,也有助于扩大、维持个人的社会网络。互联网使用能够扩展人际关系,增进离线互动。许多实证研究论证了互联网的使用能扩展人们的在线社会关系,增进网友社会资本。⑤ 亲密的或发展得比较好的在线关系通常会带来现实世界的互动。电子邮件以及即时通信这类双向互动的工具,更是为互联网用户建立并维系较大规模的社会网络提供了便利。⑥ 卡瓦诺和帕特森通过有线社区的历时比较发现,人们使用社区互联网的时间越长,越可能使用网络去拓展自己在居住社区内的社会资本。⑦

综上,相关研究已经越来越意识到互联网使用对传统熟人社区关系带来的挑战,但研究结果存在一定的差异。笔者认为不同研究选取的研究对象、网络工具和场域不同,导致结果存在不一致的倾向。我们希望跳出具体的网络人群、网络工具和场域的限制,从一个更宽泛的人群框架和社会环境去审视现代居民的线上核心网络结构。另外,目前关于互联网对人际关系的研究多局限在互联网的环境中,只探究了互联网因

---

① 刘丹,黄基秉.网络化时代的技术赋权——富士康某厂区工人媒介使用状况的实证研究[J].新闻界,2016(4):57-65.
② 丁未.流动的家园:"攸县的哥村"社区传播与身份共同体研究[M].北京:社会科学文献出版社,2014.
③ 韩晶晶.SNS在线人际传播与线下人际交往:映射关系及其影响因素[J].中国网络传播研究,2012(1):167-186;彭海静.一个"亲密"又疏离的时代——论新新媒介下"线上"与"线下"的人际传播[J].视听,2015(7):160-162.
④ WELLMAN B,HAMPTON K. Living networked on and offline[J]. Contemporary Sociology,1999,28(6):648-654.
⑤ 赵曙光.社交媒体的使用效果:社会资本的视角[J].国际新闻界,2014,36(7):146-159;许丹红.互联网使用动机、网络密度与网民社会资本[J].青年研究,2016(6):21-31.
⑥ 黄荣贵,骆天珏,桂勇.互联网对社会资本的影响:一项基于上网活动的实证研究[J].江海学刊,2013(1):227-233.
⑦ KAVANAUGH A L,PATTERSON S J. The impact of community computer networks on social capital and community involvement in blacksburg[J]. American Behavioral Scientist,2001,45(3):496-509.

素的影响,却鲜少考虑到社区因素在其中的作用。而对社区互联网的探究,则可以从增强社区互动和拓展居民社区网络两个方面入手。

笔者试图通过定量研究方法,从城市社会学视角出发,在同时考虑社区和互联网因素的基础上,探索性地构建影响居民线上核心网络结构的模型,探究社区、互联网因素对居民线上核心网络规模、地域分布、关系分布的影响机制。

三、研究框架与研究假设

针对本书的研究问题,我们认为研究包括以下 3 个目标:第一,了解居民线上核心网络的基本构成情况。第二,了解居民线上核心网络是线下关系的延伸还是新生的网络虚拟关系。第三,分析社区居住年限、社区归属感、社区环境利益感知等社区因素以及互联网使用方式、网友资本、在线邻里交往等互联网因素对居民线上核心网络规模、地域分布、关系分布以及线下关系扩展的影响。

(一) 居民的线上核心网络规模

居住年限往往可以用来测量个体的水平流动程度。[①] 社区归属感是指居民把自己归入本社区地域或者归入在这一地域上生活的人群集合体的心理状态。[②] 环境认同感是指"居民与环境相联系的自我特征意义,直接影响人们的环境行为"。[③] 刘圣荣指出环境认同影响居民的生活满意度。[④] 随着居民环境意识的提高,社区环境越来越与居民的利益息息相关。对于前文学者提出的应该挖掘何种共同利益促进社区关系的培育问题,笔者尝试用社区环境利益进行解答。社区环境认同感越低,表明居民对社区环境与自身利益相关的感知程度越高。

依据社区再域化观点,社区居住时间越长、社区归属感越高,越能增进居民的社区资本,而涉及社区共同利益的因素也能够增进居民的社区资本。[⑤] 根据王波和甄峰的研究,居民线上关系是线下关系的映射,居民在网上更愿意跟熟人建立联系。[⑥] 因此,笔者提出研究假设,社区居住年限越长、社区归属感越高、社区环境认同感越低,居民线上核心网络规模也越大。对此,笔者首先提出如下假设:

假设 1a:社区居住时间越长,居民线上核心网络规模越大。

假设 1b:社区归属感越高,居民线上核心网络规模越大。

---

① 徐未晚.改革路上的上海青年·2014 上海青年发展报告[M].上海:上海人民出版社,2015:161.
② 王亮.社区社会资本与社区归属感的形成[J].求实,2006(9):48-50.
③ 路幸福,陆林.边缘型地区旅游发展的居民环境认同与旅游支持——以泸沽湖景区为例[J].地理科学,2015,35(11):1404-1411.
④ 刘圣荣.农村居民生活满意度研究[D].曲阜师范大学,2008.
⑤ 兰亚春.居民关系网络脱域与城市社区共同体培育[D].长春:吉林大学,2012;梁艳艳,陈桂香,任静强.脱域视角下我国当代城市社区建设分析[J].河南科技学院学报,2011(3):47-49.
⑥ 王波,甄峰.网络社区交流中距离的作用——以新浪微博为例[J].地理科学进展,2016,35(8):983-989.

假设1c:社区环境认同感越低,居民线上核心网络规模越大。

相关研究表明,互联网使用时间会增进网民的网络社会资本。因此,在线时间越长,使用者越可能在网络上构建虚拟核心网络。也有研究提出,互联网不同使用方式对个体线上线下关系的影响不同,如社交性使用能够增进网友资本,即时通信类使用能够增进与线下关系的联系。因此,互联网不同使用方式可能会对居民线上核心网络规模带来不同影响。已有研究认为,网友资本等弱关系资本通过网络互动有可能转化为强关系资本。因此,网友资本越丰富,居民线上核心网络规模也可能越大。相关研究也表明通过增进在线邻里交往,可以扩大居民的联系。在线邻里交往越积极,居民线上核心网络也可能有更大的规模。因此,笔者又提出以下假设:

假设1d:互联网使用时间越长,居民线上核心网络规模越大。

假设1e:互联网不同使用方式对居民线上核心网络规模的影响具有差异。

假设1f:网友资本越丰富,居民线上核心网络规模越大。

假设1g:在线邻里交往越积极,居民线上核心网络规模越大。

(二)居民线上核心网络的空间距离

空间距离用来表示居民线上网络在地域上的分布形态,空间距离越远,代表居民的线上网络延伸得就越远;空间距离越近,代表居民的线上网络越集中在生活的实体空间中。已有研究表明,居民实体社区生活是围绕地域空间展开的。社区因素能够拉近居民与相邻群体的人际关系,而居民线上网络交往中又有相当一部分是熟人关系。因此,社区居住时间越长、社区归属感越高、社区环境认同感越高,居民越可能与居住在附近的人群讨论重要问题。具体而言,包括以下假设:

假设2a:社区居住时间越长,居民线上核心网络空间距离越近。

假设2b:社区归属感越高,居民线上核心网络空间距离越近。

假设2c:社区环境认同感越高,居民线上核心网络空间距离越近。

相关研究表明,互联网具有超越时空界限的特性,有助于居民与远距离人群交流。居民互联网使用时间越长,越能在网络与远距离的虚拟网友建立起联系,而与近距离的亲友疏远。因此,互联网使用时间越长,居民人际网络越可能疏远生活的地域。另外,互联网不同使用方式对不同人际关系类型有不同影响,因而可能对居民线上核心网络的地域分布也有差异化影响。而对于网友资本丰富的人,越可能与超越地域性的网友建立起强关系,可能会将居民的核心网络分布推向更远的距离。同时也表明,地域社区的在线活动能够增进居民与邻里的互动,从而可能拉近居民与近距离人群的交流。因此,笔者提出以下假设:

假设2d:互联网使用时间越长,居民线上核心网络空间距离越远。

假设2e:互联网不同使用方式对居民线上核心网络空间距离的影响具有差异。

假设 2f：网友资本越丰富，居民线上核心网络空间距离越远。

假设 2g：在线邻里交往越积极，居民线上核心网络空间距离越近。

(三) 居民线上核心网络的关系结构

关系结构用来表示居民线上网络在关系上的分布形态，关系距离越近，居民越愿意与其讨论重要问题；关系距离越远，居民越可能不倾向于与其讨论重要问题。根据传统社区观点，社区因素越强，居民线上核心网络越可能由亲属、邻里等强关系网络构成。因此，笔者提出以下假设：

假设 3a：社区居住时间越长，居民线上核心网络越可能由亲属、邻里构成。

假设 3b：社区归属感越高，居民线上核心网络越可能由亲属、邻里构成。

假设 3c：社区环境认同感越高，居民线上核心网络越可能由亲属、邻里构成。

而根据"脱域"理论，互联网因素越强，居民的线上核心网络则越可能由网友关系构成。因此，也有以下假设：

假设 3d：互联网使用时间越长，居民线上核心网络越可能由网友构成。

假设 3e：互联网不同使用方式对居民线上核心网络的关系分布有不同影响。

假设 3f：网友资本越丰富，居民线上核心网络越可能由网友构成。

假设 3g：在线邻里交往越积极，居民线上核心网络越可能由亲属、邻里构成。

社区新媒体除了增进居民与邻里的互动，也提供了认识新邻里的途径。媒体有助于居民拓展原为陌生邻里的实体社区中交往。新媒体使用能够增强社区性的社会网络，使居民的使用需求能够在本社区网站、与本社区人士交流就能够得到满足，增进邻里关系，将线上关系延伸到线下，并拓展了原有的社区网络。因此，笔者提出以下假设：

假设 4：参与网络社区平台会拓展居民社区性社会网络。

第二节 数据与操作化

一、数据情况

本数据来自课题组于 2016 年 2—6 月在厦门市进行的调查，我们选取了 22 个社区，利用居民人口信息系统进行系统等距抽样，每个抽取 50 位居民进行问卷调查。调查最终获取了 971 个有效样本，完成率为 88.3%。调查问卷分为 A 卷和 B 卷，A 卷是社区建设问卷，包括社区服务与治理、邻里与社会网络、社区参与、归属感与满意度、基本人口学统计资料等几个模块，全体被调查者都要填写 A 卷。而 B 卷是互联网使用与社区信息化问卷，包括互联网使用基本情况、网络沟通与交往情况、社区信息化服务情况、社区网络沟通等模块，由有过互联网使用经验的居民填写。因研究需要，笔者选取了具有互联网使用经验的 798 位居民作为研究对象。

二、变量操作化

(一) 因变量

1. 讨论网规模

讨论网规模根据"在过去半年内,您在网络上和谁讨论过对您来说是重要的问题呢?"得到,为定距变量,居民提供的全部人名的数量越多,代表居民的核心讨论网规模越大。

2. 空间距离

在问卷中,研究者要求被调查者列出与其讨论重要问题的人,并进一步追问对方的居住情况,答项为类别变量,包括同一楼栋、同一社区、同一街道、同一区县、同一省份、其他省份、其他国家。为便于分析统计,笔者按照实际的空间距离对上述数据进行估算赋值:依据生活经验,以千米为单位,将同一楼栋赋值为0.02;依据所在地区统计年鉴中提供的区各街道面积和社区数量数据以及福建省土地面积数据进行估算[1],分别将空间距离赋值,见表3.1。

表3.1 空间距离赋值情况

变量	赋值
空间距离	同一楼栋=0.020
	同一社区=0.418
	同一街道=2.453
	同一区县=4.2828
	同一省份=174.2125
	其他省份=350
	其他国家=1000

3. 关系距离

关系距离表示居民与某一类关系的亲疏程度,越是亲密,则关系距离越近。研究者要求被调查者按重要程度依次列出与其讨论重要问题的人,最多可以列举5位,并进一步追问对方与自己的关系情况,答项为6类关系:家庭成员、亲属、朋友、同事、邻居、网友,其中,家庭成员和亲属关系归为一类,都属于亲属关系。根据居民列出的讨论对象的关系类型,分别计算百分比,即计算每一位居民列举的讨论对象中是亲属、朋

---

[1] 《2015年思明区经济社会年鉴》:http://www.siming.gov.cn/zjsm/nj/2015/main0.htm。

友、同事、邻居、网友的人数占其列出总人数的比重,所占比重越大,表明该居民与该类关系的关系距离越近。

4.线上参与×认识更多邻里

笔者将居民参与社区在线活动的程度,及其社区性社会网络是否扩展操作化为一个类别变量来测量两者之间的关系,其中包括了"参与且认识"、"参与但未认识"与"没参与没认识"3个维度。选用多元逻辑斯蒂进行模型估计后,因变量是"参与且认识"相对于"没参与没认识"的概率比。

(二)自变量

1.社区因素

(1)社区居住年限:询问"您在该社区居住了多少年",为定距变量。

(2)社区归属感:用"社区让我有家一样的感觉"这一问题来测量,被调查者可以选择"完全同意、比较同意、一般、比较不同意、完全不同意",分别用5至1进行赋值。

(3)社区环境认同感:以"与其他地方相比,这里的社区环境条件令人满意"进行测量,被调查者可以选择"完全同意、比较同意、一般、比较不同意、完全不同意",分别用5至1进行赋值,为定距变量,数值越大,表明居民对社区环境的利益感知越高。

2.互联网因素

(1)上网时长:在问卷中,我们询问被调查者的上网时间:"过去一周里,您每天平均接入互联网上网的时间是多少"。居民可以选择"小于1小时""1~2小时""2~3小时""3~4小时""4~5小时""5小时以上"6个答项,分别赋值1~6。

(2)互联网使用方式:问卷中我们询问被调查者"您使用互联网以下功能的频率",答项分别为"每天几次、每周几次、每月几次、每年几次、从不使用",依次赋值为4至0。信度分析克伦巴赫α指数为0.897,大于0.7,表明用该量表表示互联网使用方式的信度较好。接着,我们按照主成分法进行因子分析,采取最大方差法进行旋转,KMO值为0.906,球形检验显著,表明因子分析结果较好。从中抽取3个特征值大于1的公因子,分别命名为工具性使用因子、消遣性使用因子、社交性使用因子。互联网使用方式的各因子载荷见表3.2,3个公因子能够解释63.148%的总方差。

表3.2 互联网使用方式的因子分析(旋转后)

项 目	工具性使用因子	消遣性使用因子	社交性使用因子	公因子方差
信息搜索	0.341	**0.743**	0.057	0.672
影视、视频、音乐、软件等下载	0.086	**0.596**	0.469	0.582
看体育、娱乐新闻	0.140	**0.750**	0.314	0.680
看时事新闻	0.193	**0.763**	0.007	0.619

续表

项目	工具性使用因子	消遣性使用因子	社交性使用因子	公因子方差
在线网络游戏	0.144	0.143	**0.798**	0.677
使用社交网站(人人、开心网等)	0.305	0.085	**0.796**	0.734
使用博客、微博等功能	0.386	0.184	**0.619**	0.566
用互联网看帖	**0.591**	0.409	0.355	0.642
用互联网回帖	**0.586**	0.296	0.474	0.655
收发电子邮件	**0.685**	0.375	0.161	0.637
网络销售/购物	**0.634**	0.293	0.233	0.542
网络金融服务(炒股、网银等)	**0.771**	0.117	0.112	0.620
网络教育与培训	**0.713**	0.040	0.270	0.583
特征值	5.894	1.282	1.033	8.209
平均解释方差/%	23.927	20.065	19.156	63.148
KMO值	0.906			
克伦巴赫α	0.897			

(3)网友社会资本:以"曾在网上与陌生网友交谈""在网上认识新的朋友后,会进一步联系""和网友见面""和网友成为现实中的好朋友"进行测量。被调查者可以选择"从不、偶尔、经常",分别赋值为0、1、2。数值越大,代表居民的网友社会资本越丰富。信度检验结果克伦巴赫α指数为0.818,用该量表测量网友社会资本有较好的信度。如表3.3所示,通过因子分析,采取最大方差法旋转,KMO值为0.742,球形检验$p<0.05$,说明因子分析是有效的,从中抽取出一个公因子,将其命名为"网友社会资本因子"。

表3.3 网友社会资本因子分析(旋转后)

项目	网友社会资本因子	公因子方差
曾在网上与陌生网友交谈	0.762	0.581
在网上认识新的朋友后,会进一步联系	0.819	0.670
和网友见面	0.828	0.686
和网友成为现实中的好朋友	0.856	0.733
特征值	2.670	2.670
平均解释方差/%	66.758	66.758
KMO值	0.742	
克伦巴赫α	0.818	

(4)在线邻里交往因子:以"您通过相关网络平台(QQ群、微信、业主论坛等)参与如下社区活动的情况"进行测量,活动内容包括"在线兴趣小组讨论""在线健康知识、亲子教育的分享""在线民主选举(居民小组、业委会)""在线社区团购、便民信息分享等""在线社区环境建设讨论(绿化、设施等)""在线社区矛盾化解(物业、宠物等)"6个题项,依据参与程度分别赋值如下:经常＝2,偶尔＝1,没有＝0。经过信度检验,克伦巴赫 α 指数为0.936,说明用上述量表测量在线邻里交往程度的信度较高。KMO值为0.886,球形检验 p 值小于0.05,说明因子分析结果有效。如表3.4所示,根据特征值大于1的原则,我们从中提取出一个公因子,命名为"在线邻里交往因子"。

表3.4 在线邻里交往因子分析(旋转后)

项　目	在线邻里交往因子	公因子方差
在线兴趣小组讨论	0.806	0.650
在线健康知识、亲子教育的分享	0.808	0.654
在线民主选举(居民小组、业委会)	0.774	0.599
在线社区团购、便民信息分享等	0.849	0.721
在线社区环境建设讨论(绿化、设施等)	0.864	0.747
在线社区矛盾化解(物业、宠物等)	0.822	0.676
特征值	4.046	4.046
平均解释方差/%	67.426	67.426
KMO值	0.886	
克伦巴赫 α	0.936	

三、控制变量

本章的控制变量包括性别、年龄、教育程度、是否在婚、收入。其中,性别为定类变量,赋值为男＝1,女＝0;年龄是定距变量,根据居民填写的出生年份进行计算得到;教育程度以教育年限测量,将小学及以下赋值为6,初中赋值为9,高中赋值为12,大专赋值为15,本科赋值为16,研究生及以上赋值为19;婚姻状况中,进行虚拟变量处理,笔者将"未婚""丧偶""离婚"均归为非在婚状态,赋值为0,"已婚"归为在婚状态,赋值为1;收入状况中,我们将收入在0～3000元定为收入低等,3000～6000元作为收入中等,6000元以上界定为收入高等。具体描述统计见表3.5。

表 3.5　变量基本情况描述统计（$N=798$）

类别变量	分类	百分比/%	连续变量	均值	标准差
性别	男性	46.12	社区环境认同感	3.557	0.977
	女性	53.88	社区归属感	3.41	0.99
收入	收入低等	32.83	上网时长	4.094	1.74
	收入中等	49.00	互联网使用方式		
	收入高等	18.17	工具性使用	1.95	1.13
是否在婚	在婚=1	78.82	消遣性使用	3.03	0.88
	非在婚=0	21.18	社交性使用	1.58	1.29
连续变量	均值	标准差	网友社会资本	1.40	1.71
年龄	40	12.79	在线邻里交往	1.81	2.80
教育年限	13.9	2.86	核心讨论网规模	5.51	13.389
居住年限	13.13	10.61			

第三节　研究发现

一、居民线上讨论网结构的描述性分析

居民线上讨论网规模是指居民在日常生活中能够与之讨论重要问题的人数。讨论网规模在一定程度能够衡量个体享有社会资源的丰富性以及获取社会支持的可能性。如表 3.6 所示，描述性分析结果表明讨论网规模的标准差为 13.389，样本极小值为 0，极大值为 200，均值为 5.51。其中线上讨论网规模为 0~1 人的占比 31.3%，规模为 5 人以上的占比 37.6%，表明互联网时代居民的讨论网规模呈现出两极化趋势，互联网使用带来的人际关系隔离的情况确实可能存在。一部分人借助互联网工具扩展了线上社会资本，另一部分人则产生了人际疏离的现象。

表 3.6　居民线上讨论网规模

讨论网规模	频数	百分比/%	累积百分比/%	均值	极小值	极大值	标准差
0 人	65	8.9	8.9				
1 人	164	22.4	31.3				
2 人	107	14.7	46.0				
3 人	88	12.0	58.0	5.51	0	200	13.389
4 人	32	4.4	62.4				
5 人	139	19.0	81.4				
6 人及以上	136	18.6	100.0				
合计	731	100.0	100.0				

根据表3.7所示结果,从居民线上核心讨论网的地域分布来看,居民最倾向于与居住在同一区县的他人讨论重要问题,其次是同一省份的,相比于过往居民的交往以地域内亲密关系为主,这表明居民的线上社会网络呈现出向远距离扩张的趋势。但不可否认的是,社区范围内的地缘网络在居民线上核心讨论网中仍占据约24.5%的比重,说明地域空间对居民的核心网络结构仍有一定影响。

从居民线上核心讨论网的关系分布来看,居民与朋友交流重要问题的最多,占总数的41.8%;其次是同事,占19.8%;家庭成员和亲属分别列第三位和第四位,占比16.9%和14.8%。居民线上核心讨论网的关系分布表明,友缘、业缘代替了亲缘关系成为居民最亲近的关系。网友、邻居等非亲密性关系,在居民的核心网络中并没有占据很大的比例。可见,尽管互联网扩张了人们的社交圈子,但是邻居、网友等非亲密性关系并不足以成为居民讨论重要问题的对象,他们在居民的核心讨论网中发挥的作用还比较有限。

表3.7 核心讨论网地域、关系分布

地域	地域分布		关系	关系分布	
	频数	百分比		频数	百分比
同一楼栋	258	12.8%	家庭成员	343	16.9%
同一社区	236	11.7%	亲属	301	14.8%
同一街道	129	6.4%	朋友	848	41.8%
同一区县	678	33.7%	网友	41	2.0%
同一省份	501	24.9%	同事	401	19.8%
其他省份	190	9.4%	邻居	50	2.5%
其他国家	22	1.1%	其他	44	2.2%
合计	2014	100.0%	合计	2028	100.0%

二、社区、互联网因素对居民线上核心网络规模的影响

我们进一步考察了社区和互联网因素对居民线上核心网络规模的影响。如表3.8所示,模型1作为基准模型,只纳入控制变量,但所有变量都不显著,这表明人口学特征不是居民线上核心网络的主要原因。在模型2中,我们加入了社区和互联网因素,模型显著。其中,控制变量对居民线上核心网络规模也均没有显著影响。

社区因素中社区归属感能增进居民的线上核心讨论网规模。这说明社区归属感越强的人,在社区中建立的人际网络可能越多,从而增进了线上讨论网的规模。假设1b得到了支持,而假设1a和1c未得到支持。在互联网因素中,上网时长、在线邻里交往对居民线上网络规模也未呈现显著性影响。假设1d和1g未得到支持。根据假设1e,

互联网使用方式中工具性使用能扩大居民讨论网规模,消遣性使用和社交性使用对居民线上核心网络规模没有显著性影响。原因可能是消遣性、社交性使用带来的人际关系往往是疏离、非亲密性的,其人际关系建立的动力基础是寻求娱乐或者轻松,而不是发展为能够达到情感支持的人际网络。而互联网的工具性使用往往能够使居民对于某些重要问题开展深入的互动,容易发展成为重要问题的交流伙伴。网友社会资本对居民线上讨论网规模有显著影响,网友资本越丰富,线上讨论网规模越大。假设1f得到了支持。本书测量的网友社会资本是倾向于深度交往的网友资本,深度交往的网友越多,居民能够分享、讨论重要问题的对象也就越多,说明网友关系是能够转化为亲密关系的。

表 3.8　影响居民线上核心讨论网规模的因素(多元线性回归模型)

变　量	模型 1		模型 2	
人口学特征				
性别[a]	−0.179	(0.952)	−0.681	(0.978)
年龄	0.014	(0.043)	0.044	(0.052)
婚姻状况[b]	−0.459	(1.300)	−0.094	(1.322)
教育年限	0.101	(0.176)	0.107	(0.191)
收入水平	2.576	(1.376)	2.439	(1.438)
社区因素				
居住年限			0.037	(0.047)
社区归属感			**1.264***	**(0.614)**
社区环境认同感			−0.617	(0.596)
互联网因素				
在线邻里交往			−0.555	(0.482)
互联网因素				
上网时长			−0.351	(0.348)
工具性使用			**1.261***	**(0.554)**
消遣性使用			0.133	(0.547)
社交性使用			0.390	(0.532)
网友社会资本			**1.324***	**(0.521)**
常数项	3.310	(3.20)	0.726	(4.092)
调整后的 R^2	0.002		0.018	
F 值	1.176***		1.791***	

注:①括号内为标准误。② * $p<0.1$,** $p<0.05$,*** $p<0.01$。③参照组:[a]女性;[b]无配偶。

三、社区、互联网因素对居民线上核心网络地域分布的影响

如表3.9所示,我们分析了社区和互联网因素对线上核心讨论网空间距离的作用。模型1中只加入了控制变量,其中婚姻对居民讨论网地域分布有显著负向影响,即未婚居民较之已婚,其线上核心网络的地域分布会更广。

表3.9 影响居民讨论网空间距离的因素(多元OLS模型)

变量	模型1		模型2		模型3	
人口学特征						
年龄	−0.040	(0.441)	0.385	(0.469)	1.030*	(0.527)
婚姻状况[a]	−43.37***	(13.021)	−43.072***	(12.894)	−41.646***	(13.072)
性别[b]	−0.224	(9.716)	−1.482	(9.620)	−3.724	(10.033)
教育年限	−0.318	(1.789)	−0.724	(1.772)	−1.711	(1.928)
收入水平	7.171	(13.852)	−1.775	(13.861)	−6.166	(14.340)
社区因素						
社区居住年限			−0.793*	(0.467)	−0.699	(0.469)
社区归属感			−21.940***	(6.011)	−19.631**	(6.151)
社区环境认同感			15.075**	(6.030)	15.542*	(6.044)
互联网因素						
在线邻里交往					−10.542*	(4.837)
日均上网时长					3.219	(3.548)
工具性使用					**9.623***	(5.545)
消遣性使用					−2.519	(5.622)
社交性使用					6.631	(5.450)
网友资本					5.028	(5.220)
常数项	123.949***	(32.879)	149.609***	(37.568)	115.535*	(41.839)
调整后 R^2	0.015		0.038		0.050	
F值	2.542**		3.701***		3.141***	

注:①括号内为标准误。② * $p<0.1$, ** $p<0.05$, *** $p<0.01$。③参照组:[a]女性;[b]无配偶。

模型2纳入了社区变量,社区因素对居民讨论网的地域分布有显著影响。其中,社区居住年限越长,居民的线上核心网络越可能由居住于空间距离越近的人构成。这支持了假设2a。在一个地域居住的时间越长,积累的关系网络和社会资本也会越多,地域空间对其生命历程的影响也可能越大,因此线上关系更难起到对线下关系的替代作用。从社区归属感来看,社区归属感与讨论网地域分布呈负相关,社区归属感越高,

居民越倾向于与空间距离较近的人讨论重要问题,这与相关研究相一致。假设 2b 也得到了支持。而社区环境认同感则与讨论网地域分布呈正相关,即社区环境认同感越高,讨论网地域分布就越远离社区。这与本书的假设 2c 恰恰相反。可能的原因是,随着国民经济的发展和生活水平的提高,居民的环境意识也不断得到提升,良好的居住环境能给居民带来认同感。但对于环保运动的研究发现,越是出现环境问题,人们越倾向于团结起来,维护自身权益。在这一过程中,居民可能越倾向于动员更多超越地域空间的人群,从而形成运动的支持网络。

模型 3 纳入了互联网因素,居住年限的影响消失,可能与其他变量存在替代影响。年龄对居民讨论网地域分布有显著正向影响,年龄越大,居民越倾向于与距离较远的人讨论重要问题。互联网因素中工具性使用及在线邻里交往对居民讨论网地域分布有显著影响。根据假设 2e,越倾向于工具性使用的人,越喜欢与距离较远的人交流重要问题。在线邻里交往越积极的人,越倾向于与空间距离较近的人群讨论重要问题。这支持了假设 2g。

四、社区、互联网因素对居民线上核心网络关系分布的影响

在居民讨论网关系分布的影响因素模型中,我们分别以亲属、朋友、邻居、网友关系的关系距离为因变量,进行回归模型,结果见表 3.10。

以亲属关系为因变量,模型 1 中整体模型和人口为特征变量都不显著。根据模型 2 的结果,在婚、居住年限越长的居民的线上核心网络越可能由亲属关系构成。假设 3a 得到了部分支持。互联网消遣性使用越频繁的人,越不倾向于与家人、亲属讨论重要问题。

以朋友关系为因变量,模型 3 中,在婚对与朋友的关系距离有显著负向影响。模型 4 中,加入社区和互联网因素后,婚姻的作用依然存在,同时消遣性互联网使用能够显著增进与朋友的关系距离。

以邻居关系为因变量,根据模型 6,在线邻里交往越多,居民的线上核心网络越可能由邻居构成。假设 3g 得到了部分支持。这反映了在线邻里交往平台的建立,对社区社会网络由"弱网"转"强网"转变起到了推动作用。

以网友关系为因变量,根据模型 8,其中年龄对网友的关系距离的影响显著,越是年长的居民,越倾向于与网友讨论重要问题。相比于低收入人群,中高收入水平的居民更能与网友建立亲密的关系,收入对网友关系距离的影响仍旧显著。社区和互联网因素是研究的关键变量。根据假设 3e,工具性使用对网友关系距离影响显著,越倾向于工具性使用的人,其线上核心网络越可能由网友构成。同时网友资本对网友关系距离的影响也有显著性,网友资本越多的居民,其线上核心网络越可能由网友构成。假设 3f 得到了支持。

表 3.10 影响居民讨论网关系距离的因素（多元 OLS 模型）

变量	亲属 模型 1	模型 2	朋友 模型 3	模型 4	邻居 模型 5	模型 6	网友 模型 7	模型 8
人口学特征								
年龄	0.001	−0.001	−0.002	−0.005	0.000	0.000	0.001	0.001**
性别[a]	−0.013	−0.004	−0.019	−0.039	−0.007	−0.010	−0.008	−0.017
婚姻状况[b]	0.087*	0.092*	−0.109**	−0.103*	−0.008	−0.006	−0.030*	−0.026
受教育年限	0.000	0.004	−0.005	−0.002	−0.002	0.002	0.000	0.001
收入水平	0.000	0.032	−0.040	−0.063	−0.016	−0.012	0.035*	0.029*
社区因素								
居住年限		0.003*		−0.003		0.000		0.001
社区归属感		0.007		−0.016		−0.005		−0.012
社区环境认同感		0.011		0.003		−0.008		−0.008
互联网因素								
在线邻里交往		−0.013		−0.018		0.014**		−0.006
上网时长		−0.003		−0.008		−0.006		0.001
工具性使用		−0.004		−0.012		0.000		0.012*
消遣性使用		−0.047**		0.051**		0.008		−0.008
社交性使用		0.010		0.002		0.005		0.002
网友资本		−0.017		0.025		−0.001		0.021***
常数项	0.237*	0.153	0.568***	0.646***	0.066*	0.134***	0.023	0.019
调整后 R^2	0.007	0.020	0.020	0.036	0.003	0.014	0.010	0.045
F 值	1.681	1.826**	3.091***	2.520***	1.348	1.590**	2.036**	2.934***

注：① *$p<0.1$，**$p<0.05$，***$p<0.01$。② 参照组：[a]女性；[b]无配偶。

五、在线邻里交往对居民社区性社会网络拓展的影响

笔者根据居民参与的不同类别的线上活动——兴趣小组讨论、健康知识与亲子交流分享、民主选举、社区便民信息分享、社区环境建设讨论、社区矛盾化解等,共建立了6个模型。

如表3.11所示,多数的人口为特征变量对通过线上平台认识更多邻里的影响,不具有统计显著性。然而无论居民参与何种类型的在线邻里活动,均对其认识更多邻里这种线下的网络拓展性产生了显著的积极影响。因此,邻里交往更多取决于社区活动的参与,而非居民的个体特征。社区居民通过互联网所参与的在线邻里交往活动,能够有效拓展其社区性的社会网络,而个体特征的影响则并非关键。假设4得到了支持。

表3.11 在线邻里交往对线下网络拓展(认识更多邻里)的影响(多元逻辑斯蒂回归模型)

变 量	模型1	模型2	模型3	模型4	模型5	模型6
人口学特征						
年龄	0.022	0.024	−0.059	0.049	0.025	0.053
性别[a]	0.424	0.333	0.422	0.120	−0.002	−0.048
居住年数	−0.010	0.002	−0.003	−0.015	−0.019	−0.036*
受教育年限	−0.029	0.011	−0.048	0.057	0.007	0.024
政治面貌[b]	−0.273	−0.198	0.322	−0.464	−0.280	−.164
婚姻状况[c]	0.885	0.336	0.247	0.165	0.245	−0.074
变 量	模型1	模型2	模型3	模型4	模型5	模型6
收入水平	0.080	0.023	0.025	0.057	0.103	0.132*
在线邻里交往						
在线兴趣小组讨论	4.161***					
在线健康知识与亲子交流分享		2.700***				
在线民主选举			3.168***			
社区便民信息分享				3.708***		
在线社区环境建设讨论					3.778***	
在线社区矛盾化解						3.629***
常数项	−4.338**	−3.649**	−1.652	−5.741**	−4.645**	−5.135**

注:① * $p<0.1$,** $p<0.05$,*** $p<0.01$;②参照组:[a]女性;[b]非党员;[c]无配偶。

总体而言,所有类型的在线邻里交往活动都能拓展人们社区性社会网络。居民参与兴趣小组讨论、健康知识与亲子交流分享、民主选举、社区便民信息分享、社区环境建设讨论、社区矛盾化解活动对居民线下认识新邻里的作用在0.01的显著性水平下

都呈现积极的正向影响。这说明社区网络平台本身而非活动内容有助于居民拓展社区性社会网络。

其中在线兴趣小组讨论、社区环境建设讨论、社区便民信息分享对居民社区性社会网络的拓展的影响相对较强,在线参与兴趣小组讨论的影响则最强。这 3 类活动与居民的生活及自身利益息息相关,居民参与这些活动的积极性较强,且这些活动能够将同质性较强的人聚集在一起,通过互联网平台,增进了人们之间的互动与交流。因此,线上关系转移到线下的可能性也相对较高。

第四节 本章小结

一、研究结论

基于描述性分析和回归分析,我们利用一项社区调查数据对居民的线上核心网络进行了研究。表 3.12 显示了本章建立假设得到支持的情况。

表 3.12 假设经检验的支持情况

假 设	支 持
假设 1a:社区居住时间越长,居民线上核心网络规模越大	×
假设 1b:社区归属感越高,居民线上核心网络规模越大	√
假设 1c:社区环境认同感越低,居民线上核心网络规模越大	×
假设 1d:互联网使用时间越长,居民线上核心网络规模越大	×
假设 1e:互联网不同使用方式对居民线上核心网络规模的影响具有差异	√
假设 1f:网友资本越丰富,居民线上核心网络规模越大	√
假设 1g:在线邻里交往越积极,居民线上核心网络规模越大	×
假设 2a:社区居住时间越长,居民线上核心网络空间距离越近	√
假设 2b:社区归属感越高,居民线上核心网络空间距离越近	√
假设 2c:社区环境认同感越高,居民线上核心网络空间距离越近	×
假设 2d:互联网使用时间越长,居民线上核心网络空间距离越远	×
假设 2e:互联网不同使用方式对居民线上核心网络空间距离有差异性影响	√
假设 2f:网友资本越丰富,居民线上核心网络空间距离越远	×
假设 2g:在线邻里交往越积极,居民线上核心网络空间距离越近	√
假设 3a:社区居住时间越长,居民线上核心网络越可能由亲属构成	√
假设 3b:社区归属感越高,居民线上核心网络越可能由亲属、邻里构成	×
假设 3c:社区环境认同感越高,居民线上核心网络越可能由亲属、邻里构成	×

续表

假　设	支　持
假设3d:互联网使用时间越长,居民线上核心网络越可能由网友构成	×
假设3e:互联网不同使用方式对居民线上核心网络的关系分布有不同影响	√
假设3f:网友资本越丰富,居民线上核心网络越可能由网友构成	√
假设3g:在线邻里交往越积极,居民线上核心网络越可能由邻里构成	√
假设4:参与网络社区平台会拓展居民社区性社会网络	√

结合调查数据的基本情况以及假设检验,本章主要得出以下几个结论:

第一,居民的线上核心网络中,传统熟人关系(包括家人、亲属、朋友、同事、邻居)所占的比重远远大于网友所占的比重,证实了居民线上核心网络是线下关系的延伸,而并没有被网络虚拟关系所替代。这一结论与王波和甄峰对新浪微博用户交际网研究结果是一致的,传统的熟人关系仍成为居民社会支持的重要来源。[①] 但邻里关系在居民的核心网络构成中占比极少,与兰亚春[②]等学者的研究一致。这说明中国居民的邻里关系正在弱化,中国人际关系中,真正实现脱域的是亲缘、友缘关系,而邻里关系存在被消解的迹象,并没有因为互联网的使用得到增强。

第二,数字时代居民的线上核心网络规模为0~1的与网络规模为5人以上的居民均占较大比例,呈现出两极化的趋势。一部分人的线上核心资本在缩小,一部分人的线上核心资本在扩大。正如互联网鸿沟研究者认为的,互联网使用方式的不同给人类社会带来了第三道鸿沟,人们在应用互联网参与工作、学习、生活、人际交往中存在差异。[③] 网友社会资本能够促进居民与网友讨论重要问题,并扩大居民的线上核心网络,说明网络虚拟人际关系是能够转化为强关系并给网民提供支持的。

第三,社区因素对居民核心网络的地域分布有收缩功能,但对居民关系分布几乎没有作用。社区归属感增进居民与近距离人群的亲密关系。居民越有归属感,越可能感受到社区利益与自身利益的联系,从而与社区内的人群建立起亲密关系。这从数据上对目前社区研究者提出的要从提高居民归属感、挖掘居民共同利益促进社区关系的培育提供了支持。

第四,互联网工具性使用能够增进居民与网友的联系,增进居民的线上核心网络规模,并对居民的核心讨论网的地域分布有扩散作用,会将人们的支持向更远的距离延伸;消遣性使用则会将居民的讨论对象从亲缘关系拉向友缘关系。可见互联网使用方式不同,对居民人际关系的影响是不同的。学者们提到的时间替代作用主要是通过对互联网的消遣性使用实现的,而虚拟关系的扩展主要是通过对互联网的工具性使用

---

① 王波,甄峰.网络社区交流中距离的作用——以新浪微博为例[J].地理科学进展,2016,35(8):983-989.
② 兰亚春.居民关系网络脱域与城市社区共同体培育[D].长春:吉林大学,2012.
③ 韦路,张明新.第三道数字鸿沟:互联网上的知识沟[J].新闻与传播研究,2006(4):43-53.

实现的。

第五，在线邻里交往能够显著促进居民与距离较近的人群讨论重要问题。这一结论支持了相关研究提出的"通过建设社区网络平台，培育社区关系"的观点。这也表明了社区建设者是有可能通过建设地域性互联网平台，从而增进居民之间交流的。此外，在进一步分析中，在线邻里交往也能够有效促进居民社区性社会网络的扩展。互联网将社区居民的线上与线下关系交织在一起，有效促进了邻里之间的互动，从而帮助居民拓展在原为陌生邻里的实体社区中的交往。居民在线参与的邻里活动扩展社会网络，与人口学特征、线上活动类型无关。总而言之，互联网的使用并不必然导致社区关系的"脱域"。事实上，互联网的社区性使用能够扩展地域性人际关系，增进离线互动，帮助社区居民进一步扩展社区性社会网络。

二、实践启示

（一）从在线邻里平台建设看社区关系培育

目前国内社区研究虽然提出通过网络社区平台建设培育社区关系的观点，但是缺乏从具体机制上入手分析怎样建设这样的平台才能够真正吸引到居民。本章从实证上表明通过增进居民在网络上参与实体社区的各项活动，有助于增进居民与邻里的关系，能够进一步拓展居民的社区性社会网络，并对居民的线上核心网络地域分布有收缩作用。也就是说，居民的社会网络在存量、增量两个方面，都因为新媒体的使用而有所增加。新媒体不仅拉近了人们社会网络的关系距离与空间距离，同时也帮助社区居民认识了更多的邻里。

当前社区建设越来越强调新媒体技术的应用，基于这一背景，在了解互联网的使用对社区参与意愿的影响机制下，对社区建设过程中提高居民参与具有重要的作用。一方面，居民应合理使用互联网，兼顾线上和线下社交活动；另一方面，社区在运用互联网技术促进社区全方位建设时，要致力于提高新媒体的实际效用，营造良好的社区新媒体互动环境。例如，社区在线平台的建立并不仅仅是应对上级的任务，应及时更新最新资讯和对居民的反映要做出及时的反馈，促进居民间的交往和互动，提高各类在线邻里平台的交互性。

（二）从社区公共空间利益入手促进线下社区关系培育

笔者发现，居民的社区环保认同感越高，也即人们越意识到自己的环境利益问题，反而越倾向于与更广阔地域的人交流重要问题。这可能反映了空间利益动员的"去地方性"问题。因此，要让特定空间的问题在基层解决，就需要透过居民对居住环境的关心，组织相关的线上线下活动，增进治理者和居民之间的关系。笔者认为，应强化在线讨论网的作用，动员多方资源，以探讨与居民的实际利益相关事务作为落脚点，促进社区问题的解决和活动的顺利开展。在提高居民社区参与意愿的基础上形成的制度安排和组织运行机制，才能更好地适用于社区建设的过程，满足社区发展的需要。

第四章 新媒体与社区服务：
智慧社区建设的"社区性"

随着互联网的发展，"互联网＋"已逐渐应用于生活的各个领域。在这一趋势下，"互联网＋社区服务"应运而生，然而互联网时代是一个分化的时代，如何满足居民多样化和个性化需求，给"互联网＋社区服务"带来了新的机遇与挑战。

如图4.1所示，在社区建设工作中，新媒体与社区服务的结合表现为"互联网＋社区服务"和社区服务信息化的相关政策实践与运用。时至今日，智慧社区建设的崛起，更是将这些服务形式进一步精细化，具体可体现在居住、健康与安全、在线政务、资讯与互动以及城市整体层面上的相关服务。然而根据现有研究，当前的"互联网＋社区服务"或智慧社区建设却存在着两个主要问题：第一，虽然各地的社区服务实践中"互联网＋"、"社区信息化"或"智慧社区"在不断推进，但是居民似乎对此的认同感和接受度并不高。为何便民利民的服务无法得到居民的认同？第二，已有研究表明，在地方服务的数字化、智慧化等过程中，数字鸿沟问题可能造成部分人群由于缺乏必要的技术能力，而形成新媒体时代的不平等。针对以上两个问题，我们将以当前智慧社区建设的需求和评价为研究对象，系统分析以上两个问题的具体表现，并探索其形成原因以及化解之道。

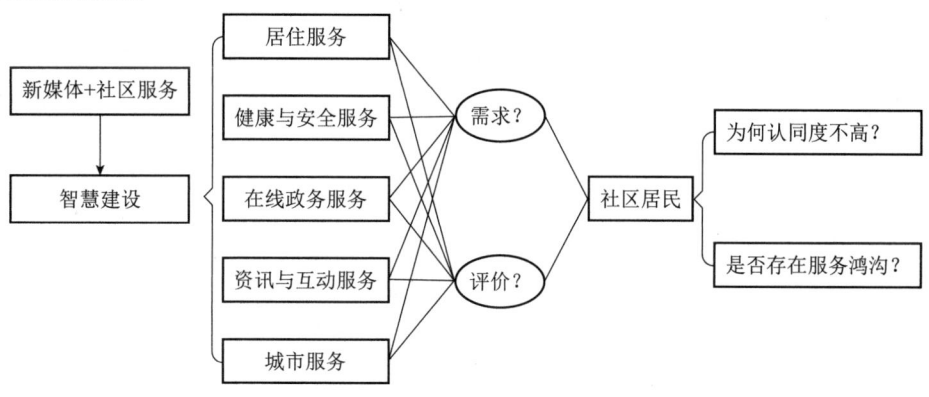

图4.1 新媒体与社区服务的问题与评估

第一节　当前智慧社区建设的主要问题

　　智慧社区是指在信息和通信技术基础设施的支持下,通过综合服务平台,以方便、高效和主动的方式向居民提供多种本地服务的城市住宅社区。近年来,智慧社区建设日益得到重视。我国"十四五"规划强调,要"推进智慧社区建设",并"依托社区数字化平台和线下社区服务机构,建设便民惠民智慧服务圈,提供线上线下融合的社区生活服务、社区治理及公共服务、智能小区等服务"。在新冠肺炎疫情发生后,社区成为疫情联防联控的第一线,也是外防输入、内防扩散最有效的防线。而智慧社区的相关服务,如社区出行码、智慧门禁、智慧物流、无接触式缴费、小区购物群等在抗击疫情的成功实践中发挥了不可替代的作用。

　　但部分社区的抗疫实践也出现了"智慧失灵"的新问题。例如,虽然社区建有信息化平台,但各级机构仍使用层层填表的方式收集信息;一些居委会还在以打电话方式通知信息,居民依然需要纸质通行证和纸笔登记出入社区;有些社区安装了智能门禁、摄像头、智慧家居设备等,却还是离不开人工管理模式。上述现象暴露了疫情防控中智慧社区建设项目脱离社区实际的短板,社会舆论也出现了"智慧社区不智慧,遇事还靠土办法"[1]、"手段工具'花架子',关键时刻'掉链子'"[2]等尖锐批评。疫情中,一些智慧城市和社区建设相继暴露出了"建设盲目化、思维短视化、数据碎片化、群众边缘化"[3]等问题。其中一个重要原因是,日常的智慧社区建设效能脱离了居民需求,存在应用和实际需求的错位。根据对"健康码"项目成功实践的分析,这项创新并非来自市级政府自上而下的"顶层设计",也不是大企业主导研发,而是企业对接基层需求的敏捷项目,"关键在于能否理解基层需求,真正解决问题"[4]。缺乏了居民的实际参与,问题无法得到及时反馈,先进的设备和应用也可能成了"摆设"。因此,如何让智慧社区建设与居民需求更加匹配是当前应考虑的关键问题。

　　目前对如何提升智慧社区建设效能和需求问题主要有4种研究思路:第一,加强建设力量。该思路指出,政府是智慧社区建设的主要承担者和推进者。[5] 推进建设应

---

[1] 王井怀,刘慎真,邓浩然.智慧社区不智慧,遇事还靠土办法[J].半月谈,2020(5):50-51.
[2] 吴帅帅.数字治理实战暴露三大短板[J].半月谈,2020(7):36-38.
[3] 田娇,张德锦.应对公共危机智慧城市建设的再思考——基于新冠肺炎疫情防控实践[J].上海城市管理,2020(3):36-38.
[4] 史晨,钟灿涛,耿曙.创新导入的接力赛——健康码案例中的初创企业、平台企业和地方政府[J].科学学研究,2021(1):161-169.
[5] 伍堃.智慧社区建设中政府的主导作用[J].河北学刊,2013(5):112-114.

加强其角色功能,同时推动由政府主导、企业参与的政企之间合作。① 第二,改进管理能力。由于社区层的信息化薄弱和部门的数据孤岛问题,需要加强智慧社区建设的顶层设计②,同时协调建设主体利益和构建公共服务精准平台③,最终解决信息孤岛、数据整合等问题④。第三,提升技术水平。该思路主张以更先进的技术解决应用问题,通过引入 GIS、区块链、智能城市仪表盘等新技术⑤,以及加强信息架构和业务模型来提升智慧社区的建设效能⑥。第四,提升居民认知。该领域研究强调问题关键是智慧社区技术的居民认知度不高。因此,相关研究以技术接受模型等理论为框架,相关分析以如何提升智慧社区的心理接受度方面展开。⑦

总体而言,建设力量、管理能力和技术水平方面的讨论,强调了存在技术水平不高(引入新技术)、技术投资不足(需要强有力的主导)、技术管理能力不够(发展管理新模式)等问题。虽然提升技术认知的视角关注智慧社区的居民接受和使用能力建设,但也潜在假定提高新技术的有用性和易用性就可以满足居民的需要。事实上,这 4 种思路都倾向于特定的"技术中心主义",也更多体现出智慧社区建设层级的"自上而下"视角。智慧社区的"智慧性"被高度重视,却往往忽视了它的"社区属性"。一方面,由政府、企业主导的智慧社区建设,其建设主体具有自己的利益诉求、行业视野和发展能力的局限。⑧ 而居民才是真正的智慧社区用户,也才真正知道何为"好用",何为"摆设"。智慧社区建设过程中,居民的认同和参与最为重要。⑨ 另一方面,智慧社区建设项目的日常应用和运行反馈嵌入在社区现有的治理结构中。社区既存的软件和硬件条件、组织结构、管理风格以及社区治理多主体关系等元素都可能制约了技术效用的发挥。但目前研究和改进方案缺乏了对这种社区属性与新技术应用改进之间关系的讨论。

因此,笔者希望回答的问题是,在强调以提升居民需求为导向的智慧社区建设中,

---

① 陈立文,赵士雯.智慧社区运营管理体系及平台构建研究——基于利益相关者视角[J].当代经济管理,2018(8):37-42.
② 葛天任,裴琳娜.高风险社会的智慧社区建设与敏捷治理变革[J].理论与改革,2020(5):85-96.
③ 宋晓娟,王庆华.智慧社区:主体间新关系与治理新形态[J].电子政务,2020(4):121-128.
④ 兰旭凌.风险社会中的社区智慧治理:动因分析、价值场景和系统变革[J].中国行政管理,2019(1):140-145.
⑤ LIN Y L,ZHANG X L,GEERTMAN S. Toward smart governance and social sustainability for Chinese migrant communities[J]. Journal of Cleaner Production,2015,107(16):389-399.
⑥ ZHANG N,ZHAO X J,He X P. Understanding the relationships between information architectures and business models:an empirical study on the success configurations of smart communities[J]. Government Information Quarterly,2020,37(2):1014-1039.
⑦ LI R Z,HUANG Q,CHEN X Y,et al. Factors affecting smart community service adoption intention:affective community commitment and motivation theory[J]. Behaviour & Information Technology,2019,38(12):1324-1336.
⑧ 梁丽.北京市智慧社区发展现状与对策研究[J].电子政务,2016(8):119-125.
⑨ 申悦,柴彦威,马修军.人本导向的智慧社区的概念、模式与架构[J].现代城市研究,2014(10):13-17.

社区性结构起到了何种作用？在这个过程中，技术应用和社区治理能力两者之间存在何种关系？基于此，笔者将利用一项社区调查数据，以居民对智慧社区项目的需求为研究对象，从数字化背景下的技术应用和治理结构相互作用的角度出发，尝试剖析上述问题的关键要素。

第二节 技术与治理：理解智慧社区的两种视角

一、智慧社区建设的技术层面

技术接受模型（technology acceptance model，TAM）是解释为何接受和使用新技术的经典框架。该模型的主要元素包括了"感知有用性"（认为技术对自己有用）和"感知易用性"（认为技术使用起来不费力）。[①] 这两个方面水平越高，用户对新技术的态度就越积极，进而对技术有更强的接受意愿。感知有用性也直接影响了技术的接受意愿。朱琳和刘晓静对智慧社区采纳的实证分析表明，感知有用性、易用性和主观规范、用户信任以及服务质量能够提升公民对智慧社区应用的采纳。[②] 根据北京市的调查，平台易用性、安全性和响应感知，提高了用户的使用和期望感知，进而提高了用户对智慧社区的满意度。[③] 感知有用性也体现为人们对新技术的绩效评价。[④] 因此，根据感知有用性和技术态度的假设，当居民对智慧社区项目有更高的效能评价，则越可能认为需要这种新技术，即：

假设 H1a：智慧社区的效能评价越高，对其需求也越强。

而感知易用性不仅影响了人们对技术的态度，也影响了感知有用性。[⑤] 但对技术是否易用的感知因人而异，而且技术接受模型也受到忽视外部社会影响的批评。事实上，以心理变量为主要解释的路径仍然容易陷入"技术效用不足"，进而需要"改善产品"的技术中心主义窠臼。作为心理机制的外在变量，个体数字能力是塑造易用性感知差异的重要因素。数字能力是指能够更有效地使用数字技术的能力，如操作软硬件

[①] DAVIS F D. Perceived usefulness, perceived ease of use, and user acceptance of information technology[J]. MIS Quarterly, 1989, 13(3): 319-340.

[②] 朱琳, 刘晓静. 基于移动互联网的智慧社区服务公众采纳实证研究——以打浦桥街道"IN 标签"为例[J]. 电子政务, 2014(8): 27-37.

[③] 梁艺琼, 张媛. O2O 智慧社区平台用户满意度实证研究——以北京市丰台区方庄社区为例[J]. 中国管理科学, 2016(S1): 271-275.

[④] SANG C P, RYOO S Y. An empirical investigation of end-users' switching toward cloud computing: a two factor theory perspective[J]. Computers in Human Behavior, 2013, 29(1): 160-170; WEERAKKODY V, EL-HADDADCH R, AL-SOBHI F, et al. Examining the influence of intermediaries in facilitating e-government adoption: an empirical investigation[J]. International Journal of Information Management, 2013, 33(5): 716-725.

[⑤] VENKATESH V. Determinants of perceived ease of use: integrating control, intrinsic motivation, and emotion into the technology acceptance model[J]. Information Systems Research, 2000, 11(4): 342-365.

系统的能力和了解获得数字服务能够解决何种问题的能力。必要的数字能力是人们能够接触和感知到特定数字技术的基础。已有研究表明,数字能力越强,越有可能接纳新型电子政务服务。① 因此,研究者提出在学校、工作场所以及社区等区域应当加强互联网的多维度使用,以培养互联网使用习惯和数字技能,减少数字鸿沟现象。在一项对肯尼亚数字扶贫政策的评估研究中,先通过问卷调查,研究者发现贫困社区居民普遍存在数字技能不足的问题。而在经过社区技术中心为期5周的数字扫盲和提供4个月免费上网服务后,学员的数字能力得到了提升。当他们再次评估时,学员的感知有用性、网络效能感和期望等技术感知也显著提升,进而影响了这些居民继续使用的意愿。② 基于此,笔者提出以下假设:

假设H1b:居民的数字能力对智慧社区效能评价有正向影响。

假设H1c:居民的数字能力对智慧社区需求有正向影响。

二、智慧社区建设的治理层面

智慧社区建设将信息技术融入传统社区发展框架中,其社会性因素处于核心位置。③ 智慧社区发展建立在新型社区治理体系构建的基础之上,也就有赖于社区现存的治理水平。在硬件上,智慧社区技术价格昂贵且其推广需要一定的基础设施。④ 对那些环境条件差、服务能力不足的社区来说,新技术的建设、使用和维护都可能存在困难。而在软件方面,智慧社区建设也需要社区具备一定的管理能力。智慧社区建设需要横向发展的主体结构,事前延伸的作用边界以及共治型的运作方式,是社区多方行动者汇智聚力的结果。⑤ 因此,这种协作治理的有效运行,需要社区具备信息透明、多元互动和行动力强的管理能力。综合已有分析,社区治理水平的高低可能影响智慧社区所发挥的效能和人们的接纳态度,社区软件和硬件条件共同构筑了智慧社区的基础结构。鉴于此,笔者提出:

假设H2a:社区治理水平对智慧社区效能评价有正向影响。

假设H2b:社区治理水平对智慧社区需求有正向影响。

居民的社区参与是智慧社区建设中另一个维度的"社区性"。目前智慧技术多以

---

① BÉLAMGER F,LEMURIA C. The impact of the digital divide on e-government use[J]. Communications of the ACM,2009,52(4):132-135;FERRO E,HELBIG N C,GIL-GARCIA J R. The role of IT literacy in defining digital divide policy needs[J]. Government Information Quarterly,2011,28(1):3-10.

② WAMUYU P K. Bridging the digital divide among low income urban communities. Leveraging use of community technology centers[J]. Telematics and Informatics,2017,34(8):1709-1720.

③ SERVON L J,NELSON M K. Community tec hnology centers:narrowing the digital divide in low-income, urban communities[J]. Journal of Urban Affairs,2001,23(3-4):279-290.

④ SPICER Z,GOODMAN N,OLMSTEAD N. The frontier of digital opportunity:smart city implementation in small,rural and remote communities in Canada[J]. Urban Studies,2019,58(3):535-558.

⑤ 宋晓娟,王庆华. 智慧社区:主体间新关系与治理新形态[J]. 电子政务,2020(4):121-128.

Web 2.0为基础架构进行建设，其技术特点是利用用户的力量来增加价值，共同创造产品。因此，基于用户参与的平台思维本身就是智慧社区建设的内核。而作为主要受益者，居民应该在意见提供甚至决策中发挥更大作用。[①] 一方面，社区参与增强了居民之间、居民与社区管理和服务人员之间的联结，能够潜在提升居民对社区的感知，进而接纳和促进社区的新技术应用。根据对数字政府创新服务的接纳研究，居民的使用意愿受到他们先前的社区服务经历和对社区关系的感知影响。[②] Li等研究者发现居民的社区认同和归属感积极影响了他们对智慧社区服务的接纳意愿。[③] 另一方面，当智慧社区建设需要公众意见和反馈时，社区参与在其效能提升过程中也可能起到重要作用。根据一项针对公众参与智慧城市建设的研究，公众参与的行为态度、主观规范和感知行为控制对其参与意愿均具有正向的直接影响，而参与意愿直接正向影响了参与行为，进而能够提高智慧城市的建设绩效。[④] 因此，笔者提出以下假设：

假设H2c：居民的社区参与对智慧社区效能评价有正向影响。

假设H2d：居民的社区参与对智慧社区需求有正向影响。

此外，根据社会资本理论，公民参与网络有助于生成信任、互惠和社会规范，而这些元素构成了社会"善治"的基础。[⑤] 社区参与已被视为社区治理结构的重要组成部分。相关实证研究表明，社区参与对社区治理绩效有正向的显著作用。[⑥] 鉴于此，笔者提出：

假设H2e：居民的社区参与对社区治理水平有正向影响。

三、智慧社区的两种鸿沟

"数字鸿沟"问题的实质是人群中数字能力始终存在差异。早期互联网研究关注人们在计算机购买和互联网接入能力上的差距，而随着个人电脑和网络普及，研究者则着力于探讨哪些人具备利用互联网从事"资本提高型"活动的能力。研究表明，男

[①] GOODMAN N, ZWICK A, SPICER Z, et al. Public engagement in smart city development: lessons from communities in Canada's smart city challenge[J]. The Canadian Geographer, 2020, 64(3): 416-432.

[②] GWEBU K L, WANG J. Adoption of open source software: the role of social identification[J]. Decision Support Systems, 2011, 51(1): 220-229.

[③] LI R, HUANG Q, CHEN X, et al. Factors affecting smart community service adoption intention: affective community commitment and motivation theory[J]. Behaviour & Information Technology, 2019, 38(12): 1324-1336.

[④] 崔庆宏,薛凯,王广斌.公众参与智慧城市建设的意愿、行为与绩效关系研究[J].现代城市研究,2019(11):113-119.

[⑤] PUTNAM R D, LEONARDI D R, NANETTI R Y. Making democracy work: civic traditions in modern Italy[M]. Princeton: Princeton University Press, 1994.

[⑥] 杨秀勇,高红.社区类型、社会资本与社区治理绩效研究[J].北京社会科学,2020(3):78-89.

性、年轻人、体现社会经济地位的高学历和高收入群体在这方面的数字能力突出。① 最近的研究显示,包括数字能力和能力积累水平的"数字资本"与年龄、收入以及教育程度紧密相关,但性别的影响则不明显。② 因此,当审视这些人口为特征变量与数字公共服务接纳的关系,相关研究也反映出年轻人、高学历群体会对电子政务有更高的感知易用性和感知有用性,进而有更高的使用意愿。③ 在我国城市,男性、高学历和高职业地位群体会更多登录政府网站或使用网上办事大厅。④ 而在农村,年龄、受教育程度和家庭经济地位等因素对政务微信使用具有显著影响,但性别的影响不明显。⑤ Shin 等学者考察了韩国居民对智慧城市创新技术中如 AI 语音、智慧家庭、混合现实等 7 个项目的接受意愿,结果显示,年龄越小、教育程度越高,越倾向于接受所有各类新技术,而收入提高了居民对其中 4 类项目的接纳。⑥ 因此,笔者提出:

假设 H3a:特定人口学特征(性别、年龄、教育程度等)群体有更高的数字能力。

但在社区层面,同时存在着情况相反的"参与鸿沟"。根据已有研究和田野观察,那些数字能力较弱的群体如女性、老年人以及退休人员,却会更积极地参与社区活动与居委会活动。居民收入与受教育水平通常与社区参与成反比关系,这些人群也有更强的社区活动参与意愿。⑦ 这包含了两个方面的解释:一是制度逻辑。低保制度的约束性、福利制度的属地化管理以及传统单位制的习惯等让部分社会经济低、离退休人员有更多参与社区活动的要求。而社区活动的"小额礼品"也对那些中老年居民和低社会经济地位群体更有吸引力。⑧ 二是认同逻辑。居住时间、社区关系和社区情感等元素是居民参与公共事务的基础。由于亲子照料、全职居家、生活半径受限等主客观情况,女性和中老年人通常在社区拥有更多的社会关系并可能有更强的社区认同。鉴

---

① VAN DEURSEN A J A M,VAN DIJK J A G M,KLOOSTER P T. Increasing inequalities in what we do online:a longitudinal cross sectional analysis of Internet activities among the Dutch population(2010 to 2013) over gender,age,education,and income[J]. Telematics and Informatics,2015,32(2):259-272.
② RAGNEDDA M,RUIU M L,ADDEO F. Measuring digital capital:an empirical Investigation[J]. New Media & Society,2020,22(5):793-816.
③ COLESCA S E,DOBRICE L. Adoption and use of e-government services:the case of romania[J]. Journal of Applied Research and Technology,2008,6(3):204-217.
④ 梁洁珍,刘伟章,杨璺. 广东省网上办事大厅的公众持续使用意向研究[J]. 广东行政学院学报,2015(5):84-91.
⑤ 王泽亚,马亮. 中国农村居民移动政务的使用及其影响因素——以政务微信为例的调查研究[J]. 华南理工大学学报(社会科学版),2021(3):107-116.
⑥ SHIN S,KIM D,CHUN S. Digital divide in advanced smart city innovations[J]. Sustainability,2021,13(7):4076-4098.
⑦ 桂勇,黄荣贵. 城市社区:共同体还是"互不相关的邻里"?[J]. 华中师范大学学报(人文社会科学版),2006(6):36-42.
⑧ 杨敏. 作为国家治理单元的社区——对城市社区建设运动过程中居民社区参与和社区认知的个案研究[J]. 社会学研究,2007(4):137-164.

于此,笔者提出:

假设 H3b:特定人口为特征(性别、年龄、教育程度等)群体有更高的社区参与水平。

第三节 数据与研究设计

一、数据来源

本章数据来源于 2016 年在福建省厦门市进行的调查,我们从包含 502 个社区的名录中随机抽取了 22 个社区,并利用居民人口信息系统进行系统抽样,最后对每个社区抽取 50 位居民进行了面访式调查。调查获取了 971 个有效样本,完成率为 88.3%。根据本章目的,我们使用了其中 804 个互联网用户样本进行了分析。根据第九届中国智慧城市发展水平评估结果,厦门入围全国十强并获得 2019 中国智慧城市创新示范奖。厦门市社区样本反映的经验和不足具有一定的典型性和代表性。

二、测量与操作化

(一)被解释变量:"智慧社区"需求

为简化分析项目,笔者将调查中 16 项智慧社区服务分为智慧居住、智慧服务和智慧沟通 3 个模块。① 受访者根据自身对项目的需求情况,选择"没有需求"、"不太有需求"、"比较有需求"和"非常有需求"(1 至 4 分)。为了简化评估指标,笔者将上述各类项目的需求应答转换为 0 至 100 的标准化得分,并依据 3 个模块分类进行加总平均。具体测量模块所含的项目分别是:①智慧居住,包含"电子门禁"、"物业费在线支付"、"在线物管评价"、"物业通讯呼叫系统"和"物管在线交流平台"、"社区电子眼/监控"6 个项目,均值为 66.3,标准差为 26.4,信度系数为 0.892;②智慧服务,包括"老人信息化监护系统"、"诊疗/资讯服务信息化"、"就业服务(信息/培训)信息化"、"法律服务(咨询/调解/维权)信息化"以及社区的各类"咨询/办理服务信息化"5 个项目,均值为 67.5,标准差为 27.7,信度系数为 0.897;③智慧沟通,包括"在线社区资讯服务"、"社区微信公众号"、"社区微博"、"社区网站/APP"和"社区 QQ 群/微信群"5 个项目,均值为 57.0,标准差为 30.9,信度系数为 0.933。

(二)中介变量

1."智慧社区"效能

效能的测量采用了与智慧社区需求相同的项目,考察了居民对各项服务的评价。

---

① 在不同城市和社区的实践中,智慧社区应包含哪些数字技术和服务其实并无定论。根据本书调查地的官方和民间提法以及社区的实际应用,我们设计了这 16 个项目作为考察智慧社区建设的内容。

测度包括"非常不满意"、"比较不满意"、"比较满意"和"非常满意"(1至4分)。笔者同样将各项目标准化(0至100分)后,进行了3个主模块的加总平均。最后智慧居住效能的均值为26.1,标准差为24.4,信度系数为0.894;智慧服务效能的均值为21.0,标准差为25.5,信度系数为0.923;智慧沟通效能的均值为21.8,标准差为24.4,信度系数为0.946。

图4.2所示为智慧社区各具体项目的效能和需求的平均值情况。图中虚线显示了16项智慧社区服务的总体效能和需求的均值水平。结果显示,智慧社区建设效能要远低于需求水平,并且两者之间也没有呈现出高度相关性。这潜在说明了除了技术特征,居民对新技术的需求还有其他决定因素。另外,除了涉及"智慧居住"和部分"智慧服务"的项目,绝大部分项目都处在"低效能—低需求"的区间。这也反映出智慧社区建设实际尚未得到居民的了解和认同。

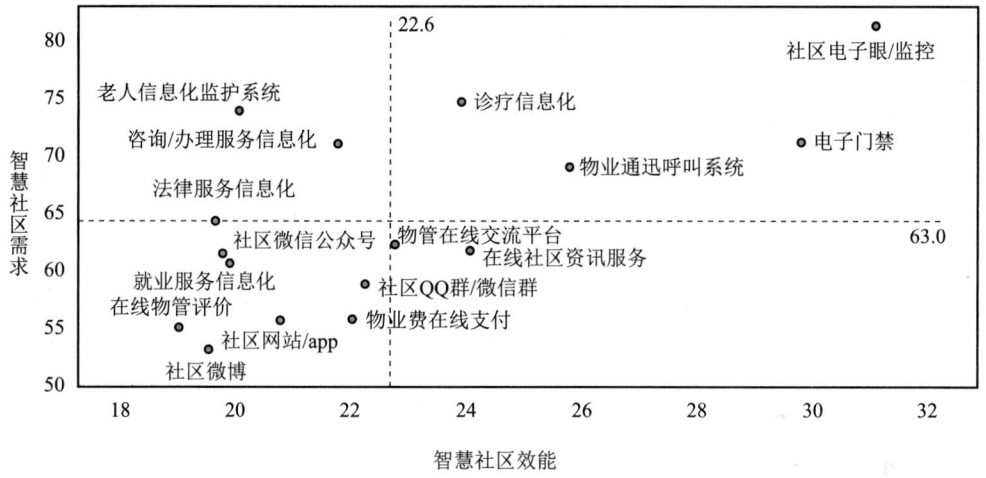

图4.2 居民智慧社区项目效能和需求的均值散点示意

2. 数字能力

笔者利用网络信息搜索、内容下载、在线商业活动和学习等6种互联网活动频率来衡量居民的数字能力。具体测度为"从不使用"到"每天几次"(0至4分)。该模块重点考察了互联网使用的信息和工具行为,潜在反映居民对学习和使用更多数字技术应用的能力。为便于后续研究,我们通过主成分因子分析得到数字能力的因子得分变量。

3. 社区治理水平

社区治理水平包括了社区硬件和软件两个方面:第一,社区硬件水平,具体为居民对社区居住环境、公共设施和周边配套3个方面的满意程度("非常不满意"到"非常满意",0至4分)。第二,社区管理水平,即基于对地方社区管理者和相关管理部门的评价。我们通过量表设计考察了居民对社区管理工作在"及时性"、"透明性"以及"问题解决效果"项目的评价("非常差"到"很好",0至4分),以此反映社区管理的回应性、透明性和有效性。通过因子分析,得到每位居民对社区硬件和社区管理评价变量。

4. 社区参与

笔者使用了里克特量表测量了10种社区活动的参与程度,涵盖了社区信息交流、邻里互助和社区相关议题的行动,并使用了主成分因子分析,提取了一个综合性的社区参与指标。

表4.1显示了数字能力、社区参与以及社区硬件和社区管理水平的因子分析结果,结果显示所有因子负荷值高于基准值0.6,解释方差比例高于基准值0.5。克伦巴赫α信度系数值和因子可靠性(KMO)得分都高于0.7的基准值。这些结果表明该测量模型有较好的信效度。

表4.1　数字能力、社区参与、社区硬件和社区管理水平的因子分析结果

社区参与	负荷值	对社区硬件评价	负荷值	数字能力	负荷值
分享活动信息	0.744	居住环境	0.805	信息搜索	0.701
分享便民信息	0.789	公共设施	0.883	影视、视频、音乐、软件等下载	0.626
分享生活经验	0.772	周边配套	0.819	收发电子邮件	0.775
邻里互助	0.711	信度系数	0.887	网络购物/销售	0.778
参与空间议题	0.738	KMO	0.774	网络金融服务(网银等)	0.715
参与设施议题	0.798	解释的方差比例	70.00%	网络教育与培训	0.683
参与环境议题	0.800	对社区管理评价	负荷值	信度系数	0.806
参与服务议题	0.804	回应及时	0.926	KMO	0.827
参与选举议题	0.691	信息透明	0.927	解释的方差比例	51.3%
参与维权抗争	0.585	能够解决问题	0.912		
信度系数	0.911	信度系数	0.912		
KMO	0.912	KMO	0.757		
解释的方差比例	55.7%	解释的方差比例	85.0%		

(三)解释变量

结合假设和已有文献,笔者主要考察了性别、年龄、受教育年限和收入水平这4个人口为特征变量的影响。其中性别赋值编码是男性为1,女性为0(参照组)。样本中男性占比46.12%,女性占比53.88%。年龄为连续变量,样本平均年龄为39.96岁,标准差为12.86。样本学历变量也为连续变量,平均受教育年限为13.90年,标准差为2.86。收入情况上,根据月收入水平,以1000元为组距,将"无收入"到"收入为10000元以上"的区间划分为11个收入等级的连续变量,样本平均收入水平为4.92,标准差为2.74。

三、统计模型

基于假设之间的联系,本章的模型设定如图 4.3 所示,拟对智慧社区需求建构的技术和社区两种路径进行综合考察,将利用结构方程模型(structural equation modeling,SEM)进行统计分析和检验。与一般线性回归分析相比,结构方程模型能够估计变量间的多元关系和纳入潜变量测量结构,也可以评估特定变量的间接(中介)效应。其也提供了各类可用于模型比较的整体拟合优度指标。

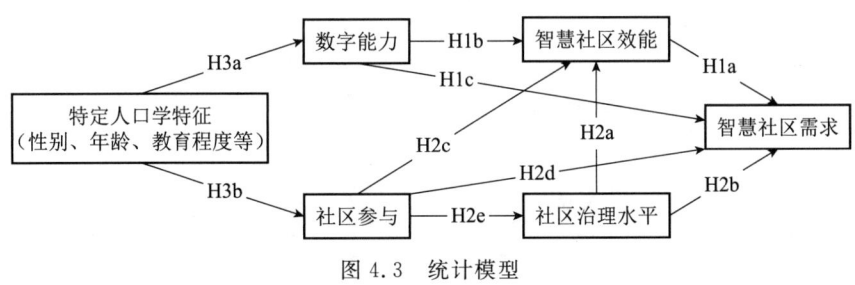

图 4.3 统计模型

第四节 实证研究结果

一、结构方程模型分析结果

图 4.4 所示为结构方程模型的初步拟合结果。初始模型结果显示,大部分变量之间关系都具有统计显著性,基本符合理论预期。但与已有研究的发现相似,性别变量的影响不显著,在数字技术使用和社区参与方面的"性别鸿沟"已不明显。此外,社区治理水平对智慧社区需求的影响也不显著,但对智慧社区效能具有影响。因此,社区治理更多是通过提升建设效能,从而影响了居民的需求。

在模型拟合指标上,初始模型的卡方与自由度比值 χ^2/df 为 4.48,高于建议值 1~3。近似均方根误差(root mean square error of approximation,RMSEA)为 0.066(建议值 <0.05),比较拟合指数(comparative fit index,CFI)为 0.936(建议值>0.9),塔克-刘易斯指数(Tucker-Lewis Index,TLI)为 0.910(建议值>0.9)。总体上,初始模型的拟合指标欠佳。鉴于分析结果和评价指标,我们对模型进行了修正,删除了模型中不显著的路径并对模型进行重新拟合。

图 4.5 所示为修正后的最终模型结果。最终模型的各项拟合指标显示,χ^2/df 为 2.534,RMSEA 为 0.044,CFI 为 0.965,TLI 为 0.977。上述指标都优于建议值,而且较之初始模型,模型拟合效果也有较大提升。模型显示了以下结果:首先,在智慧社区建设的技术链条上,其建设效能对需求有积极影响,而且数字能力对智慧社区效能和

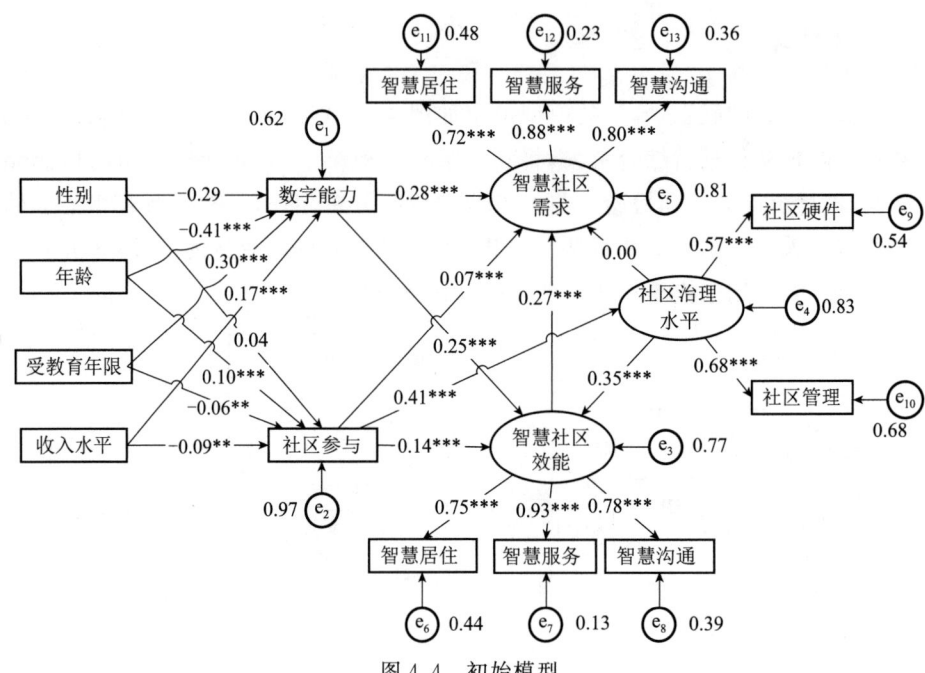

图 4.4 初始模型

注：① 系数为标准化路径系数；② *** $p<0.001$，** $p<0.01$，* $p<0.05$。

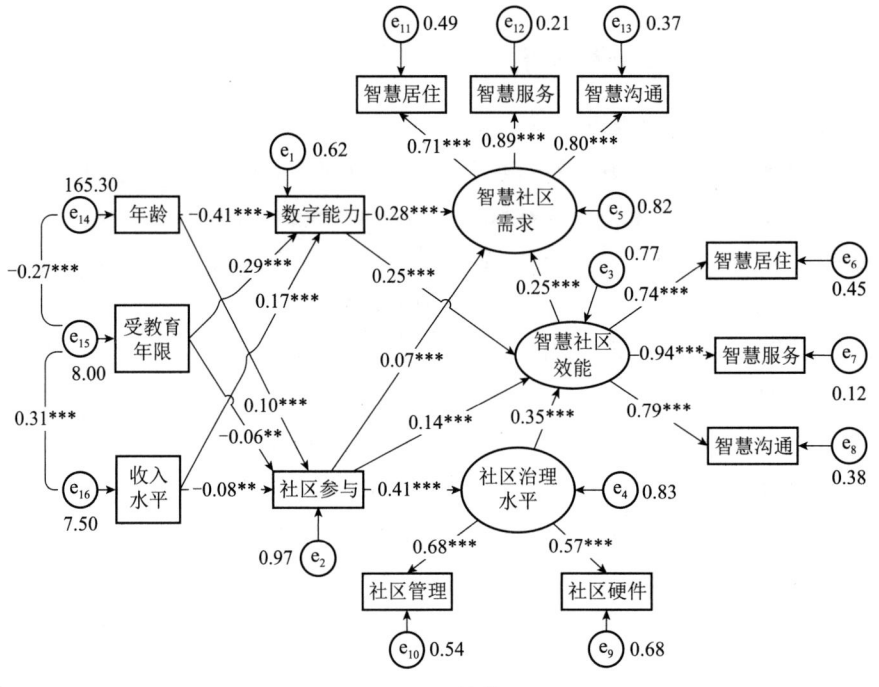

图 4.5 最终模型

注：① 系数为标准化路径系数；② *** $p<0.001$，** $p<0.01$，* $p<0.05$。

需求都有积极影响。假设 H1a、H1b 和 H1c 均得到了支持。其次,在社区链条上,社区治理水平越高,智慧社区建设的效能越高,这支持了假设 H2a。但是社区治理水平对智慧社区需求没有直接影响,假设 H2b 没有得到支持。而"社区性"的另一方面,社区参与对社区治理水平、智慧社区建设效能和需求都有显著的积极作用,假设 H2c、H2d 和 H2e 均得到了支持。最后,模型考察了一些关键性人口学特征变量对数字能力和社区参与的影响。笔者发现,那些年龄越大、体现社会经济地位的教育和收入水平越低的居民,数字能力也会更低,这与目前"数字鸿沟"研究的发现相一致。但这些人群在社区参与上的表现完全相反,与那些年轻的、高学历和高收入的居民相比,他们会有更高水平的社区参与。因此,假设 H3a 和 H3b 也得到了支持。

二、基于 Bootstrap 的中介效应检验

笔者发现,年龄、教育程度和收入水平变量对社区参与和数字能力都具有显著影响,但两者的作用方向恰恰相反。由于这些人口学特征到智慧社区需求之间具有多重的中介链条,为了评估两类路径的总和中介效应和提高验证精度,笔者使用了基于 Bootstrap 方法的中介效应检验,通过 1000 次的样本抽样,构造了偏差校正标准误和参数百分位 Bootstrap 法的 95% 置信区间。

如表 4.2 所示,年龄越大、教育和收入水平越低的人群通过数字能力的中介来提升智慧社区需求的影响为负,这表明数字能力不足是这类人群提高智慧社区需求水平的重要障碍;但他们通过社区参与来促进需求提高的路径影响为正。这意味着更高的社区参与是他们克服数字能力障碍的潜在方式。对两类路径的中介效应量进行比较,虽然社区参与路径的效果较弱,但这一发现有重要意义,因为其提供了居民在智慧社区建设中,对抗"数字鸿沟"的契机和新思路。

表 4.2 两类路径的中介效应检验

中介路径		中介检验系数	偏差校正标准误	参数百分位 Bootstrap 法的 95% 置信区间	
				下限	上限
年龄	→数字能力→需求	−0.010***	0.001	−0.012	−0.007
	→社区参与→需求	0.001**	0.000	0.001	0.002
受教育年限	→数字能力→需求	0.032***	0.005	0.022	0.043
	→社区参与→需求	−0.002**	0.001	−0.006	−0.001
收入水平	→数字能力→需求	0.019***	0.004	0.013	0.027
	→社区参与→需求	−0.003***	0.001	−0.007	−0.001

注:*** $p<0.001$,** $p<0.01$,* $p<0.05$。

第五节　本章小结

数字化趋势使中国基层公共服务发生了日新月异的变化,但也对服务接受者的能力、基层社区的治理结构提出了新要求。笔者以智慧社区建设需求为研究对象,探讨了基于技术应用的能力要求和治理的"社区性"元素两种路径的影响,发现数字能力、社区参与对智慧社区建设需求都产生了直接和间接的作用,而社区参与能够通过提升社区治理水平,进而影响建设效能。在这两种路径中,数字能力和社区参与形成了作用相反的互补效应。因此,本章得到以下几个方面的理论和政策启示:

首先,居民对智慧社区的效能评价和需求受到自身数字技术使用能力的影响。这意味着技术接受的障碍不完全取决于技术先进与否和技术管理水平的高低。事实上,技术接受的障碍在居民接触和认知新技术的机会层面就已存在,并影响了不同群体的感知和判断。智慧社区建设不仅依赖于政府或企业的"智慧",更建立于"智慧公民"(smart citizen)的基础之上。因此,通过宣传引导来精准提升特定人口学特征的居民关注相应服务,并以数字教育和培训等手段发展居民的数字技能来激发公共服务需求就尤为重要。

其次,社区参与既能够直接加强居民对智慧社区服务的认知和理解,也可以通过促进社区治理,提升智慧社区服务的效能和需求。社区参与和社区治理的软硬件条件是智慧社区建设的"社区性"基础;但目前研究时常忽视了这一基础。实际上这种"社区性"并不要求与智慧技术直接相关,居民也不一定需要直接参与到智慧社区建设过程中。构建良好的社区硬件和管理环境,开展广泛的居民活动都可以帮助新技术更好地落地社区。通过居民对社区公共事务的参与,一方面能够自下而上地通过与社区和邻里的互动,提升居民对新型服务的认知和使用机会;另一方面也有利于数字公共服务的接受者更清晰地表达自身意见,若结合有效的社区管理和回应能力,能够自上而下地促进服务提供者更好地进行项目设计,让智慧社区服务更加贴近实际。事实上,"社区性"建设才是智慧社区建设的"本"。

再次,本章揭示了智慧社区建设中跨越"数字鸿沟"问题的新思路。虽然年长、低社会经济地位的居民存在数字能力不足的问题,但由于他们与社区的"亲和性",赋予了这类居民群体接触和了解智慧社区服务的优势。虽然目前研究强调智慧城市或社区建设中公众参与的作用,但也低估了这种参与对不同人群的效用。参与,不仅仅是数字治理的内在要求,也是数字弱势人群对抗数字化过程中不平等问题的最重要"武器"。

最后,本章虽然强调需求在智慧社区建设中的重要意义,但也认为需要警惕单纯以"需求"或"效能"为导向的智慧社区建设模式。基层数字化服务实践往往采用以绩效为核心的项目化或"试点""示范"等典型模式,希望产生更好的推广效应。但根据本章发现,那些居民素质高、社区治理条件好的社区会有更高的智慧社区建设效能,也会有更高的需求。而对那些居民参与少、治理水平低的社区来说,就容易陷入传统服务和数字服务都不足的双重弱势。单纯追求智慧社区建设"项目绩效"的发展,可能造成社区结构性的"马太效应"风险,不利于公共服务的均等化。因此,要克服智慧社区建设中简单以"需求"或项目绩效作为评价标准的弊端,虽要重视"需求",但更要通过发展居民数字技能素养和社区性来创造"需求",从构筑社区基础能力的方向来推动智慧服务的普惠化。

第五章　新媒体与社区公共参与

社区治理体现于政府、社区和居民等多方在社区公共事务和社区服务中的参与。如图5.1所示,在居民层面,社区治理的核心是居民主动参与社区的公共事务。新媒体构建了各类居民在线沟通和交流的平台,这种平台是否会影响居民进一步参与到线下社区生活的治理实践中呢?其又有怎样的作用路径?通过这一分析,有助于厘清当前新媒体的社区实践中,我们如何在日益邻里陌生化的城市社区环境中,促进居民参与社区公共事务,从而提升社区治理的共治效能。

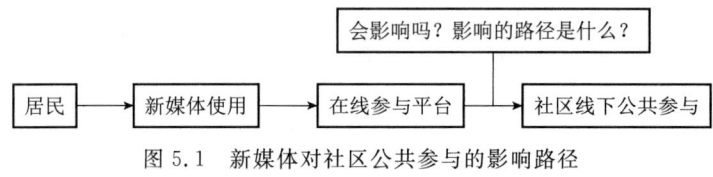

图 5.1　新媒体对社区公共参与的影响路径

通过对相关研究的梳理,笔者认为目前互联网与线下公共生活的研究存在以下3个不足:第一,相关研究将互联网看成实体社会或社区的对立面,忽略了虚拟社群与实体社区相结合的可能性;第二,在试图理解互联网与公共生活的关系时,互联网作为社区的特性没有得到充分的讨论与重视;第三,现有的研究主要探讨了互联网与公共参与的直接关系,但对两者的作用机制的研究还并不多见。因此,笔者关注的是社区新媒体对于线下公共参与的影响,并着重探讨了两者之间的中介效应。

第一节　在线邻里交往与线下公共参与的影响机制研究

一、理解互联网的两种范式

在互联网研究初期,学者们主要考察了是否接入互联网的社会效果,并据此对互联网进行评判。在技术扩散的初期,这种探讨有一定启发意义。但很快研究者就意识到,仅仅区分使用者与非使用者是不足的。强调互联网接入的效应,实际也忽视了个体在使用动机与目的上的差异,将互联网简化为一种单向可能的技术应用而非一个复杂的多面体,最终将不可避免地走向机械的技术决定论。[①]

有关互联网与公众参与的研究不应仅仅止步于发现互联网使用与参与之间的相关性,在经验证据的基础上,研究者有责任回答互联网为什么能够影响参与。国外有学者对相关研究进行了回顾与总结,认为对互联网与政治参与的研究,体现了互联网的3个面向:作为信息源的互联网、作为沟通媒介的互联网和作为虚拟公共领域的互联网。[②]国内亦有学者认为,对抗争行动而言,互联网可以视为一种行动的动员结构,信息流、社会资本与社会网络、公共领域与公共舆论是解释互联网动员效应的3种主导性视角。[③]

因此,我们认为理解互联网与社区公共参与的关系存在着两种基本的范式,即作为信息媒介的互联网与作为互动媒介的互联网。

(一)作为信息媒介的互联网

该范式认为,互联网对公民生活的潜在价值在于它是使用者重要的信息源[④],或者说,在于它极大地改变了信息流[⑤]。互联网之所以能够对公共生活产生积极影响,源自其所带来的信息革命。作为一种新兴媒介,互联网极大提高了信息的可得性,并提高了信息搜索、传播、存储、交换和分享的效率。公民参与公共事务需要"信息成本",如人们需要对政治信息进行搜索、理解与记忆,而这些都需要付出时间与精力。[⑥]互联网被认为能够在一定程度上降低这种行为成本。[⑦]因此,相关研究指出,通过为公民提供更为丰富的信息与更为低成本的信息获取途径,互联网能够造就"知情的公民"(informed citizen),从而对参与公共生活产生积极影响。这种观点强调了信息的核心作用,其分析路径可以简化为:**互联网→政治知识或信息→参与**。

按照这一模型,互联网在个体层次上发挥公民价值,实际上建立在两个假设之上:第一,互联网带来公民政治信息与政治知识的增长;第二,个体掌握的政治知识越多,越有利于其参加公民或政治生活。但这两个假设都受到了不同程度的质疑。

对第一个假设而言,有学者认为,存在至少5个方面的因素,限制着互联网促进政治知识的增长。第一,信息过载,人们已经无法有效处理海量信息,导致信息无法转化为知识。第二,互联网的信息增长,只是一种数量上的增长,而非质变。第三,互联网

---

① ② ④ POLAT R K. The Internet and political participation[J]. European Journal of Communication, 2005, 20(4): 435-459.
③ ⑤ 黄荣贵. 互联网与抗争行动: 理论模型、中国经验及研究进展[J]. 社会, 2010, 30(2): 178-197.
⑥ DOWNS A. An economic theory of democracy[M]. New York: Harper & Row, 1957; SCHUMPTETER J A. Capitalism, socialism and democracy[M]. New York: Harper & Row, 1947.
⑦ SHELLEY B. Does Internet use affect engagement? A meta-analysis of research[J]. Political Communication, 2009, 26(2): 193-211; DIMAGGIO P, HARGITTAI E, NEUMAN W R, et al. Social implications of the Internet[J]. Annual Review of Sociology, 2001, 27(1): 307-336.

带来了信息分布的不平等,即数字鸿沟现象。第四,使用者的动机不同,知识积累只与特定的使用倾向有关。第五,由于个人可以自由地选择接触何种信息,互联网很容易造成碎片化。① 经验研究方面的结论也是不一致的。一些研究认为,在控制教育和政治兴趣之后,缺乏关于互联网使用能够促进政治知识增长的证据。② 另外一些研究表明则提供了支持这一假设的证据,发现即便在控制了人口学变量、政治兴趣、传统媒介使用与政治讨论之后,互联网接入对政治知识具有显著的预测作用。③ 有学者认为,不应该笼统地研究互联网接入的效应,而应该更深入地考察不同互联网的使用方式。诺里斯等人发现,相比其他用户,使用电子邮件和信息搜索的互联网用户具有更多政治知识。④ 后续的研究也不断验证了互联网信息使用与政治效能、知识和行为等政治要素之间的正向关系。⑤

对第二个假设的质疑也并不鲜见。实际上,有政治学者很早就提出,信息与公众参与之间并不存在必然的关系,并不是公众参与公共事务的决定性因素。⑥ 在信息与知识增长和参与水平提高之间画上等号是不合理的。例如,在某些情况下,政治知识较多的公民可能会更容易感到挫败,进而从公共生活中撤离。⑦ 另外,在信息不充分的情况下,人们无法进行理性的判断与选择,反而更容易受到情绪冲动的影响,参与到政治活动中来。⑧ 信息媒介模型最重要的问题,在于"信息增长与政治行动增长之间缺乏清晰的联系"⑨。

(二)作为互动媒介的互联网

事实上,互联网不仅是信息的网络,也是人的网络,是个体间互动与沟通的媒介。

---

① POLAT R K. The Internet and political participation[J]. European Journal of Communication,2005,20(4):435-459.
② DIMAGGIO P,HARGITTAI E,MEUMAN W R,et al. Social implications of the Internet[J]. Annual Review of Sociology,2001,27(1):307-336.
③ KENSKI K,STROUD N J. Connections between Internet use and political efficacy,knowledge,and participation[J]. Journal of Broadcasting & Electronic Media,2006,50(2):173-192;韦路,张明新.第三道数字鸿沟:互联网上的知识沟[J].新闻与传播研究,2006(4):43-53.
④ NORRIS P,JONES D. Virtual democracy[J]. Harvard International Journal of Press/Politics,1998,3(2):1-4.
⑤ JOHNSON T J,KAYE B K. A boost or bust for democracy? How the web influenced political attitudes and behaviors in the 1996 and 2000 presidential elections[J]. Harvard International Journal of Press/Politics,2003,8(3):9-34;KENSKI K,STROUDN J. Connections between Internet use and political efficacy,knowledge,and participation[J]. Journal of Broadcasting & Electronic Media,2006,50(2):173-192;PASEK J,MORE E,ROMER D. Realizing the social Internet? Online social networking meets offline civic engagement[J]. Journal of Information Technology & Politics,2009,6(3-4):197-215.
⑥ VERBA S,NIE N H. Participation in America:political democracy and social equality[M]. New York:Harper & Row,1972.
⑦ WARREN M E. What can democratic participation mean today? [J]. Political Theory,2002,30(5):677-701.
⑧⑨ BIMBER B. The Internet and political transformation:populism,community and accelerated pluralism[J]. Polity,1998,31(1):133-160.

在这样的意义上,早期理论家认为"计算机网络内在地是一个社会网络"①。作为互动媒介的互联网具有两种表现形式:在静态结构方面,表现为社会网络;在动态过程方面,表现为社会互动。社会网络是互动发生的基础性结构,在缺乏社会纽带的情况下,个体之间的互动是不可能的。同时,社会网络的建立和维持又要依赖于个体间持续的互动过程。

国内也有学者认为,如果互联网可以作为现实社会网络的延伸,那么其就能够成为集体行动的动员结构,进而推动个体参与集体行动。② 在国外有关社交网站的研究中,一个理论视角认为,个人能够利用社交媒体创造出新的社会网络,这些社会网络能够在参与过程中成为动员的渠道。③ 社交网站扩大了使用者的社会网络,使用者更容易接触到有关参与的动员信息,也更可能被人邀请加入公共话题的讨论之中,这些都能够对公民参与产生积极的影响。④

按照上述论述,互联网的这种公民潜能同样建立在两个首尾相连的假设的基础上:第一,互联网能够影响社会网络,如导致社会网络的规模增大、异质性加强等;第二,社会网络的变化能够显著地提高参与水平。其理论解释路径为:**互联网→社会网络→参与**。

另外,当把互联网视为沟通媒介时,社会网络与社会互动实际是互为表里的。互联网的出现有利于公民在不经审查的情况下平等而理性地讨论公共事务,进而有助于催生出一个虚拟的公共领域。⑤ 此处,有两种考察的尺度:一种是在宏观层次上论证互联网扩展公共领域或开辟一个新的虚拟公共领域的可能性、限制及其潜在影响;另一种是在微观层次上探讨个人在(潜在的)虚拟公共领域中的参与情况,即在线政治参与或政治讨论。第二种研究视角关注的是互联网使用者在特定议题上的理性互动,其核心的假设是:互联网为理性地讨论公共问题提供了新的空间,并且这种在线的政治行为将不仅仅局限于虚拟空间,还可能延伸到线下的现实社会中,提升人们在线下参与公共生活的水平。这一假设即为如下的理论模型:**互联网→在线讨论→参与**。

---

① WELLMAN B. Physical place and cyber place:the rise of personalized networking[J]. International Journal of Urban and Regional Research,2001,25(2):227-252.
② 黄荣贵.互联网与抗争行动:理论模型、中国经验及研究进展[J].社会,2010,30(2):178-197.
③ SHELLEY B. Does Internet use affect engagement? A meta-analysis of research[J]. Political Communication,2009,26(2):193-211.
④ GOL DE ZÚÑIGA H,JUNG N,VALENXUELA S. Social media use for news and individuals' social capital, civic engagement and political participation[J]. Journal of Computer-Mediated Communication,2012,17(3):319-336;TANG G,LEE F L F. Facebook use and political participation:the impact of exposure to shared political information,connections with public political actors,and network structural heterogeneity[J]. Social Science Computer Review,2013,31(6):763-773.
⑤ SHAH D V,CHO J,EVELAND W P,et al. Information and expression in a digital age:modeling Internet effects on civic participation[J]. Communication Research,2005,32(5):531-565.

根据目前多数研究,多数研究者往往强调了互联网作为信息媒介的特性,而忽略了其作为互动媒介的潜能。因此,本章首先将互联网理解为一种互动媒介而非信息媒介。通过对在线邻里交往的分析,我们将讨论这种互联网使用方式如何通过社会网络与在线讨论等中介因素影响社区的公共生活。

二、作为一种传播基础结构的在线邻里交往

根据中国互联网络信息中心(2017)发布的第39次《中国互联网络发展状况统计报告》,2016年中国网民使用率最高的互联网应用是即时通信,达到了91.1%,微博的使用率也高达37.1%。2015年,即时通信的使用率为90.7%,微博使用率为33.5%。2016年5个网民最经常使用的手机APP中,微信(79.6%)和QQ(60.0%)两种即时通信工具占据了前两位,领先第三名淘宝(24.1%)的优势十分明显。一直以来,如微信、QQ一类的即时通信应用普遍被看作是用户进行个人交往的工具。但随着QQ群、微信群等新型互联网实践的兴起,其意义已经不再局限于私人生活领域。例如许多网络教育或培训机构,常常将学员组织到QQ群或微信群中,不仅方便了学习探讨与交流,在某种程度上也提供了扩展职业网络的机会,甚至可能对找工作有帮助。

根据中国互联网中心的数据,微信群聊的使用率达到了64.5%,紧随文字聊天(88.0%)、语音聊天(83.9%)和朋友圈(80.5%)之后,成为微信用户使用率第四高的微信功能。相比如此高的普及率,学术界对这种互联网现象的研究还很少,尤其是经验研究方面,只有环境抗争方面的一些研究中提及了抗争过程中对QQ群的使用[1],但也并未对此进行深入与专门的讨论。

国内对业主论坛的研究表明,当互联网技术与地域性社区结合起来时,能够聚集起可观的公民能量。不仅个人在业主论坛中对日常话题的参与可以向公共话题的参与转化[2],而且从社区层面来看,业主论坛的确有助于集体利益行动的发生[3]。因此,有理由相信,当技术上门槛更低、使用更为便利的虚拟社群与本地社区结合之后,将会对社区的公共生活产生同样甚至更大的影响。

有学者从传播的角度对社会资本进行了定义,认为在社区层面上,社会资本正是使得邻里日常交流成为可能的那些社会纽带,这些纽带在社区中发挥着沟通基础设施

---

[1] 王全权,陈相雨.网络赋权与环境抗争[J].江海学刊,2013(4):101-107;卜玉梅.从在线到离线:基于互联网的集体行动的形成及其影响因素 以反建X餐厨垃圾站运动为例[J].社会,2015,35(5):168-195.

[2] 陈华珊.虚拟社区是否增进社区在线参与?一个基于日常观测数据的社会网络分析案例[J].社会,2015,35(5):101-121.

[3] 黄荣贵,桂勇.互联网与业主集体抗争:一项基于定性比较分析方法的研究[J].社会学研究,2009,24(5):29-56.

的作用。① 社区传播的基础结构源自社区中正式的或非正式的关系,其核心是邻里叙事网络(neighborhood storytelling network)。这种地方性的社会网络有3种形态:个人网络、社区媒体和社区组织。② 社区传播的基础结构被认为是社区交往的前提条件,也是培育社区归属感和促进公民参与的重要因素。③

从外部观察者的角度来看,在线邻里交往是以非正式组织的形式存在的,但对于群体内部的个体而言,其实质是一种社会网络。这些社群通常以线下原有的社会纽带为基础。但随着新成员的不断加入,在线邻里交往不仅能够强化原有的关系网络,也能够在一定程度上给个体认识更多邻里创造机会,从而拓展了其邻里关系网。与线下的社会关系一样,这种虚拟的社会网络能够方便邻里间的日常互动,成为社区沟通的基础设施。

实际上,在线邻里交往包含着邻里叙事网络的3种形态特征:首先,从个体的角度,它可以巩固或拓展个人的邻里关系;其次,由于具有明确的地理边界,在线邻里交往与本地生活之间具有天然的联系,可能成为居民了解社区动态的消息源;最后,从现实情况来看,许多在线邻里交往的根源在于线下的社团活动,本质上是社区组织在虚拟空间的延伸。因此,笔者认为,地方性在线邻里交往是在新媒体时代下促进社区沟通的重要基础设施。根据沟通基础设施理论的有关论述,笔者提出假设1:

假设1:在线邻里交往能够促进居民参与社区公共事务的水平。

三、社区感:居民与社区之间的情感纽带

(一) 社区感

社区感(sense of community)是连接在线邻里交往与社区参与的社会心理学重要概念。在沟通基础设施理论中,人际沟通网络之所以能够发挥作用,一定程度上来自日常交流产生的归属感与认同感。④ 只是这种桥梁的作用没有得到足够的重视,相关的经验研究也缺乏从正面对这一问题进行探讨。

社区感这一概念最早由萨拉森提出,在其定义之下,社区感强调的是人与人之间的相互依赖关系和维持这种关系的意愿,以及个体对于社区的归属感。⑤ 此后,麦克米伦和查韦斯发展出了"四要素"理论模型,他们认为社区感是一个由成员资格、影响力、需要的整合与满足和共同的情感联结4个要素构成的复杂概念,并强调社区感的实质

---

① ROJAS H,SHAH D V,FRIEDLAND L A. A communicative approach to social capital[J]. Journal of Communication,2011,61(4):689-712.
②③④ BALL-ROKEACH S J,KIM Y C,MATEI S. Storytelling neighborhood:paths to belonging in diverse urban environments[J]. Communication Research,2001,28(4):392-428.
⑤ SARASON S B. The psychological sense of community:prospects for a community psychology[M]. San Francisco:Jossey-Bass,1974.

与核心是成员间的归属感和共同信念。[1] 虽然麦克米伦之后对这一模型进行了修改[2]，但最初版本的"四要素"模型仍然是相关研究最重要的理论依据[3]。

目前，有两种关于社区感的界定：一种是地域型社区感（sense of geographic community），这种界定强调社区感是一个依附于地域性实体社区的心理学概念；另一种是关系型社区感（sense of relational community），是一种超越地域边界限制的，以共享的观点、兴趣和态度为基础的概念。[4] 这种讨论实际上与社会学中社区含义的嬗变有着密切的联系。[5] 如非特别说明，本书在使用社区感这一术语的时候，指的是地域型社区感。

一般认为，社区感既与外向性、宜人性、道德感和神经质等个人心理特质有关[6]，也与个体得到的社会支持和认同有关[7]。但对笔者启发最大的是关于人工环境建设与社区感的关系的探讨。社区感被看作是评价社区工作的重要指标[8]，通过各种途径为培养居民的社区感创造有利条件，一直以来都是研究者与社区管理者关注的重要问题[9]。其中，通过社区环境与设施建设来培养社区感是一种重要的方法。相关研究发现，交通与停车拥挤等问题会侵蚀人们的安全感，也容易引起人与人交往中的不友好态度[10]；相反，公园、广场等公共空间与设施的建设可以有效培养社区感[11]。公共空间与环境的建设是社区硬件建设的重要部分，那么这种硬件设施上的差异为什么能够影响社区心

---

[1] MCMILLAN D W, CHAVIS D M. Sense of community: a definition and theory[J]. Journal of Community Psychology, 1986, 14(1): 6-23.
[2] MCMILLAN D W. Sense of community[J]. Journal of Community Psychology, 1996, 24(4): 315-325.
[3] MANNARINI T, FEDI A. Multiple senses of community: the experience and meaning of community[J]. Journal of Community Psychology, 2010, 37(2): 211-227.
[4] OMOTO A M, SNYDER M. Considerations of community the context and process of volunteerism[J]. American Behavioral Scientist, 2002, 45(5): 846-867.
[5] 陈福平,黎熙元. 当代社区的两种空间：地域与社会网络[J]. 社会, 2008(5): 41-57；黎熙元,陈福平. 社区论辩：转型期中国城市社区的形态转变[J]. 社会学研究, 2008(2): 192-217.
[6] LOUNSBURY J W, LVOELAND J M, GIBSON L W. An investigation of psychological sense of community in relation to Big Five personality traits[J]. Journal of Community Psychology, 2003, 31(5): 531-541.
[7] PAUL B, BRUGGERMAN K, PRETTY G. Community perspectives and subjective quality of life[J]. International Journal of Disability Development & Education, 2002, 49(4): 385-397；OBST P L, WHITE K M. An exploration of the interplay between psychological sense of community, social identification and salience[J]. Journal of Community & Applied Social Psychology, 2005, 15(2): 127-135.
[8] SARASON S B. The psychological sense of community: prospects for a community psychology[M]. San Francisco: Jossey-Bass, 1974.
[9] FRANCIS J, GILES-CORTI B, WOOD L, et al. Creating sense of community: the role of public space[J]. Journal of Environmental Psychology, 2012, 32(4): 401-409.
[10] MULLAN E. Do you think that your local area is a good place for young people to grow up? The effects of traffic and car parking on young people's views[J]. Health & Place, 2003, 9(4): 351-360.
[11] TALEN E. Measuring the public realm: a preliminary assessment of the link between public space and sense of community[J]. Journal of Architectural & Planning Research, 2000, 17(4): 344-360.

理因素呢？后续的研究发现，起到关键作用的并不是公共场所的数量或规模，而是体现在其质量上。① 这种质量体现在空间的建设为居民互动提供舒适、便利、安全的社会交往空间。有学者就曾经提出建议，认为像购物场所这样的公共空间应该适当布置一些绿色植物，因为后者让人感到放松，有助于人们之间进行更为友善与平和的交流。② 因此，与其说空间建设本身能够培养社区感，不如说是通过居民互动这一桥梁而发挥作用的。

在线邻里交往建设了一个社区的虚拟空间。作为居民之间互动的基础设施，这种互联网沟通工具使得熟识或陌生居民之间的日常交流、讨论社区事务更为便利，也为社区感的破土萌芽提供了土壤。这些交流既包含理性的成分，又有情感性的投入。久而久之，这种社群内的互动可能催生出成员内的认同感。此外，在线邻里交往的地理边界明确，群体认同可以轻松地突破成员资格的界限，投射到实体社区之中。这种地域归属和群体认同的有机结合，构成了居民的社区感。③

基于上述讨论，笔者提出：

假设2a：参与在线邻里交往，能够提高个体的社区感水平。

（二）社区感与社区参与

社区感与社区参与之间的关系是学术界研究的重点，社区感对社区参与的促进作用被视为社区感的重要现实价值。④ 学术界对于社区感的作用比较乐观，许多研究都发现了社区感与社会参与行为之间的积极关系。有研究发现，青少年对运动队、宗教团体等正式组织的参与和社区感具有正相关关系，而且亲社会性的和抗议性的公民参与行为也都与社区感具有显著的正向关联。⑤ 一项对美国、意大利和伊朗3个国家大学生调查数据发现，社区感与社会参与（包括参加政治、志愿、体育、娱乐、宗教等多种性质的活动）之间的显著的正相关关系在3个国家中都存在，说明两者之间的关系是跨文化的。⑥ 社区感不仅与个人参加宗教活动、注册投票、参加邻里组织等社区参与行为

---

① FRANCIS J, GILES-CORTI B, WOOD L, et al. Creating sense of community: the role of public space[J]. Journal of Environmental Psychology, 2012, 32(4): 401-409; ZHANG W, LAWSON G. Meeting and greeting: activities in public outdoor spaces outside high-density urban residential communities[J]. Urban Design International, 2009, 14(4): 207-214.
② JOYE Y, WILLEMS K, BRENGMAN M, et al. The effects of urban retail greenery on consumer experience: reviewing the evidence from a restorative perspective[J]. Urban Forestry & Urban Greening, 2010, 9(1): 57-64.
③④ 李须, 陈红, 李冰冰, 等. 社区感：概念、意义、理论与新热点[J]. 心理科学进展, 2015, 23(7): 1280-1288.
⑤ ALBANESI C, CICOGNANI E, ZANI B. Sense of community, civic engagement and social well-being in Italian adolescents[J]. Journal of Community & Applied Social Psychology, 2007, 17(5): 387-406.
⑥ CICOGNANI E, PIRINI C, KEYES C, et al. Social participation, sense of community and social well being: a study on american, italian and iranian university students[J]. Social Indicators Research, 2008, 89(1): 97-112.

有关,也与社区层面的参与变量有关。① 较早期研究认为,社区感是社区本地组织参与的催化剂,而且社区感不仅对参与社区组织有直接作用,也可以通过影响社区关系等变量发挥间接作用。② 中国大陆的一项研究将社区感操作化为在社区内认识其他邻居后发现,无论是城市还是农村,社区感高的个体,参加投票的概率也更高。③ 另一项研究发现,参加社区组织或团体与社区感的大多数维度都存在正向相关关系。④

关于为何社区感能够促进各种各样的参与行为,存在两种不同的解释:一种观点的理论基础是需要模型⑤。需要模型强调,对于居民而言,社区是一种满足需求的资源,个体之所以会产生社区感,是因为社区能够满足个人生活的某种需要。社区感内在地包含着居民与社区之间的相互依赖关系。因此,居民参与社区的公共生活,在某种程度上并不是出于公民意识,而是因为这些事情与个人生活息息相关。社区感是连接个体需要与公共事务的桥梁。在这种理论视角之下,与其说社区感能够促进参与,不如说社区感背后蕴藏的个体对社区资源的依赖是公共参与的真正原因。为了回应需要模型,有学者提出了另一种解释——责任模型。⑥ 责任模型强调社区感的内在有效性,即社区居民对于社区的归属感和认同感能够实质性地促进公共生活的繁荣。具有较高社区感的居民参与公共事务并非基于某种资源依赖,而是源于蕴含在社区感之中的责任感驱动。有经验研究给出了支持这种观点的证据,他们发现,在模型中同时纳入社区感和责任感的测量指标之后,社区感的影响减弱或消失,而责任感的正向作用依然显著。⑦ 总之,责任模型相信人们之所以参与到公共活动中,是因为人们感受到对于社区的责任,并希望能够按照社区规范行事,成为一名好公民。⑧

基于上述讨论,笔者提出:

假设2b:居民的社区感水平越高,其参与社区公共事务的程度也越高。

---

① BRODSKY A E, O'CAMPO P J, ARONSON R E. PSOC in community context: multi-level correlates of a measure of psychological sense of community in low-income, urban neighborhoods[J]. Journal of Community Psychology, 1999, 27(6):659-679.

② CHAVIS D M, WANSERSMAN A. Sense of community in the urban environment: a catalyst for participation and community development[J]. American Journal of Community Psychology, 1990, 18(1):55-81.

③ XU Q, PERKINS D D, CHOW J C. Sense of community, neighboring, and social capital as predictors of local political participation in China[J]. American Journal of Community Psychology, 2010, 45(3-4):259-271.

④ PREZZA M, PACILLI M G, BARBARNELLI C, et al. The MTSOCS: a multidimensional sense of community scale for local communities[J]. Journal of Community Psychology, 2009, 37(3):305-326.

⑤ MCMILLAN D W. Sense of community, a theory not a value: a response to nowell and boyd[J]. Journal of Community Psychology, 2011, 39(5):507-519; NOWELL B, BOYD N. Viewing community as responsibility as well as resource: deconstructing the theoretical roots of psychological sense of community[J]. Journal of Community Psychology, 2010, 38(7):828-841.

⑥⑦ NOWELL B, BOYD N. Viewing community as responsibility as well as resource: deconstructing the theoretical roots of psychological sense of community[J]. Journal of Community Psychology, 2010, 38(7):828-841.

⑧ OMOTO A M, SNYDER M. Influences of psychological sense of community on voluntary helping and prosocial action[M]. New Jersey: Wiley-Blackwell, 2009.

四、网络赋权:效能感的中介作用

(一) 网络赋权:从实证到理论

除了将互联网看作是一种信息获取渠道或拓展个人社会网络的工具,越来越多的学者从赋权(empowerment)的角度对互联网对政治参与、抗争和表达等公民行为的正向效用进行解读。王全权和陈相雨分析了在"厦门PX项目"事件和"拯救南京梧桐树"活动中,民众对社交网络的技术化应用。他们认为互联网为民众表达自身利益诉求创造了平台,使得普通民众的声音能够得到广泛的传播,这种对话语权力分配格局的改造是一种"网络技术赋权"。[①] 另一项对 $PM_{2.5}$ 事件的研究也提出,"网络信息技术的发展为公民环境行动提供了新的平台和资源",使原本分散在实体社会中的各种观点和看法能够在网络上得到一一呈现,形成言论的竞争,促进理性探讨,在一定程度上完成了政治赋权。[②] 林珊珊和陈福平在社区层面上分析了新媒体与社区赋权,他们认为,新媒体是构建社区参与网络的重要平台,从而有助于培养社区共同体意识并推动社区赋权。[③] 陈福平通过对城市在职网民的抽样调查发现,信息区隔与网络赋权同时存在,互动娱乐型的互联网使用动机与行为,能够促进低教育阶层的在线政治表达。[④]

以上研究都认为,互联网之所以能够在公共生活中发挥积极作用,在于它创造了一个独立于线下社会的公共空间或表达渠道。这种独立性表现在,互联网上的表达与讨论,不再受到现实社会中社会阶层或权力结构的制约,互联网使每个人平等地表达个人观点成为可能。因此,在上述研究中,赋权是一个"关系性概念(relational construct)"[⑤],即互联网的出现为改变既有的政治与权力关系提供了契机,使原本没有话语权的群体能够表达自己的观点。与之相对的是作为"激发性概念(motivational construct)"[⑥]的赋权。两者的差异源自对权力的不同界定。对前者而言,权力是不平等的社会关系的产物,赋权的内在本质是对这种失衡的社会结构的修正;而后者则强调个体对自身权力或能力的感知与信念,即相信自己有足够能力面对各种困难、处理遇到的问题。换句话说,激发性赋权并非指向外在的社会结构,而是指向个体的内在心理因素。

本章在后一种意义上使用赋权这一术语。个体心理取向的赋权概念能够对本章

---

① 王全权,陈相雨.网络赋权与环境抗争[J].江海学刊,2013(4):101-107.
② 黄晗.网络赋权与公民环境行动——以 $PM_{2.5}$ 公民环境异议为例[J].学习与探索,2014(4):51-56.
③ 林珊珊,陈福平.新媒体环境下的社区赋权与信息化服务[J].城市观察,2015(5):39-46.
④ 陈福平.跨越参与鸿沟:数字不平等下的在线政治参与[J].公共行政评论,2013,6(4):82-107,179-180.
⑤⑥ CONGER J A, KANUNGO R N. The empowerment process:integrating theory and practice[J]. Academy of Management Review,1988,13(3):471-482.

所讨论的议题提供许多新的思路。首先,社会关系取向的赋权理论并没有为分析提供可操作化概念。从这一视角出发进行的研究,只能对单个事件进行定性的描述与研究,分析事件本身与互联网的关系,分析层次无法下沉到个体层面。相比之下,个体心理取向的赋权理论将心理学变量引入分析,使得这一理论能够应用于个体层面的定量研究。其次,相比社会关系取向的赋权概念,个体心理取向的赋权理论在解释互联网的公民效应时,能够提供更加丰富的理论资源与解释路径。事实上,社会关系取向的赋权研究大多将互联网使用当作赋权的过程,将参与水平的提升视为赋权的结果,从而忽视了互联网对公民生活的间接效应。[①] 相比之下,个体心理取向的赋权理论有助于将政治心理和政治态度的诸多因素纳入研究框架之中,如将政治效能感纳入分析路径之中。[②]

笔者认为,作为一种心理赋权机制,在线邻里交往能够提升居民的社区效能感。参与社区生活是赋权工作实践的重要原则与方法。[③] 在线邻里交往为居民参与社区生活提供了机会,在各种各样的交流、讨论与活动中,居民可以习得社区的"本地化知识",个体的沟通技巧和参与公共讨论的能力也得到了锻炼与提升,居民相信自己能够对社区管理产生影响,即社区效能感的提高。

因此,笔者提出:

假设3a:在线邻里交往能够提升居民社区效能感。

(二) 效能感与参与

班杜拉最早系统地提出了自我效能感这一概念,在其定义中,自我效能感是指个体对能够利用相关的知识、技能去完成某种工作或克服某种困难的自信程度。[④] 在政治学领域,坎贝尔等人将"政治效能感"这一概念定义为公民认为其自身拥有促使政治和社会变迁的能力的感觉。[⑤] 由于政治过程本身涉及两个基本的方面,即作为参与者的公民与政治行为和对其施加影响或获得反馈的政治机器。因此,后来有学者认为,政治效能感由内在政治效能感与外在政治效能感两部分构成。[⑥] 前者指向公民自身,代表个人对能够影响政治进程的知识和能力的主观评价;后者则指向政治制度与政治

[①] 王全权,陈相雨.网络赋权与环境抗争[J].江海学刊,2013(4):101-107;黄晗.网络赋权与公民环境行动——以 $PM_{2.5}$ 公民环境异议为例[J].学习与探索,2014(4):51-56;陈福平.跨越参与鸿沟:数字不平等下的在线政治参与[J].公共行政评论,2013,6(4):82-107,179-180.

[②] BREUER A,GROSHEK J. Online media and offline empowerment in post-rebellion Tunisia:an analysis of Internet use during democratic transition[J]. Journal of Information Technology & Politics,2014,11(1):25-44.

[③] 陈树强.增权:社会工作理论与实践的新视角[J].社会学研究,2003(5):70-83.

[④] BANDURA A. Self-efficacy in changing societies[M]. Cambridge:Cambridge University Press,1995.

[⑤] CAMPBELL A,GURIN G,MILLER W E. The voter decides[M]. Evanston,IL:Row,Peterson and Company,1954.

[⑥] SULLIVAN J L,RIEDEL E. Efficacy:political[J]. International Encyclopedia of the Social & Behavioral Sciences,2001,39(4):4353-4356.

过程,代表公民对政治体系能够回应个人诉求的评价。

西方学者对政治效能感与政治参与之间的关系进行了大量研究。最初,政治效能感主要被作为政治参与行为的预测性变量而得到关注。政治效能感通常被视为公民参与政治的内在背景,积极的参与行为需要公民对自身影响政治进程的能力具有坚定不移的信念。① 一项对美国总统选举投票的研究认为,政治效能感的下降是投票率持续下降的重要原因。② 艾布拉姆森与阿尔德里奇的研究则分别考察了内在效能感与外在效能感的不同作用。③ 他们回顾了1980年之前近30年有关美国大选与国会选举投票的数据,认为1960—1980年间美国大选选举投票率的下降,有接近七成可以归因于政党认同和外在效能感的下降,1966—1978年间接近一半的国会选举投票率下降来自这两种政治态度的改变。另外一项对10个国家青少年的研究显示,内在效能感对预期的投票选举参与行为的预测作用在大概一半的国家是显著的,对预期的政治活动的正向影响则在几乎所有国家都具有统计显著性;外在效能感对预期的投票选举影响不明显,在大约一半国家中,其对预期的政治活动的影响是显著的。④ 政治效能感不仅能够影响投票这种传统的参与形式,也与许多非体制化的政治行为有关。一项对美国黑人的研究将受访者的政治效能感从高到低分为4组,结果发现,随着政治效能感的下降,各组积极参与抗议类活动(包括讨论抗议、抵制、游行、纠察和静坐5种参与方式)的受访者比例也趋于减少。⑤

政治效能感理论不仅为"态度—行为"取向的政治参与分析提供了重要的可操作概念,也为一些其他范式的理论提供了更丰富的解释路径。鲁道夫等人的研究发现,在情感因素对竞选活动参与的作用中,内在效能感起到了调节作用。⑥ 对内在效能高的群体而言,对政治精英的负面情绪将导致其参与竞选活动意愿的显著提高;但对低内在效能感的群体,负面情绪体验的效应不显著。一项跨国研究则将政治效能感纳入分析模型,认为政治效能感是政治制度形塑政治的中介变量,换句话说,政治制度对于政治行为的影响,部分是通过政治效能感发挥作用的。⑦

---

① SCHULZ W. Political efficacy and expected political participation among lower and upper secondary students. A comparative analysis with data from the IEA civic education study[C]. The ECPR General Conference in Budapest,2005.
②④ SHAFFER S D. A multivariate explanation of decreasing turnout in presidential elections,1960-1976[J]. American journal of Political Science,1981,25(1):68-95.
③ ABRAMSON P R,ALDRICH J H. The decline of electoral participation in America[J]. American Political Science Review,1982,76(3):502-521.
⑤ PIERCE J C,CAREY J R. Efficacy and participation:a study of black political behavior[J]. Journal of Black Studies,1971,2(2):201-223.
⑥ RUDOLPH T J,GANGL A,DAN S. The effects of efficacy and emotions on campaign involvement[J]. Journal of Politics,2010,62(4):1189-1197.
⑦ KARP J A,BANDUCCI S A. Political efficacy and participation in twenty-seven democracies:how electoral systems shape political behaviour[J]. British Journal of Political Science,2008,38(2):33-38.

另一些研究则认为,仅仅将政治效能感看作是政治参与的心理动机或诱因是不完整的。政治效能感与政治参与之间的关系是双向的,两者互为因果,政治效能感能够激发特定形式的政治行为,同时也是参与行为的结果。① 一般认为,政治参与兼具教育与诱导两个功能。前者是指政治参与是培养公民参与意识和能力的过程,其结果可以体现为内在效能感水平的提升;后者则是指政治过程的诱导性,即政治参与过程也是当前占据主导地位的政治集团向公众灌输其政治合法性的过程,从而强化参与者对当前政治体系的认可。②

艾布拉姆森和阿尔德里奇较早提出了两者可能是相互作用的,但当时大多数研究(包括他们本人在内)都把政治效能感当作政治效能的预测变量。③ 芬克尔是最早利用实证数据对另一方向的因果效应加以讨论的学者。他的一项研究发现,投票选举与竞选活动对参与者的影响主要体现在外在效能感方面,即增强了公民对制度回应性的信心;另一项研究则考虑了投票、选举活动、和平抗议和激进行为4种政治参与形式,结果发现,参加选举活动能够显著影响政治效能感,而其他几种参与方式的作用则并不显著。④

基于上述讨论,我们认为,效能感是公民参与社区公共生活的催化剂,能够对社区公共参与起到正向的促进作用。因此,笔者提出:

假设3b:社区效能感高的居民,社区公共参与水平也越高。

第二节 研究设计

一、数据来源

本数据来源于课题组于2016年2—6月在厦门市进行的调查,根据老城区、商品房社区和村改居社区3种类型差异,我们选取了22个社区,利用居民人口信息系统进行系统等距抽样,每个抽取50位居民进行问卷调查。调查最终获取了971个有效样本,完成率为88.3%。另外根据社区规模,我们对样本进行了人口加权。

---

① FINKEL S E. The effects of participation on political efficacy and political support:evidence from a west german panel[J]. Journal of Politics,1987,49(2):441-464.

② FINKEL S E. The effects of participation on political efficacy and political support:evidence from a west german panel[J]. Journal of Politics,1987,49(2):441-464;刘芳,施文捷. 城市基层政治参与对政治效能感的影响:一项以上海社区为例的实证研究(英文)[J]. 社会,2012,32(2):223-241.

③ ABRAMSON P R,ALDRICH J H. The decline of electoral participation in America[J]. American Political Science Review,1982,76(3):502-521.

④ FINKEL S E. Reciprocal effects of participation and political efficacy:a panel analysis[J]. American Journal of Political Science,1985,29(4):891-913;FINKEL S E. The effects of participation on political efficacy and political support:evidence from a west german panel[J]. Journal of Politics,1987,49(2):441-464.

二、概念界定与变量测量

(一) 因变量

在相关文献中，大致上存在对参与的两种界定：一是社区涉入（community involvement）。其侧重点并非参与行为，而在于以参与变量为标尺，度量互联网对地理社区产生的影响。其元问题是，互联网使用会对地域性社区产生怎样的影响？由于研究重点不在参与行为，因此这类研究对社区涉入的测量口径高度非标准化。事实上，只要行为发生在社区内或指向地域性社区，都可以作为社区涉入的测量指标。有时候这一概念甚至可以包含情感性因素。例如在经验研究中，关注地方社区新闻、地方社团志愿者、出席社区活动、拜访邻居、讨论社区学校问题、社区归属感、在社区居住年限、参加社区会议、是否教会成员、参加正式组织或非正式组织都被用来反映社区涉入行为。[①] 二是公民参与或政治参与。在学理上，这两个概念的含义是有差别的，但由于在测量方法上追求使用综合性的指标，在分析时两种不同的参与方式并不能很好地区分开。[②] 例如，一些学者将"与他人一起解决社区问题"这一测量问题当作是政治参与的指标[③]，而在另外一些学者看来，这一指标没有直接指向政治制度或过程，因此纳入公民参与的范畴更为恰当[④]。参加抗议、集会或游行示威，在一些研究中被当作是公民参与的组成部分[⑤]，而另外一些研究则将其归入政治参与。[⑥] 事实上，在部分学者的论述中，政治参与是公民参与的维度之一。[⑦]虽然这一类研究并没有对政治参与或公民参与进行严格的界定，但在测量层面上所采用的指标都具有明显的公共性，即指向社会的公共生活领域。

社区涉入与公民或政治参与分别强调了参与行为的社区性和公共性。此处的因变量，社区公共参与则同时具有这两种属性。首先，社区公共参与是一种社区性的参

---

① RAZEGHI N, TAGHAVI S Z. The Internet use and community involvement in tehran iran[J]. International Journal of New Technology and Research, 2015, 1(6): 29-34; KAVANAUGH A L, PATTERSON S J. The impact of community computer networks on social capital and community involvement in blacksburg[J]. American Behavioral Scientist, 2001, 45(3): 496-509.

②④ SHELLEY B. Does Internet use affect engagement? A meta-analysis of research[J]. Political Communication, 2009, 26(2): 193-211.

③ BEST S J, BRIAN S K. Analyzing the representativeness of Internet political participation[J]. Political Behavior, 2005, 27(2): 183-216; JENNINGS M K, ZEITNER V. Internet use and civic engagement: a longitudinal analysis[J]. Public Opinion Quarterly, 2003, 67(3): 311-334.

⑤ XENOS M, MOY P. Direct and differential effects of the Internet on political and civic engagement[J]. Journal of Communication, 2007, 57(4): 704-718.

⑥⑦ JENNINGS M K, ZEITNER V. Internet use and civic engagement: a longitudinal analysis[J]. Public Opinion Quarterly, 2003, 67(3): 311-334.

与行为。虽然以韦尔曼为代表的社区解放论认为社区的内在本质是个体的社会关系网络[1]，但笔者在使用社区这一词汇时，仍然强调其地域性。实际上，不管从官方的施政意图还是从居民的理解来看，社区在一定程度上被视为社会治理的基层区划。[2] 社区公共参与这一概念强调的是发生在社区中或者因社区问题而引起的参与行为。其次，社区公共参与是一种具有公共导向的参与行为。这意味着社区居民之间在私人生活领域的交往和互动不在本章讨论范围之内。同时，此处所指的公共行为也并不必然指向政治过程或政治实体。

社区公共参与来自调查问卷中的一个量表。量表询问居民对空间议题（如停车拥挤、缺少休闲空间等）、设施议题（如健身设施老旧等）、环境议题（如环境整治、清理小广告等）、服务议题（如子女看护、居家养老等）、选举议题（如居委会、业委会投票或竞选等）、维权抗争（如联合起来与物业进行谈判等）6类公共议题的线下参与程度，量表采用四点记分，编码为经常＝4、有时＝3、很少＝2、从不＝1。我们对该量表进行了因子分析（KMO＝0.873，克伦巴赫 α＝0.868），得到一个因子，见表5.1。从表5.1中可以看到，这一因子特征值达到了3.625，解释了60.41%的方差比例。笔者将这一因子命名为社区公共参与。为了后面展示起来更方便，笔者将因子得分转化为百分制[3]，原始数值的最小值为1，最大值为100。

表5.1 社区公共参与因子分析

项　目	因子负荷
空间议题	0.784
设施议题	0.833
环境议题	0.838
服务议题	0.823
选举议题	0.713
抗争议题	0.655
特征值	3.625

---

[1] WELLMAN B. Studying personal communities[M]//Marsden P V, LIN N. Social structure and network analysis. Beverley Hills: Sage Publications, 1982.

[2] 杨淑琴，王柳丽. 国家权力的介入与社区概念嬗变——对中国城市社区建设实践的理论反思[J]. 学术界，2010(6)：167-173；杨敏. 作为国家治理单元的社区——对城市社区建设运动过程中居民社区参与和社区认知的个案研究[J]. 社会学研究，2007(4)：137-164.

[3] 转化公式为：转换后的因子值＝（因子值＋B）×A。其中，A＝99/（因子最大值—因子最小值），B＝（1/A）—因子最小值。

续表

项　目	因子负荷
解释的方差比例	60.41%
KMO 值	0.873
克伦巴赫 α	0.868

（二）自变量

笔者从 3 个不同维度对在线邻里交往进行了操作化,分别是成员资格、参与程度和网络拓展性。

第一个维度是地域性网络社区的成员资格。在线邻里交往可以看作是一个网络群体或社团,因此需要测量的第一个因素是成员资格,即个体是不是在线邻里交往的一分子。笔者对问卷中的一个问题选项进行了重新编码,得到地域性网络社区成员资格变量。在问卷中,测量成员资格的原始题目是:"您所在的社区/小区中,是否成立了微信群、QQ 群、微博等网络互动平台?"答案分别为:1.有,而且我是一名老成员;2.有,我刚刚加入群组中;3.有,但我没有参与;4.没有这些平台;5.不了解。我们对原始答案进行了重新编码,其中前两项答案表明受访者具有在线邻里交往成员资格,编码为 1;后 3 项答案的回答者则是非成员,编码为 0。

第二个维度是在线邻里交往的参与程度。随着社区居民加入这些在线邻里交往社区,一个首要的问题是个体的在线互动情况是怎样的。此处我们考察了受访者通过网络群组参加一系列活动或讨论的情况,包括兴趣小组讨论,健康知识、亲子教育的分享,民主选举(居民小组、业委会等),社区团购、便民信息分享等;社区环境建设讨论(绿化、设施等),社区矛盾化解(物业、宠物等)。参与程度分为 3 个等级:0＝没有参与,1＝偶尔参与,2＝经常参与。我们对这几个题目进行了因子分析(克伦巴赫 α＝0.904,KMO＝0.888),分析结果见表 5.2。因子分析提取出一个因子,特征值为 4.06,方差解释率达到了 67.86%,效果良好。我们将这一因子命名为在线邻里交往参与程度因子。

表 5.2　在线邻里交往参与程度因子分析

项　目	因子负荷
社区环境建设讨论(绿化、设施等)	0.866
社区团购、便民信息分享	0.846
社区矛盾化解(物业、宠物等)	0.824
健康知识、亲子教育	0.813
兴趣小组讨论	0.810

续表

项　目	因子负荷
民主选举(居民小组、业委会等)	0.773
特征值	4.06
解释的方差比例	67.86%
KMO值	0.888
克伦巴赫α	0.904

第三个维度是在线邻里交往的网络拓展性。互联网使用对社会网络的影响一直是学者们关注的问题。作为一种非面对面的交往形式,网络沟通是否拓展了原有的邻里关系网络?这涉及在线邻里交往的网络拓展性,即经过上述6类话题的互动,受访者是否认识了更多邻里。对于这一变量,我们的处理方式是只要受访者在任意一个话题的参与中认识了更多邻里,就将其赋值为1,没有认识更多邻里的赋值为0。

(三) 中介变量

1. 社区感

在社区心理学的研究中,对社区感的测量已经发展出许多成熟的工具。笔者从问卷中截取了部分量表问题,共包含4个问题,受访者被询问对以下4种说法的感受:我觉得这个社区已经成为我生命的一部分;社区让我有家一样的感觉;我会在意别人对社区的看法;我愿意为社区事务做点力所能及的事情。选项分别赋值为1=完全同意,2=比较同意,3=一般,4=比较不同意,5=完全不同意。虽然,笔者没有使用现有的测量工具,但从测量指标的内涵来看,这几个指标比较好地反映了社区感的实质内涵,即归属感和责任感。在分析前,我们对编码进行了反转,得分越高代表越同意某种说法。对得到的量表数据进行因子分析(克伦巴赫α=0.796,KMO=0.731),分析的详细结果见表5.3。笔者利用转换公式对这一因子进行了百分制转换。

表5.3　社区感因子分析

项　目	因子负荷
社区让我有家一样的感觉	0.866
我觉得这个社区已经成为我生命的一部分	0.855
我会在意别人对社区的看法	0.753
我愿意为社区事务做点力所能及的事情	0.664
特征值	2.490
方差解释率	62.21%
KMO	0.731
克伦巴赫α	0.796

2. 社区效能感

根据文献中对政治效能感的界定和测量[①],笔者利用一个量表对社区效能感进行了测量。该量表向受访者询问其对于以下 4 种陈述的赞同程度：我觉得自己有能力参与社区管理；居民可以对社区管理产生影响；政府会重视居民对社区问题提的建议或意见；我对社区提的意见能够得到及时回应。这一系列问题采用五点计分,1＝完全同意,2＝比较同意,3＝一般,4＝比较不统一,5＝完全不同意。笔者对编码也进行了反转,得分越高表明个体的社区效能感越高。4 个问题中,前两个与居民对自身参与公共事务或社区管理的能力判断有关,后两个与居民对社区管理者的回应性判断有关。因此,我们将反转后的得分相加,得到两个变量,即内在社区效能感（克伦巴赫 $\alpha=0.647$）和外在社区效能感（克伦巴赫 $\alpha=0.844$）,两个变量的最小值为 2,最大值为 10。

（四）控制变量

本章的控制变量包括性别、年龄及年龄平方、在社区居住的年限、受教育年限、月收入水平和政治面貌。性别是一个二分类变量,其中 0＝男,1＝女,即男性为参考水平。年龄是连续型变量。原始问卷要求受访者填写确切的出生年份,由于调查在 2016 年进行,笔者用这一年份减去出生年,得到年龄变量。在社区居住年限是连续型变量。受教育年限变量来自对原始数据的重新编码。原始数据中教育程度的有关资料采用的是定序测量层次,包括小学及以下、初中、高中（含高职和中专）、大专、本科、研究生及以上 6 个水平。根据获得上述学历所需的时间,我们进行了重新编码,得到受教育年限变量,作为连续型变量纳入后续分析。在测量月收入水平的时候,笔者没有采用由受访者自填的方法,而是将月收入进行分组,从 0 元到 10000 元以上共 12 个测量水平。测量水平越高,其月收入越高。政治面貌变量是一个二分类变量,中共党员编码为 1,其他为 0。

三、研究思路与方法

（一）研究框架与思路

本章笔者对在线邻里交往、社区公共参与、社区感和社区效能感 4 个概念之间的关系进行了梳理,并提出了相关的假设。根据所提出的假设,可以得到如图 5.2 所示的研究框架。

[①] SULLIVAN J L,RIEDEL E. Efficacy:political[J]. International Encyclopedia of the Social & Behavioral Sciences,2001,39(4):4353-4356;胡荣. 中国人的政治效能感、政治参与和警察信任[J]. 社会学研究,2015,30(1):76-96.

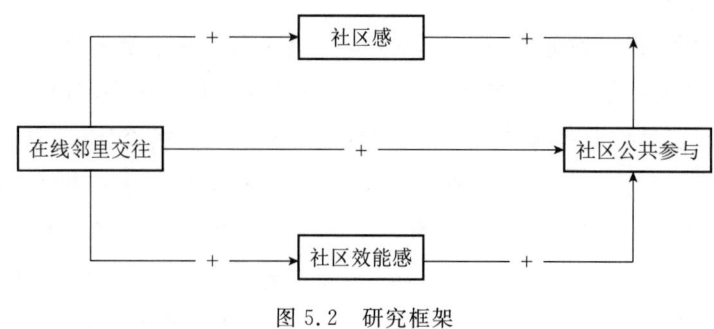

图 5.2 研究框架

笔者认为,在线邻里交往不仅能够直接对社区公共参与产生积极的影响,而且可以通过提升社区感和社区效能感发挥间接作用。因此,本章笔者将对在线邻里交往与社区公共参与进行中介效应分析。

(二) 研究方法:中介效应分析

1. 中介效应分析的思路与原理

中介效应分析是社会科学研究中经常使用的一种量化分析技术。许多社会因素之间的关联并不仅仅局限于简单的直接关系,还包括间接影响,中介效应分析正是一种对间接效应进行分析的方法。

根据中介效应分析的原理,假设 X 为自变量,Y 为因变量,M 为潜在的中介变量。[①] 在不考虑可能存在中介效应的情况下,自变量对因变量的影响可以用如下方程表示(以下方程中均不考虑常数项):

$$Y = cX \tag{5.1}$$

$$M = aX \tag{5.2}$$

$$Y = c'X + bM \tag{5.3}$$

如果 M 能够在 X 与 Y 中间起到中介作用,那么需要满足两个条件:X 能够影响 M;在考虑到 X 对 Y 的直接效应的同时,M 能够影响 Y。也就是说,方程(5.2)和(5.3)中的系数 a 和 b 都是显著的。实际上,将方程(5.2)代入方程(5.3),可以得到方程(5.4):

$$Y = c'X + abM \tag{5.4}$$

从方程(5.4)中可以看出,X 对 Y 的影响由两部分构成,即系数为 c' 的直接效应和系数为 ab 的间接效应。中介效应分析的核心,就是对系数 ab 的显著性加以检验。

[①] 温忠麟,叶宝娟.中介效应分析:方法和模型发展[J].心理科学进展,2014,22(5):731-745;温忠麟,张雷,侯杰泰,等.中介效应检验程序及其应用[J].心理学报,2004(5):614-620.

2. 中介效应分析的方法选择

中介效应分析最常见的一种方法是依次检验,这是一种间接的检验方法。[①] 依次检验的核心是对方程(5.2)和方程(5.3)的系数进行统计检验,如果 a 和 b 都显著(即 $a\neq 0$ 且 $b\neq 0$),那么 ab 也一定是显著的(即 $ab\neq 0$)。操作步骤上可以分为以下 3 步:

第一步,检验方程(5.1)中的系数 c,以确定 X 对 Y 的总体效应是否显著。

第二步,检验方程(5.2)中的系数 a 和方程(5.3)中的系数 b,以判断间接效应是否显著。

第三步,检验方程(5.3)中的系数 c',以确定 X 对 Y 的直接效应是否显著,并判断是完全中介作用还是部分中介作用。[②]

需要说明的是,上述 3 步是最原始的检验步骤。一些学者已经对其中一些检验的合理性与必要性进行了讨论,如认为第一步对总体效应的检验是没有必要的[③],或者可以检验但不必作为中介效应分析的前提条件[④];又比如第三步在对 c' 进行检验之后,将中介效应分为完全中介或部分中介的划分方法是否合适。[⑤]

依次检验这种间接的检验方法对第一类错误的控制较好[⑥],但鉴定力相对较低,犯第二类错误的可能偏高,易检测不出真实存在的中介效应。[⑦] 为了弥补这种缺陷,学者们推荐使用直接检验的方法进行校正。直接检验的思路是对方程(5.4)中系数 ab 进行检验。目前使用最为广泛的方法是 Sobel 检验[⑧],但是这种方法的应用条件比较严苛,要求 ab 服从正态分布,如果不能满足条件,那么 Sobel 检验很可能会存在误差[⑨]。因此,越来越多的学者推荐使用 Bootstrap 方法来替代目前十分流行的 Sobel 检验。相对来说,Bootstrap 方法的适用条件比较容易满足,只要求样本对于总体具有代表性

[①] BARON R M,KENNY D A. The moderator-mediator variable distinction in social psychological research:conceptual, strategic, and statistical considerations [J]. Journal of Personality and Social Psychology, 1986,51(6):1173-1182.

[②] JAMES L R,BRETT J M. Mediators,moderators,and tests for mediation[J]. Journal of Applied Psychology, 1984,69(2):307-321.

[③] MACKINNON D P,KRULL J L,LOCKWOOD C M. Equivalence of the mediation,confounding and suppression effect[J]. Prevention Science,2000,1(4):173-181;ZHAO X S,LYNCH JR J G,CHEN Q M. Reconsidering Baron and Kenny:myths and truths about mediation analysis[J]. Journal of Consumer Research,2010,37(2):197-206.

[④][⑤] 温忠麟,叶宝娟. 中介效应分析:方法和模型发展[J]. 心理科学进展,2014,22(5):731-745.

[⑥] MACKINNON D P,LOCKWOOD C M,BROWN C H,et al. The intermediate endpoint effect in logistic and probit regression[J]. Clinical Trials,2007,4(5):499-513;温忠麟,叶宝娟. 中介效应分析:方法和模型发展[J]. 心理科学进展,2014,22(5):731-745.

[⑦] FRITZ M S,MACKINNON D P. Required sample size to detect the mediated effect[J]. Psychological Science, 2007,18(3):233-239.

[⑧] SOBEL M E. Asymptotic confidence intervals for indirect effects in structural equation models[J]. Sociological Methodology,1982,13(13):290-312.

[⑨] 温忠麟,叶宝娟. 中介效应分析:方法和模型发展[J]. 心理科学进展,2014,22(5):731-745.

即可。相比 Sobel 检验,Bootstrap 方法的检定力更高。① 关于这种方法的详细介绍,可以参见相关研究。②

由于依次检验的检定力低于 Bootstrap 方法,因此有学者建议,应该先使用依次检验的方法进行分析,如果依次检验能够检测出中介效应,那么说明这种效应是相当确切的;如果依次检验不能检测出中介效应,那么可以使用 Bootstrap 方法进行补充与校正。

笔者借鉴了这种策略。首先,在多元线性回归模型的基础上利用逐步法进行中介效应分析。其次,使用 Bootstrap 法对所有潜在的间接作用进行检验,无论在依次检验中是否显著。这样的研究策略能够将两种方法的结果进行对比,增强结论的稳健性。

第三节 研究发现

一、描述性分析

(一)社区公共参与情况分析

笔者对有关参与议题的原始数据进行了简要的统计描述,统计结果见表 5.4。综合来看,当前居民对空间和环境议题比较关心,这两项参与程度都比较高,经常参与的人达到了 10% 以上;有关设施和服务议题次之,经常参与这两类话题或行动的居民在 6%~7%;而基层选举或维权抗争等这两种更具竞争性和冲突性的议题,居民的参与水平都比较低。

表 5.4 社区公共参与情况

项目	从不	很少	有时	经常	均值	标准差
空间议题	273(28.1%)	336(34.6%)	239(24.6%)	123(12.7%)	2.490	0.930
设施议题	329(33.9%)	385(39.6%)	195(20.1%)	62(6.4%)	2.300	0.950
环境议题	277(28.5%)	322(33.2%)	263(27.1%)	109(11.2%)	2.630	0.960
服务议题	334(34.4%)	355(36.6%)	218(22.5%)	64(6.6%)	2.280	0.940
选举议题	381(39.2%)	364(37.5%)	183(18.8%)	43(4.4%)	2.250	0.930
维权抗争	554(57.1%)	287(29.6%)	103(10.6%)	27(2.8%)	1.910	0.930

注:括号内为样本百分比。

---

① 温忠麟,叶宝娟.中介效应分析:方法和模型发展[J].心理科学进展,2014,22(5):731-745.
② WEN Z L, MARSH H W, HAU K T. Structural equation models of latent interactions: an appropriate standardized solution and its scale-free properties[J]. Structural Equation: Modeling A Multidisciplinary Journal, 2010,17(1):1-22.

(二) 在线邻里交往参与情况分析

1.在线邻里交往成员资格

在受访者中,参与微信群、QQ 群等在线邻里交往的有 156 人,占全体受访者的比例为 16.1%,占全体互联网用户的比例为 19.5%。那么,这类人群有何特征?他们与普通居民或互联网用户又有何区别?为了探索这一问题,本书对比了全体样本、互联网用户和在线邻里交往成员的人口学特征,见表5.5。首先,互联网用户中男性比例略高于全体样本,更年轻,大专以上学历占比更高,在社区中居住的时间比较短,收入和政治面貌上的差距不大。其次,在线邻里交往成员中的男性比例最少,年龄和居住年限居中,教育水平、收入和政治面貌则与全体样本差别不大。基于这些数据可以发现,地域性网络成员是女性偏多、年龄偏大、在社区居住时间更长的互联网用户。

表5.5 在线邻里社区成员的人口学特征

项 目	全体样本($n=971$)	互联网用户($n=798$)	在线邻里交往成员($n=156$)
性别(男性比例)	45.5%	46.2%	42.3%
年龄	中位数:41岁	中位数:38岁	中位数:40岁
教育水平			
小学及以下	5.1%	2.0%	1.9%
初中	18.4%	13.3%	16.7%
高中(含中专、高职)	21.3%	21.6%	23.7%
大专	23.7%	26.5%	27.6%
本科	27.2%	31.6%	26.6%
研究生及以上	4.2%	5.1%	3.2%
月收入	3000~4000元	3000~4000元	3000~4000元
居住年限	中位数:12年	中位数10年	中位数:11年
政治面貌			
群众	64.7%	62.2%	59.6%
中共党员	21.9%	22.0%	23.7%
民主党派	1.2%	1.5%	1.9%
共青团员	12.2%	14.3%	14.7%

2.在线邻里交往参与程度

这156名在线邻里交往成员对兴趣小组讨论,健康知识、亲子教育的分享,民主选举,社区团购、便民信息分享,社区环境建设讨论和社区矛盾化解6类话题或活动的参与情况见表5.6。

表5.6 在线邻里交往参与状况统计描述

在线邻里活动	没有	偶尔	经常	均值	标准差
兴趣小组讨论	62(39.7%)	68(43.6%)	26(16.7%)	0.77	0.72
健康知识、亲子教育的分享	69(44.2%)	66(42.3%)	21(13.5%)	0.69	0.70
民主选举	65(41.7%)	65(41.7%)	26(16.7%)	0.75	0.72
社区团购、便民信息分享	86(55.1%)	44(28.2%)	26(16.7%)	0.62	0.76
社区环境建设讨论	58(37.2%)	64(41.0%)	34(21.8%)	0.85	0.76
社区矛盾化解	75(48.1%)	51(32.7%)	30(19.2%)	0.71	0.77

注：括号内为样本百分比（由于百分比计算四舍五入取小数点后一位，总计百分比会略大于100%）。

总体来看，社区居民对环境建设话题最为关注，对健康与教育话题的讨论和参与较少。值得注意的是，社区环境建设讨论、社区矛盾化解和民主选举这3类具有明显公共利益导向话题的参与水平均比较高。

3. 在线邻里交往网络拓展性

那么这种网络空间的社会讨论是否促进了居民邻里网络的拓展？结果汇总见表5.7。可以看到，对拓展邻里网络作用最明显的话题是健康知识与亲子教育类主题。

表5.7 在线邻里交往网络拓展性统计描述

在线邻里活动	是	否
兴趣小组讨论	79(50.6%)	77(49.4%)
健康知识、亲子教育的分享	74(52.6%)	82(47.4%)
民主选举	71(45.5%)	85(54.5%)
社区团购、便民信息分享	59(37.8%)	97(62.2%)
社区环境建设讨论	78(50.0%)	78(50.0%)
社区矛盾化解	68(43.6%)	88(56.4%)

注：括号内为样本百分比。

4. 社区感分析

表5.8对有关社区感的4个测量问题进行了汇总。在4种陈述中，得分比较高的一项是"我愿意为社区事务做点力所能及的事情"，"我会在意别人对自己社区的看法"得分最低。

表 5.8　社区感统计描述

陈　述	完全同意	比较同意	一般	比较不同意	完全不同意	均值	标准差
我觉得这个社区已经成为我生命的一部分	156 (16.1%)	333 (34.3%)	354 (36.4%)	98 (10.1%)	30 (3.1%)	3.50	0.98
社区让我有家一样的感觉	149 (15.3%)	318 (32.8%)	368 (37.9%)	95 (9.8%)	41 (4.2%)	3.45	1.00
我会在意别人对自己社区的看法	124 (12.8%)	325 (33.5%)	380 (39.1%)	98 (10.1%)	44 (4.5%)	3.40	0.98
我愿意为社区事务做点力所能及的事情	229 (23.6%)	446 (45.9%)	266 (27.4%)	21 (2.2%)	9 (0.9%)	3.89	0.82

5. 社区效能感分析

最后是对社区效能感的描述性分析。从表 5.9 可以发现,受访居民的外在社区效能感略低于内在社区效能感,但两者的差别不大。

表 5.9　社区效能感统计描述

陈　述	完全同意	比较同意	一般	比较不同意	完全不同意	均值	标准差
我觉得自己有能力参与社区管理	126 (13.0%)	300 (30.9%)	401 (41.3%)	98 (10.1%)	46 (4.7%)	3.37	0.99
居民可以对社区管理产生影响	229 (23.6%)	421 (42.4%)	263 (27.1%)	46 (4.7%)	21 (2.2%)	3.81	0.92
政府会重视居民对社区问题提的建议或意见	124 (12.8%)	301 (31.0%)	394 (40.6%)	110 (11.3%)	42 (4.3%)	3.37	0.99
我对社区提的意见能得到及时回应	125 (12.9%)	262 (27.0%)	388 (39.9%)	136 (14.0%)	60 (6.2%)	3.26	1.05

二、互联网与地域性社区:单因素方差分析

互联网对地域性社区究竟产生了怎样的影响?我们使用单因素方差分析模型,对互联网用户与非互联网用户的社区公共参与、社区感和社区效能感的平均水平进行了比较,分析结果见表 5.10。可以看到互联网用户与非互联网用户之间的公共参与水平不存在显著的差别,但社区感和社区效能感的差异是显著的。具体而言,互联网用户的社区感较低,而社区效能感较高,表明其与地方社区的情感联系较弱,但对自身参与公共事务的能力的判断则更为乐观。互联网接入与社区感和社区效能感的关系是相反的。这似乎在某种程度上解释了互联网用户和非互联网用户在参与水平上的无差

异性:互联网一方面削弱了居民与社区的情感纽带,另一方面却通过赋权增强了居民参与社区事务的心理激励。

表 5.10 互联网用户与非互联网用户的方差分析

项 目	社区公共参与	社区感	社区效能感
互联网用户	33.290	63.790	68.640
非互联网用户	34.400	67.190	61.690
Levene 检验:F 值	0.010(0.941)	0.780(0.377)	1.930(0.165)
均值比较:F 值	0.310(0.576)	4.640(0.031)	17.280(0.000)

注:括号内为相应统计量所对应的 p 值,下同。

当互联网被用作一种地域性社区的沟通工具,是否会产生结果的差异?为了考察这种差异,笔者进一步将样本分为 3 个子群体,在线邻里交往成员、非在线邻里交往互联网用户、非互联网用户,通过比较这 3 个子群体在社区公共参与、社区感和社区效能感 3 个变量的均值是否存在差异来回答上述问题。笔者运用了单因素方差分析,首先检验互联网使用情况是否影响到了 3 个关键变量,在此基础上进行两两比较,以确定 3 个子样本之间的关系。由于所进行的是探索性分析,我们选取的两两比较的方法是 Scheffe 法。这种方法的运算结果较为保守,对第一类错误的控制较好。

从表 5.11 中模型整体检验结果来看,3 个群体在 3 个变量上的差异的 p 值都小于 0.001,社区公共参与、社区感和社区效能感在 3 个群体中的差异在统计学上显著。模型检验并不能直接告诉我们各变量水平的差异来自哪些群体,因此需要进行两两比较。

表 5.11 在线邻里交往社群成员、非成员互联网用户与非互联网用户的方差分析

项 目	社区公共参与	社区感	社区效能感
在线邻里交往成员	44.280	71.150	73.970
非在线邻里交往互联网用户	30.640	62.010	67.370
非互联网用户	34.400	67.190	61.690
Levene 检验:F 值	0.002(0.998)	0.250(0.781)	1.530(0.218)
均值比较:F 值	22.670(0.000)	18.130(0.000)	15.980(0.000)

首先是对社区公共参与的分析。表 5.12 的两两比较表明,在线邻里交往成员的社区参与水平显著高于另外两个群体,但另外两个群体的参与水平之间不存在显著性的差异。综合来看,3 个群体社区公共参与水平排序如下:在线邻里交往成员>非互联

网用户＝非在线邻里交往互联网用户。

表 5.12　两两比较：社区公共参与

项　目	均值差（标准误）	p
群成员—非成员互联网用户	13.630(2.030)	0.000
群成员—非互联网用户	9.880(2.540)	0.001
非互联网用户—非成员互联网用户	3.750(1.980)	0.167
F 统计量	22.670	0.000

其次是对社区感在 3 个子群体之间的差异分析。根据表 5.13 中的结果显示，在线邻里交往成员的社区感显著高于非在线邻里交往互联网用户，但与非互联网用户间的差异则不显著，非互联网用户的社区感显著高于非在线邻里交往互联网用户。综合来看，3 个群体的社区感得分排序如下：在线邻里交往成员＝非互联网用户＞非在线邻里交往互联网用户。

表 5.13　两两比较：社区感

项　目	均值差（标准误）	p
群成员—非成员互联网用户	9.140(0.000)	0.000
群成员—非互联网用户	3.960(2.040)	0.152
非互联网用户—非成员互联网用户	5.180(1.590)	0.005
F 统计量	18.130	0.000

最后是在社区效能感方面，根据表 5.14，从两两比较的结果来看，在线邻里交往成员的社区效能感显著高于另外两个群体，而非互联网用户的社区效能感则是最低的。综合来看，3 个群体的社区效能感得分排序如下：在线邻里交往成员＞非在线邻里交往互联网用户＞非互联网用户。

表 5.14　两两比较：社区效能感

项　目	均值差（标准误）	p
群成员—非成员互联网用户	6.610(1.740)	0.001
群成员—非互联网用户	12.290(2.170)	0.000
非互联网用户—非成员互联网用户	−5.680(1.700)	0.004
F 值	15.980	0.000

综上分析，在线邻里交往成员是一群较为特殊的互联网用户，其对社区的情感依赖与非互联网用户类似，社区效能感比普通互联网用户更高，其作为在线邻里交往成

员的社区公共参与水平也最高。为了进一步评估在线邻里交往对社区公共生活产生的影响,笔者在上述分析的基础上进行了多元回归分析。

三、多元回归模型与中介效应分析

(一) 多元线性回归模型

表5.15中,模型1至4的因变量是社区公共参与。

表5.15 多元线性回归模型:以社区公共参与为因变量

项 目	模型1		模型2		模型3		模型4	
性别[a]	0.260	(1.540)	0.592	(1.510)	0.590	(1.490)	0.660	(1.430)
年龄	0.100	(0.013)	0.060	(0.310)	0.004	(1.490)	−0.120	(0.290)
年龄平方	0.000	(0.003)	0.000	(0.003)	0.001	(0.003)	0.002	(0.003)
居住年限	0.130	(0.07)	0.120	(0.070)	0.120	(0.070)	0.07	(0.060)
受教育年限	−0.150	(0.290)	−0.170	(0.280)	−0.200	(0.280)	−0.370	(0.270)
月收入水平	−0.450	(0.320)	−0.510	(0.310)	−0.500	(0.310)	−0.310	(0.300)
政治面貌[b]	3.510	(1.920)	3.280	(1.880)	3.480	(1.860)	2.870	(1.780)
在线邻里交往								
成员资格			**13.11*****	(1.99)	−0.780	(3.520)	−1.870	(3.380)
参与程度					**4.170****	(1.430)	2.520	(1.380)
网络拓展性					8.510	(4.540)	**10.440***	(4.330)
社区感							**0.150****	(0.050)
内在社区效能感							**2.420*****	(0.530)
外在社区效能感							0.880	(0.480)
常数	31.460***	(7.950)	30.980***	(7.780)	34.310***	(7.730)	7.010	(7.900)
F值	2.420*		7.650***		8.650***		14.950***	
调整后R^2	1.02%		5.20%		7.31%		15.75%	

注:①样本进行了加权处理。②括号内为回归系数的异方差稳健标准误。③ * $p<0.05$,** $p<0.01$,*** $p<0.001$。④参照组:[a]女性;[b]非党员。下同。

模型1是只包含控制变量的基准模型。从模型的整体效果来看,虽然模型达到了5%的显著水平,但人口学变量只解释了社区公共参与1%左右的变异,模型效果并不理想。从样本数据来看,女性更少参与公共事务;随着年龄增长,居民的参与水平先下降后上升;在社区居住的时间越久,参与水平越高;受教育程度与收入水平越高,其参与水平反而更低;相比非党员,党员参与公共事务的水平更高。但上述变量均未达到5%的临界值,因此,上述结果无法推广至总体居民总体。

在模型1的基础上,笔者加入了在线邻里交往成员资格变量,得到模型2。总体而言,模型显著,且模型的方差解释率上升了4.2%左右。控制变量的影响方向和显著性水平都没有发生根本性的改变,模型解释力主要来自新加入的成员资格变量。成员资格变量的系数为13.11($p<0.001$),即控制住人口学变量之后,加入在线邻里交往的居民,其社区公共参与水平得分平均比没有加入的居民高13.11分。该模型的结果也验证了本章的假设1,即参与在线邻里交往的居民,其参与公共事务的总体水平更高。但是,模型2仅仅考虑了成员资格,而没有考虑交往社群内部的互动情况与网络效应。

为了进一步探讨网络群组的这两种特性对社区公共生活的影响,笔者构建了模型3。与模型2相比,模型3的解释力进一步上升,达到了7.31%。相比前两个模型,人口学变量的影响仍然没有发生变化。在新加入的两个变量中,只有参与程度变量在1%的水平下显著,而在线邻里交往对社区网络的拓展作用的效应尚无法确定。与此同时,原本显著的成员资格变量变得不显著了,这说明在考虑到在线邻里交往的3个解释变量时,对社区公共参与有实质性影响的是参与程度。

在模型3的基础上,笔者加入了社区心理变量,即社区感、内在社区效能感和外在社区效能感,得到模型4。模型4的效果有了较大提升,解释方差达到了15.75%。社区感和内在社区效能感对于社区公共参与具有显著的正向预测作用,外在社区效能感虽然也呈现正向影响,但并不显著。该结果支持了假设2b,即居民与社区之间的情感联系越强,也就越积极地参加社区的公共事务。同时假设3b也得到了部分支持,即内在社区效能感高的居民,对于自己影响公共事务的能力更为自信,从而更积极地参与到公共讨论或行动中。外在社区效能感主要用于衡量居民对社区管理者回应性的主观认识,而笔者所考察的公共参与行为并不以影响居委会、政府等社区管理者为最终目的。因此,外在社区效能感与公共参与之间没有明显的联系,也有其合理的逻辑。另外,在加入社区心理变量后,在线邻里交往变量的显著性也发生了变化。参与程度不再显著,而网络拓展性则开始表现出显著的正向影响。在线邻里交往参与程度的变量不再显著,可能表明社区心理因素在参与程度和社区公共参与之间起到了中介作用。而原本可能被遮掩的网络拓展性效用也开始显现出来。

表5.16中,模型5和模型6的因变量是社区感。模型5是基准模型,只包含控制变量。控制变量中只有居住年限在5%的临界水平下显著。居民在一个地区居住的时间越久,对该地区的情感也就越深厚,这与日常生活经验相一致。

表 5.16　多元线性回归模型:以社区感为因变量

项　目	模型 5		模型 6	
性别[a]	2.040	(1.220)	1.800	(1.200)
年龄	0.350	(0.250)	0.310	(0.240)
年龄平方	−0.003	(0.003)	−0.002	(0.003)
居住年限	0.160**	(0.060)	0.160**	(0.050)
受教育年限	−0.090	(0.270)	−0.110	(0.220)
月收入水平	−0.260	(0.250)	0.230	(0.250)
政治面貌[b]	−0.540	(1.520)	−0.720	(1.490)
在线邻里交往				
成员资格			5.000	(2.820)
参与程度			3.960**	(1.150)
网络拓展性			−6.260	(3.640)
常数	53.880	8.580	55.270***	8.820
调整后 R^2	2.96%		6.43%	

模型 6 中,我们加入了在线邻里交往的相关变量来预测居民的社区感水平。结果显示,模型整体的解释力增加了大概 3.5%,上升到 6.43%。在加入解释变量之后,控制变量的效应与显著性没有发生明显的变化。解释变量中,参与程度对于预测社区感具有显著的正向作用;成员资格变量虽是正向的,但并不显著。网络拓展性对于社区感具有负向预测作用,虽然这一作用并不显著。假设 2a 得到了部分支持,即居民参与在线邻里交往的程度越高,其社区感也越高。可以看到,在线邻里交往的这种作用并不来自成员资格或网络效应,而与参与程度的关系更为密切。换言之,在线邻里交往内部的情感强化,并不是来自其参与与否或参与本身对社会网络的影响,而是来自成员间的互动。

表 5.17 中,模型 7 和模型 8 的因变量是内在社区效能感。模型 7 是只包含控制变量的基准模型。整体来看,模型 7 虽然显著,但解释力并不强,只解释了大约 2.50% 的变异。从样本数据来看,女性的内在社区效能感低于男性;随着年龄增长,内在社区效能感先降低后上升;在社区内居住时间比较久的居民,社区感水平也更高;受教育水平越高,受访者的内在社区效能感得分也更高;社区感随着收入水平的提高而下降;党员的内在社区效能感高于非党员。但是,上述变量中只有教育水平达到了 5% 的显著水平。这表明只有教育水平的影响是比较确切的,高教育水平的人客观上可能拥有更多参与公共事务的能力,主观上对此也更为自信。

表 5.17　多元线性回归模型：以内在社区效能感为因变量

项目	模型 7		模型 8	
性别[a]	-0.040	(0.110)	-0.050	(0.110)
年龄	0.020	(0.020)	0.020	(0.020)
年龄平方	0.000	0.000	0.000	(0.000)
居住年限	0.010	(0.010)	0.010	(0.010)
受教育年限	0.090***	(0.020)	0.090***	(0.020)
月收入水平	-0.030	(0.02)	-0.030	(0.020)
政治面貌[b]	0.200	(0.140)	0.190	(0.130)
在线邻里交往				
成员资格			0.280	(0.250)
参与程度			**0.260***	(0.100)
网络拓展性			-0.780	(0.330)
常数	5.380	(0.560)	5.480	(0.560)
F	4.560***		5.290***	
调整后 R^2	2.50%		4.24%	

模型 8 中，笔者加入了在线邻里交往的 3 个变量来预测内在社区效能感。模型显著，大约解释了内在社区效能感 4.24%。首先，预测变量的作用方向与统计显著性都没有发生明显的改变。3 个解释变量中，只有参与程度与内在社区效能感具有显著的正向关联；成员资格变量虽然与因变量呈正相关，但在统计学上并不显著；网络拓展性则再次表现出不显著的负向作用。假设 3a 得到了部分证实。

表 5.18 中，模型 9 和模型 10 中的因变量是外在社区效能感。根据模型 9，其总体方差解释率为 2.41%，说明控制变量的预测作用较差。控制变量中，只有月收入水平的影响是显著的，收入越高，居民的外在社区效能感水平反而越低。

表 5.18　多元线性回归模型：以外在社区效能感为因变量

项目	模型 9		模型 10	
性别[a]	-0.060	(0.130)	-0.080	(0.120)
年龄	0.040	(0.030)	0.030	(0.030)
年龄平方	0.000	(0.000)	0.000	(0.000)
居住年限	0.010	(0.01)	0.010	(0.010)
受教育年限	-0.040	(0.020)	-0.400	(0.200)

续表

项　目	模型 9		模型 10	
月收入水平	−0.090**	(0.030)	−0.090**	(0.030)
政治面貌[b]	0.300	(0.160)	0.300	(0.150)
在线邻里交往				
成员资格			−0.360	(0.290)
参与程度			**0.460*****	(0.120)
网络拓展性			−0.140	(0.370)
常数	6.610***	(0.640)	6.850***	(0.640)
F 值	4.430***		5.830***	
调整后 R^2	2.41%		4.74%	

从模型 10 看,加入 3 个解释变量之后,方差解释率上升了大约 2.3%。控制变量的系数与显著性没有发生太大变化。3 个变量中,参与程度对外在社区效能感有显著的正向作用;另外两个变量的作用是反向的,但均不显著。根据笔者使用的调查数据,大约 34% 的受访者所加入的在线邻里交往社区是由居委会组织的,可能正是这种在与居委会工作人员的网上互动中所获得的良性反馈,促使参与者认为社区管理者能够较好地反馈居民提出的意见或建议,从而有更高的外在社区效能感。假设 3a 再次得到证实。

(二) 中介效应分析

首先,笔者执行了逐步法来分析潜在的中介效应。根据模型 3、模型 4、模型 6、模型 8 和模型 10 的结果,可以得到如下 5 个方程表达式:

$$Y = 0.78 X_1 + 4.17 X_2 + 8.51 X_3 \tag{5.5}$$

$$M_1 = 5.00 X_1 + 3.96 X_2 - 6.26 X_3 \tag{5.6}$$

$$M_2 = 0.28 X_1 + 0.26 X_2 - 0.78 X_3 \tag{5.7}$$

$$M_3 = -0.36 X_1 + 0.46 X_2 - 0.14 X_3 \tag{5.8}$$

$$Y = -1.78 X_1 + 2.52 X_2 + 10.44 X_3 + 0.15 M_1 + 2.42 M_2 + 0.88 M_3 \tag{5.9}$$

式中,Y 为社区公共参与;X_1 为在线邻里交往成员资格;X_2 为在线邻里交往参与程度;X_3 为在线邻里交往网络拓展性;M_1 为社区感;M_2 为内在社区效能感;M_3 为外在社区效能感。

由上述方程可知,在线邻里交往参与程度对 3 个中介变量都有显著性影响,因此,笔者使用逐步法检验中介效应。

第一步:方程(5.5)中,在线邻里交往参与程度对社区公共参与具有显著的正向影响(见表5.15模型3)。

第二步:方程(5.6)至(5.8)中,在线邻里交往参与程度对社区感、内在社区效能感和外在社区效能感3个变量均具有显著的正向作用(见表5.16模型6、表5.17模型8、表5.18模型10)。

第三步:方程(5.9)中,社区感与内在社区效能感对社区公共参与具有显著的正向影响,但外在社区效能感与在线邻里交往参与程度的作用则不显著(见表5.15模型4)。

因此,可以得到两个结论:第一,地方网络交往参与程度对社区公共参与的影响是通过社区感和内在社区效能感两个中介因素实现的;第二,在考虑到中介效应之后,参与程度对社区公共参与的直接效应并不显著。此外,在线邻里交往成员资格与网络拓展性两个变量的中介效应并不显著。一种可能是逐步法出现了第二类错误。为了对此进行进一步探讨,笔者使用Bootstrap进行了重新检验。

我们使用了SPSS的Process宏程序扩展包来进行Bootstrap分析。[1] 在检验过程中,设定Bootstrap抽样数为5000,因变量为社区公共参与,中介变量依次放入3个潜在的中介变量中的一个,并将另外两个潜在中介变量与其他控制变量一起作为协变量。使用Bootstrap进行中介分析是一种非参数检验,对显著性的判断可以通过观察置信区间得到。[2] 具体而言,如果置信区间中包含0,那么该效应就是不显著的;如果不包含0,就是显著的。

按照这一判别标准,根据表5.19,在控制其他因素后,在线邻里交往成员资格对社区公共参与的直接效应并不显著,间接效应中也只有社区感有显著性作用。

表5.19 Bootstrap中介检验:以成员资格为自变量

类 型		效应值	标准误	95%置信区间[下限,上限]
直接效应		−1.870	3.380	[−8.500, 4.760]
间接效应	总间接效应	1.090	1.250	[−1.470, 3.580]
	社区感	0.720**	0.500	[0.030, 2.060]
	内在社区效能感	0.680	0.710	[−0.560, 2.340]
	外在社区效能感	−0.310	0.380	[−1.420, 0.170]

表5.20是对在线邻里交往参与程度与社区公共参与程度的中介效应分析结果。结果表明,在线邻里交往参与程度对社区公共参与的直接效应不显著,而社区感、内在社区效能感和外在社区效能感3个变量的中介效应显著。

---

[1] 关于该扩展包的介绍,可以参见 http://www.processmacro.org/index.html。
[2] 温忠麟,叶宝娟.中介效应分析:方法和模型发展[J].心理科学进展,2014,22(5):731-745.

表 5.20　Bootstrap 中介检验:以参与程度为自变量

类　型		效应值	标准误	95%置信区间[下限,上限]
直接效应		2.520	1.380	[−0.190,5.220]
间接效应	总间接效应	1.610***	0.430	[0.820,2.490]
	社区感	0.570***	0.260	[0.160,1.190]
	内在社区效能感	0.640***	0.270	[0.210,1.320]
	外在社区效能感	0.410**	0.250	[0.010,1.020]

最后,笔者对在线邻里交往网络拓展性与社区公共参与进行了 Bootstrap 中介效应分析(表 5.21)。结果发现,两者的直接效应是显著的,间接效应中只有社区感是显著的。值得注意的是,社区感的间接效应与网络拓展性的直接效应的方向是相反的,这意味着存在着遮掩效应。

表 5.21　Bootstrap 中介检验:以网络拓展性为自变量

类　型		效应值	标准误	95%置信区间[下限,上限]	
直接效应		10.440**	4.330	1.940	18.940
间接效应	总间接效应	−1.940	1.480	−4.900	0.990
	社区感	−0.910***	0.630	−2.720	−0.040
	内在社区效能感	−0.910	0.840	−2.810	0.560
	外在社区效能感	−0.120	0.430	−1.290	0.550

第四节　本章小结

根据本章内容,可以得到如图 5.3 所示的在线邻里交往与社区公共参与之间的影响路径。

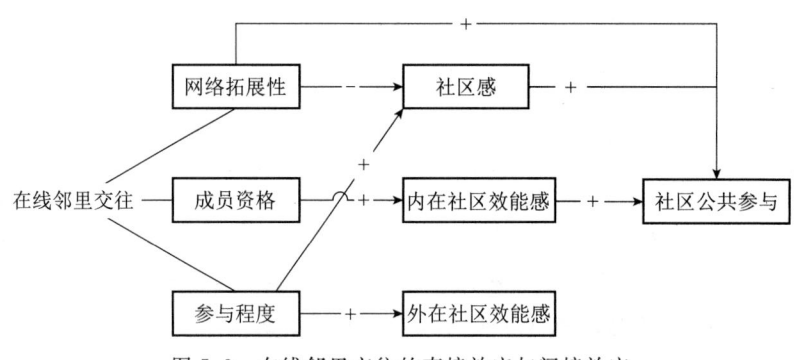

图 5.3　在线邻里交往的直接效应与间接效应

首先,在线邻里交往对居民参与社区公共生活能够产生直接的推动作用。在表征在线邻里交往的3个变量中,在线邻里交往网络拓展性对社区公共参与具有显著的正向作用,也就是说网络邻里社群之所以能够繁荣社区的公共生活,很大程度上在于其扩展了居民的邻里社会关系。这一发现支持了国内外对社交网站能够产生积极公共效应的研究。[1] 由于人们在虚拟空间中扩大了自身的社会网络,因此就有更大的概率接触到参与的信息,从而被卷入公共进程之中。

其次,内在社区效能感与社区感是在线邻里交往提高社区居民公共参与水平的两个重要中介因素。在线邻里交往参与程度对提升社区感和内外社区效能感水平都有显著的积极影响,在邻里交往中积极参加讨论的居民,不仅对自身影响公共事务的能力更为自信,也对社区事务的管理者与决策者的回应性有更积极的评价。在本章中,社区公共参与主要包含居民自发形成的一些公共讨论或行为,并不必然指向政治制度或政府机构,这在一定程度上可以解释为何只有内在社区效能感起作用,而外在社区效能感的影响则不显著。

但笔者也发现,在控制住其他因素后,那些通过在线邻里社区扩展了自身邻里关系网络的居民,对社区的认同与归属感不增反降。我们认为,这可能是因为封闭型邻里社群——那些没有扩展邻里关系网络的邻里社群——的成员原本就在社区中相互熟识并且相互信任,此时在线邻里社群巩固了原有的邻里关系,使居民对社区的情感认同更为强烈。换言之,并非网络的扩大削弱了社区归属感,而是与封闭型的邻里社群相比,开放型邻里社群对社区感的积极效应较小。考虑到邻里网络扩大的直接作用远大于其间接效应,因此笔者更加支持在线参与形成的邻里网络的拓展会对参与社区公共事务产生积极影响的结论。

社区在线邻里交往的实证发现可以帮助我们回答以下两个重要问题:

第一,互联网对地域性的邻里社区产生了怎样的影响?笔者发现,如果仅仅将互联网用户作为一个同质性的整体,相比非互联网用户,其与社区之间的联系的确更加疏远。这种疏远主要体现在情感上,接入互联网的居民对社区的归属感低于其他居民。这在某种程度上印证了部分研究的观点,互联网使人与人之间的交往摆脱了地理空间上的限制,很可能导致人们退出传统的社区生活,转而与更远的地方的人和事建立社会联系。[2] 考虑到原本就存在的人际关系从地域性社区空间中解放出来的趋势,

---

[1] GIL DE ZÚÑIGA H, JUNG N, VALENZUCLA S. Social media use for news and individuals' social capital, civic engagement and political participation[J]. Journal of Computer-Mediated Communication, 2012, 17(3):319-336; TANG G, LEE F L F. Facebook use and political participation: the impact of exposure to shared political information, connections with public political actors, and network structural heterogeneity[J]. Social Science Computer Review, 2013, 31(6):763-773.

[2] NIE N H, ERBRING L. Internet and society[J]. Stanford Institute for the Quantitative Study of Society, 2000, 3:14-19; STOLL C. Silicon snake oil: second thoughts on the information highway[M]. New York: Doubleday, 1995.

互联网为这种社会组织形态的变迁提供了便利、低成本的催化剂。① 在这一过程中,作为个人社会网络扩大的代价,居民与社区之间的情感纽带被削弱了。但在参与社区的公共生活方面,两类群体则没有表现出明显的差异。实际上互联网在弱化社区情感纽带时,也产生了居民参与社区公共生活所需的心理激励,互联网让居民相信自己的参与能够影响社区公共事务即互联网能够对居民参与进行心理赋权。

虽然以往温情脉脉的共同体受到了互联网的冲击,居民之间的交往和关系趋于单一化和表面化,居民对于社区的认同感与归属感日趋淡漠。在某种程度上,早期学者的担忧的确不无道理,互联网使人们的交往摆脱了地域空间的限制,从而导致传统社区的衰落。② 但在考虑到虚拟社群与邻里社区相结合的可能性之后,个体与社区之间的纽带不但没有断裂,而且在一定程度上被强化了。不管是情感层面上,还是公共参与的行为层面上,在线邻里交往的成员的得分都高于一般的互联网用户,甚至高于非互联网用户。因此,笔者认为在线邻里交往是重塑社区情感纽带、促进社区公共参与的一种重要途径。

第二,互联网对公民的公共生活产生了怎样的影响?目前研究在对互联网的公民效用进行分析时,都直接或间接地引入了一些中介因素,如政治信息或知识、社会网络、在线公民参与等。但是大多数研究在讨论互联网与公民生活的关系时,大多只检验了互联网的直接效应,只有少数考虑到了间接效应。③ 在本章中,笔者同时考察了在线邻里社区对社区公共参与的直接作用与间接作用。

结果表明,在线邻里社区对公共生活的影响,很大程度上并不是直接的,居民对社区的情感认同与参与事务所需的心理动机在其中扮演了桥梁的角色。与抽象的互联网使用方式不同,在线邻里交往是具体的,是一种以社区为导向的互联网应用。这种聚焦于地域性社区的虚拟社群,不仅不会导致居民与社区之间的情感疏离,而且能够起到增进社区凝聚力的作用。通过邻里之间的在线互动,居民不再将社区简单地理解为自己日常生活的基本空间或者政府管理的行政区划④,而是将社区看作是个人生命体验的一部分,像家一样承载着个人的情感寄托。这种情感投入促使居民将更多的注意力投入社区生活中,并感受到这些每天发生在自己身边的事情与自己息息相关。对

---

① 黎熙元,陈福平. 社区论辩:转型期中国城市社区的形态转变[J]. 社会学研究,2008(2):192-217.
② NIE N H,ERBRING L. Internet and society[J]. Stanford Institute for the Quantitative Study of Society,2000,3:14-19;STOLL C. Silicon snake oil:second thoughts on the information highway[M]. New York:Doubleday,1995.
③ KENSKI K,STROUD N J. Connections between Internet use and political efficacy,knowledge,and participation[J]. Jour nal of Broadcasting & Electronic Media,2006,50(2):173-192;韦路,张明新. 第三道数字鸿沟:互联网上的知识沟[J]. 新闻与传播研究,2006(4):43-53.
④ 杨敏. 作为国家治理单元的社区——对城市社区建设运动过程中居民社区参与和社区认知的个案研究[J]. 社会学研究,2007(4):137-164.

社区的情感寄托既包含自己应当为社区尽一份力的责任感,也意味着参与到社区状况改善活动的结果注定是对自己有益的。因此,通过重构社区的情感纽带,社区居民的公共参与水平得到了提高。

  在线邻里交往丰富了社区生活中感性的日常交往,也方便了居民就社区公共问题进行意见交换,从而促进了对公共事务的理性探讨。中国社会最基层的在线邻里交往成为居民进行讨论与协商的新型公共领域。通过在线讨论,居民获取了更多有关社区公共生活的信息和知识,也培养和锻炼了参与公共事务的能力,这进一步作用于居民的心理层面,让居民感觉到自己对社区公共议题的影响力得到了提升。这个过程中,在线网络交往对社区居民完成了心理赋权的过程,其直接结果是居民社区效能感的提升。而社区效能感对于政治参与行为的影响已经得到了较多的讨论[1],本章则在地域性社区的公共参与活动研究中再次支持了这些观点。

---

[1] SCHULZ W. Political efficacy and expected political participation among lower and upper secondary students. A comparative analysis with data from the IEA civic education study[C]. The ECPR General Conference in Budapest,2005;SHAFFER S D. A multivariate explanation of decreasing turnout in presidential elections,1960-1976[J]. American Journal of Political Science,1981,25(1):68-95;ABRAMSON P R,ALDRICH J H. The decline of electoral participation in America[J]. American Political Science Review,1982,76(3):502-521;Pierce J C,CAREY JR. Efficacy and participation:a study of black political behavior[J]. Journal of Black Studies,1971, 2(2):201-223.

第六章　见"微"知著：社区治理中的新媒体能力建设

随着新媒体技术和智能手机的普及，当代中国人在日常生活中通过便捷的方式就可获取海量信息。这种简单方便的资讯消费背后，一些传播学学者却产生了担忧。其中包括了一种"传播灰色地带"的现象：人们通过相关大众媒介"知晓国际国内大事，但对自我生存周边 3 公里范围，甚至是本居住社区的事情所知甚少"。[①] 换言之，或许人们在席间对美国总统的奇闻轶事津津乐道，却不知身处社区的居委会主任姓甚名谁。[②] 然而无论是在农村还是城市，这种信息"真空"都可能对社区治理产生深远影响。例如当社区遭遇突发危机，地方信息的匮乏创造了谣言传播的土壤。而社区重建开始时，缺乏地方性生产和组织知识也降低了社区更新的效率。[③] 由于人际传播土壤的萎缩和大众媒体在"社区"环节的缺场，在网络时代，基于地域社区的数字媒介建设便被给予了厚望。[④]

2017 年 6 月，中共中央、国务院印发了《关于加强和完善城乡社区治理的意见》。意见中指出"实施'互联网＋社区'行动计划，加快互联网与社区治理和服务体系的深度融合，运用社区论坛、微博、微信、移动客户端等新媒体，引导社区居民密切日常交往、参与公共事务、开展协商活动、组织邻里互助，探索网络化社区治理和服务新模式"。据意见所述，从技术角度看，社区论坛、微博、微信、移动客户端等新媒体成为社区场景中地方治理者、社区组织和居民通过基于 Web 2.0 架构下的相关社会媒体应用进行沟通和互动的平台。这种新媒体架构具有用户产生内容（user generated con-

---

[①] JIANG F, HUANG K. Community media in China: communication, digitalization, and relocation[J]. The Journal of International Communication, 2013, 19(1): 59-68; 姜飞，黄廓. "传播灰色地带"与传播研究人文思考路径的探寻[J]. 南京社会科学, 2014(4): 122-130.

[②] 根据上海大学"数据科学与都市研究中心"完成的 2017 年上海都市社区调查，近 70% 的受访上海市民不知道居委会主任姓名。参见：《上海市民调查近七成被访居民不认识居委会主任》，http://www.sohu.com/a/222675497_260616.

[③] 韩鸿. 参与式传播：发展传播学的范式转换及其中国价值——一种基于媒介传播偏向的研究[J]. 新闻与传播研究, 2010, 17(1): 40-49.

[④] 姜飞，黄廓. "传播灰色地带"与传播研究人文思考路径的探寻[J]. 南京社会科学, 2014(4): 122-130.

第六章 见"微"知著:社区治理中的新媒体能力建设

tent)、在线身份创造、关系网络可视化以及与移动通信设备紧密结合等特点。① 不同于传统的社区网站,新媒体的社会化特质,使其在社区应用中具备了信息媒体、社会网络和政务平台等多种功能。

针对新型在线网络对社区治理的影响,国内已开展了一些研究。然而值得注意的是,这种社区网络似乎扮演了"冰与火"的双重角色。一方面,相关社区的个案研究表明,以互联网应用为基础的社区新型媒介弥补了主流大众媒体的社区传播缺位,成为社区参与的主要平台,推动了地方治理者、社区组织和居民的良性互动,促进了社区融合,提升了社区治理水平。② 另一方面,同样是业主们的在线网络,成了居民进行社区维权与抗争的重要工具。③ 更加矛盾的是,如在社区环境维权事件中,同样利用新媒体的地方政府尽管"通过各种大众媒体、官方微博、政府网站等渠道对项目进行了解释和说明,但未能化解事件的愈演愈烈之势"。④

作为新事物,新媒体与社区治理之间的关系,尚未有太多的学术关照。因此,笔者尝试从新媒体技术的多维属性出发,通过实证分析探索新媒体在社区场景中的功能和局限。我们希望能够回答两个问题:首先,被视为可能填补"传播灰色地带"的重要力量,新媒体是否能够提高社区治理水平?其次,在社区治理中,促进多方有序互动和融合的新媒体,为何又突然成了对抗的导火索?这种技术角色转换背后的社区日常实践逻辑又是什么呢?

针对上述问题,本章利用混合研究设计,探索了兼具信息媒体、社会网络、基层政务等多维属性的社区新媒体与社区治理之间的关系,表明居民日常的新媒体资源网络提升了社区治理水平,但是官方平台则只发挥了媒体作用,甚至出现信息过载。通过进一步分析发现,当前社区治理主体间的管理关系和社区组织资源塑造了这种新技术的弹性,使平台的内容生产与居民的真实需求分离,从而导致了技术的"收缩"。

---

① O'REILLY T. What is Web 2.0:design patterns and business models for the next generation of software[J]. MPRA Paper,2007(65):17-37.
② 谢静,曾娇丽.网络论坛:社区治理的媒介——"官民合作"网络运作模式的初步探索[J].新闻大学,2009(4):91-96;谢静.虚拟与现实:网络社区与城市社区的互动[J].现代传播(中国传媒大学学报),2010(12):107-111;袁靖华.新型社区媒体:社区传播与公民素养——基于小区业主论坛的田野调查[J].浙江传媒学院学报,2014,21(3):46-53;张志安,范华,刘莹.新媒体的社区融合和公民参与式治理——以深圳市罗湖社区家园网为例[J].社会治理,2015(3):111-119.
③ 黄荣贵,桂勇.互联网与业主集体抗争:一项基于定性比较分析方法的研究[J].社会学研究,2009,24(5):29-56;黄荣贵,张涛甫,桂勇.抗争信息在互联网上的传播结构及其影响因素——基于业主论坛的经验研究[J].新闻与传播研究,2011,18(2):89-97;郑坚.网络媒介在城市业主维权行动中的作用[J].当代传播,2011(3):79-80;王斌.新媒体与基层社会的传播动员机制——"江门反核行动"个案研究[J].暨南学报(哲学社会科学版),2014,36(11):130-139.
④ 王斌.新媒体与基层社会的传播动员机制——"江门反核行动"个案研究[J].暨南学报(哲学社会科学版),2014,36(11):130-139.

因此，在信息化和城市人口扩张的背景下，基于地域空间的新媒体网络可以成为构建社区共同体的重要力量。与此同时，新型信息技术要取得更好的社区效益也有赖于当前治理体系由行政思维转向网络时代的"节点"思维，促进资源网络和正式平台的融合。

第一节　社区新媒体与治理的两种关系：资源网络与平台建设

一、新媒体资源网络：治理中的信息与互动

在社会学的研究中，互联网对地域社区建设的利弊之争由来已久。[①] 然而一些研究者则开始关注互联网与邻里社区之间的结合——社区在线网络（community networking）这种新形态。"互联网＋社区"的形式促发了社区居民通过网络空间进行信息分享和沟通的活动。[②] 基于地理空间的在线社会网络显著地减少了沟通成本，让居民在繁忙的工作之余，可以通过互联网实现异步互动，提高邻里间交换观点的机会，从而促进社区发展和更新，推动了社区治理。[③]

进入社会化的新媒体时代，这种积极的社区效应也仍未消失。例如在一项调查中，91%的英国推特（Twitter）受访者表示曾利用其积极参与地方社区的讨论并与当地居民互动。[④] 与此同时，美国的脸书（Facebook）使用者也拥有更多地域社区基础上的社会资本。[⑤] 除了互联网本身的便捷和互动优势，这种新媒体与空间社区的结合更

[①] KRAUT R, PATTERSON M, LUNDMARK V, et al. Internet paradox: a social technology that reduces social involvement and psychological well-being？[J]. American Psychologist, 1998, 53(9): 1017; PUTNAM R D. Bowling alone: the collapse and revival of American community[M]. New York: Simon & Schuster, 2000; WELLMAN B, HAASE A Q, WITTE J et al. Does the Internet increase, decrease, or supplement social capital? Social networks, participation, and community commitment[J]. American Behavioral Scientist, 2001, 45(3): 436-455; HAMPTON K N, WELLMAN B. Neighboring in netville: how the Internet supports community and social capital in a wired suburb[J]. City & Community, 2003, 2(4): 277-311.

[②] SHAH D V, CHO J, EVELAND W P, et al. Information and expression in a digital age: modeling Internet effects on civic participation[J]. Communication Research, 2005, 32(5): 531-565.

[③] CLEVELAND H. The twilight of hierarchy: speculations on the global information society[J]. Public Administration Review, 1985, 45(1): 185-195; DOHENY-FARINA S. The wired neighborhood[M]. New Haven: Yale University Press, 1996; HAGUE B N, LOADER B. Digital democracy: discourse and decision making in the information age[M]. London: Routledge, 1999.

[④] WILLIAMD A, HARTE D, TURNER J. The value of UK hyperlocal community news: findings from a content analysis, an online survey and interviews with producers[J]. Digital Journalism, 2014, 3(5): 1-24.

[⑤] HARGITTAI E, SHAW A. Digitally savvy citizenship: the role of Internet skills and engagement in young adults' political participation around the 2008 presidential election[J]. Journal of Broadcasting & Electronic Media, 2013, 57(2): 115-134.

展现了两种好处。一方面,通过新媒体,社区行动或组织能够更快速、更方便地招募地方参与者①;另一方面,新媒体网络成员拥有相似的交谈背景,促进了共同话题的形成,提升了社区行动能力,从而推动地方治理。②

社会学强调社区新媒体的社会网络功能,而传播学尤其是社区传播方向的研究,则更侧重其信息媒体属性对社区建设的影响。当居民通过阅读报纸、与邻里交谈、看电视或使用互联网获取地方信息的行为本身就体现了与外部社区结构的连接。③ 因此,当互联网用于获得地域社区的信息时,能够提高居民的社区参与和认同。④ 例如一项对伦敦社区推特使用的研究表明,这种网络或许不能让居民有共同体般的紧密联系,然而信息的共同性创造了无形的社区共同感以及社区关注与分享行为。因此,基于社会媒体的在线共同体虽有非互惠性和不稳定性的缺点,然而其依然有提高社区感的作用。⑤

传播基础结构理论(communication infrastructure theory)的提出则体现了社区新媒体的信息媒体和社会网络属性之间的融合。美国南加州大学传播学者鲍尔-洛基奇认为在社区中存在不同水平的叙事资源网络(storytelling resource network)和叙事者,其中包括了微观水平的居民日常互动,中观水平的社区组织和相关机构以及宏观水平的大众媒介和国家组织。不同的社区叙事者通过各类互动,分享社区故事,促进了想象的共同体的产生,形成了人们可用于提供社区认同的基础结构。⑥ 因此,鲍尔-洛基奇及其追随者通过多项实证研究表明,多水平的社区叙事网络彼此间互相刺激,

---

① FINN J. Collaborative knowledge construction in digital environments:politics,policy,and communities[J]. Government Information Quarterly,2011,28(3):409-415;HALEGOUA G R. Potential and challenges for social media in the neighborhood context[J]. Journal of Urban Technology,2014,21(4):51-75.
② YARDI S,BOYD D. Tweeting from the town square:measuring geographic local networks[C]//Proceedings of the Fourth International Conference on Weblogs and Social Media,ICWSM 2010,Washington,DC,USA,May 23-26,2010. DBLP,2010;TAKHTEYEV Y,GRUZD A,WELLMAN B. Geography of twitter networks[J]. Social Networks,2012,34(1):73-81;陈华珊. 虚拟社区是否增进社区在线参与? 一个基于日常观测数据的社会网络分析案例[J]. 社会,2015,35(5):101-121.
③ MATEI S,BALL-ROKEACH S. The Internet in the communication infrastructure of urban residential communities:macro- or mesolinkage?[J]. Journal of Communication,2003,53(4):642-657.
④ DUTTA-BERGMAN M J. Community participation and Internet use after september 11:complementarity in channel consumption[J]. Journal of Computer-Mediated Communication,2006,11(2):469-484.
⑤ BINGHAM-HALL J,LAW S. Connected or informed?:local twitter networking in a London neighbourhood [J]. Big Data & Society,2015,2(2):447-454.
⑥ BALL-ROKEACH S J,KIM Y C,MATEI S. Storytelling neighborhood:paths to belonging in diverse urban environments[J]. Communication Research,2001,28(4):392-428.

推动了社区参与,提升了社区归属感和效能感。① 在这种背景下,信息通信技术成为新的社区基础传播结构。② 作为社区媒介系统的新结构,互联网补充了现存媒介资源(如报纸和电视)。在线网络扮演了"叙事"的基础结构,机构、大众媒体、居民交往网络和互联网共同提供了关于地方的故事,这些故事激活了邻里叙事,搭建了宏观社会制度、社区网络和居民之间的桥梁。③

综合社会学与传播学的讨论,一方面,作为大众传播的信息媒介,新媒体的信息供给角色构筑了从国家到地方的叙事系统,传播了地方性知识,激发出基于空间的各类治理话题,增进了居民对社区公共事务的感知和理解。另一方面,作为社会网络平台,新媒体凭借其社会化优势,提高居民间接触的机会结构,搭建新型的邻里关系网络,这有利于集体行动的形成,从而增强社区的问题解决能力。新媒体的两种功能彼此交融,共筑居民日常话题和交往的"社区性",构建出一种居民的新媒体资源网络。这种资源网络兼具信息供给和行动动员的优势,从而可能提升社区的治理水平。

二、平台建设:作为基层政务的新媒体

近年来,新媒体与政务服务的结合已成为电子政务发展的新趋势。根据腾讯发布的《2015年度全国政务新媒体报告》,我国政务微信公众号已超过了10万个。④ 而截至2016年12月,经新浪平台认证的政务微博也达到了16.4万个。⑤ 不同于社会学分析中的社区共同体形态,在我国的管理实践中,"社区"更多意指基于地域和行政内涵上的辖区。⑥ 虽然社区居委会在法律上为居民自治组织,但日常运行中实际承担了大量辖区内的行政管理任务,呈现出城市基层政务的"最末端"机构特征。因此,由社区

---

① KATZ V S. How children of immigrants use media to connect their families to the community[J]. Journal of Children & Media,2010,4(3):298-315;LIN W Y,CHEONG P H,KIM Y C,et al. Becoming citizens:youths' civic uses of new media in five digital cities in east asia[J]. Journal of Adolescent Research,2010,25(6):839-857;KANG S. The elderly population and community engagement in the Republic of Korea:the role of community storytelling network[J]. Asian Journal of Communication,2013,23(3):302-321;JUNG J Y,TORIUMI K,MIZUKOSHI S. Neighborhood storytelling networks,Internet connectedness,and civic participation after the Great East Japan Earthquake[J]. Asian Journal of Communication,2013,23(6):637-657.
② MATEI S,BALL-ROKEACH S. The Internet in the communication infrastructure of urban residential communities:macro- or mesolinkage? [J]. Journal of Communication,2003,53(4):642-657;KIM Y,JUNG J,BALL-ROKEACH S J. Ethnicity,place,and communication technology:effects of ethnicity on multi-dimensional Internet connectedness[J]. Information Technology & People,2007,20(3):282-303.
③ MESCH G S. Internet connectivity,community participation,and place attachment:a longitudinal study[J]. American Behavioral Scientist,2010,53(8):1095-1110.
④ 中国新闻网. 中国政务微信公号数量已突破10万[EB/OL]. (2016-01-18)[2023-05-10]. https://www.chinanews.com.cn/cj/2016/01-18/7721824.shtml.
⑤ 中国网信网. 第39次中国互联网络发展状况统计报告[EB/OL]. (2017-01-22)[2023-05-10]. http://www.cac.gov.cn/cnnic39/index.htm.
⑥ 黎熙元,陈福平. 社区论辩:转型期中国城市社区的形态转变[J]. 社会学研究,2008(2):192-217.

管理者搭建的社区在线论坛、社区官方微博和微信公众号等新媒体平台也成了"互联网＋政务服务"潮流下基层行政的一部分。

  由于新媒体具有的媒体和社会网络功能，因此当基层管理机构作为网络中的特定用户时，就可能在3个方面对社区治理发挥独特的作用。第一，社会化形态的互联网技术能够提升基层管理的透明度。与需要用户主动去搜寻信息的政务网站相比，使用社会媒体的内容发布平台，可以让公共部门的议程和活动更加贴近公众。政务机构也可以一种更符合公众偏好和喜闻乐见的模式提供新闻和信息，提高相关信息的传播性。① 这种新媒体平台的信息提供模式，也较之传统的"专家"解读方式，更有利于管理透明度的提升和获得公众信任。第二，新媒体也能提高基层管理的回应性。一方面，基于Web 2.0的新媒体与可移动通信设备的高度融合，使公共部门能更高效地传播政务信息，与公众互动也更加便捷。② 另一方面，社会媒体比传统政务网站更加要求公共部门直面每个使用者的沟通需求，其平台也更具沟通的深度和广度优势。③ 这有利于管理者更精准地把握公众需求，提供相应服务。第三，新媒体能够促进基层政府的问题解决能力。由于不同级层、类型的政务部门都可以开设社会媒体账号进行协作，突破科层管理的桎梏，提高部门的协同能力。④ 因此，在政府的危机管理中，新媒体提升了政府快速而有效地与大众沟通的能力，尤其是在紧急状况下，能够及时地收集公共信息并向居民进行反馈。⑤ 总体而言，新媒体让政务机构作为特定的成员，融合在居民的新媒体资源网络中，从而实现信息时代的"从群众中来，到群众中去"。

  技术社会学的研究表明，技术和社会往往是一种互构的关系。"建构中的技术会因为组织结构的技术刚性而被修订或改造"⑥，在特定的社会结构下，技术可能展现出

---

① BERTOT J C, JAEGER P T, GRIMES J M. Using ICTs to create a culture of transparency: e-government and social media as openness and anti-corruption tools for societies[J]. Government Information Quarterly, 2010, 27 (3): 264-271.
② GOLBECK J, GRIMES J M, ROGERS A. Twitter use by the U. S. congress[J]. Journal of the Association for Information Science and Technology, 2010, 61(8): 1612-1621.
③ CHOI S M, KIM Y J, SUNG Y J, et al. Bridging or bonding? A cross-cultural study of social relationships in social networking sites[J]. Information, Communication & Society, 2011, 14(1): 107-129.
④ BONSON E, TORRES L, ROYO S, et al. Local e-government 2.0: social media and corporate transparency in municipalities[J]. Government Information Quarterly, 2012, 29(2): 123.
⑤ YATES D, PAQUETTE S. Emergency knowledge management and social media technologies: a case study of the 2010 haitian earthquake[J]. International Journal of Information Management, 2011, 31(1): 6-13; KIM S, LIU B F. Are all crises opportunities? A comparison of how corporate and government organizations responded to the 2009 flu pandemic[J]. Journal of Public Relations Research, 2012, 24(1): 69-85; GRAHAM M W, AVERY E J, PARK S. The role of social media in local government crisis communications[J]. Public Relations Review, 2015, 41(3): 386-394.
⑥ 邱泽奇. 技术与组织的互构——以信息技术在制造企业的应用为例[J]. 社会学研究, 2005(2): 32-54; 张燕, 邱泽奇. 技术与组织关系的三个视角[J]. 社会学研究, 2009, 24(2): 200-215.

不同的功能弹性。信息时代的新媒体技术也同样受到外部社会结构等因素的塑造。[①] 例如,奥利维拉和韦尔奇对美国791个地方政府使用社会媒体情况进行了调查,并提出政府通过社会媒体可以实现信息发布、得到政务反馈、公共部门协作和激励公众参与4种功能。研究通过回归分析表明,政府部门的工作越具复杂性,社会媒体更倾向于发挥反馈和组织协作功能,而当工作越有来自外部利益相关者压力时,社会媒体的功能重点则是信息发布和激励公众参与。[②] 正如新媒体与邻里关系网络的交织,其同样嵌入在社区的治理结构中。然而与其他信息技术相比,新媒体具有用户生产内容的特点,而地方管理者、社区组织和居民等社区主体则都是用户。因此,治理主体之间的互动彰显了新媒体的社会网络功能,而新媒体的媒体特征则体现在不同使用者阅读相互间推送的信息、互动中的评论和留言。当管理者或社区组织发布政务信息、反馈居民意见时,社区新媒体则发挥了政务平台的作用。因此,新媒体技术的功能弹性就依赖于治理结构中多主体之间的关系。

综合上述讨论,本章的基本分析框架如图6.1所示。从新媒体的多维属性出发,其能力建设包含了资源网络和平台建设两个方面。作为治理主体的地方管理者、社区组织以及居民兼具技术内容的生产者和消费者的双重身份。一方面,新媒体以其技术能力,让居民对社区管理、服务和认同感等治理形式产生不同评价,影响了社区治理绩效;而另一方面,技术所嵌入的社区治理结构,如主体之间的制度关系,则可能使技术功能出现差异。这种互构关系有助于我们理解当前"互联网+社区"行动的实践效果和日常逻辑。

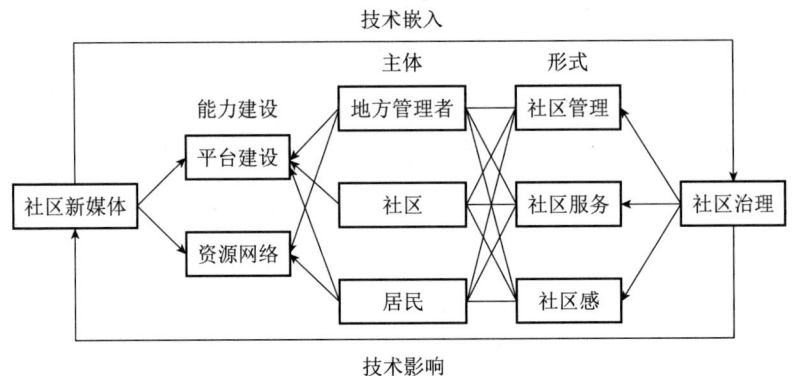

图6.1 社区新媒体与社区治理的互构路径

[①] 陈福平.社交网络:技术 vs.社会——社交网络使用的跨国数据分析[J].社会学研究,2013,28(6):72-94,243-244.

[②] OLIVEIRA G H M, WELCH E W. Social media use in local government: linkage of technology, task, and organizational context[J]. Government Information Quarterly, 2013, 30(4):397-405.

第二节 数据、方法与变量情况

一、数据调研方法

根据本章目的,我们采用了混合研究方法的一致性平行设计(convergent parallel design)方案进行了定量和质性数据的收集。① 该方案适用于在研究过程中同时收集定量和定性资料,而在分析中两类研究不分优先级并保持各自独立性,最后在整体解释过程中混合两种研究结果。

笔者收集了3种类型的数据资料。一是针对居民互联网使用和社区建设情况的抽样问卷调查。课题组于2016年在厦门市选取了22个社区,通过居民人口信息系统,在每个社区利用系统抽样方法抽取50位居民进行问卷调查。调查最终获取了971个有效样本,完成率为88.3%。② 根据社区规模,笔者对样本进行了人口加权。二是,笔者通过与社区居委会的主要负责人、信息化平台相关运营人员深度访谈、开展座谈会等形式,收集了社区新媒体建设的质性资料。三是,利用网络爬虫程序,我们抓取了这22个社区的微博账号和微信公众号自开通到2016年底的微博、微信文章等相关在线信息,获取了社区的微博账号的关注粉丝等信息,16535条微博博文内容以及转评赞情况,1176篇微信公众号文章数量、发布周期等信息。在分析中,笔者也通过人工编码对社区微博的内容进行了分类整理。

二、定量分析中的变量情况

(一)因变量

对社区治理的绩效评估,目前尚未有统一的方法。2017年6月首个国家层面的城乡社区治理纲领性文件《关于加强和完善城乡社区治理的意见》指出,要"逐步建立以社区居民满意度为主要衡量标准的社区治理评价体系和评价结果公开机制"③。因此,通过对各类社区工作的评价④,笔者将社区治理的绩效评估细化为3种形式。

---

① 有研究将"convergent parallel design"翻译为"并行设计",然而我们认为其更强调了定量和定性调查需要服从一致性的研究主题。因此,我们采用了"一致性平行设计"的译法。具体参见:CRESWELL J W, PLANO CLARK V L. 混合方法研究的设计与实施[M]. 2版. 游宇,陈福平,译. 重庆:重庆大学出版社,2017.
② 根据厦门市《2015年国民经济和社会发展统计公报》,全市常住人口386万人,固定互联网宽带接入用户144.45万户,移动互联网用户459.84万户,具有较高的城市信息化水平。调查样本中互联网用户样本数为798,占总样本量的82.18%,基本与城市水平一致。
③ 新华社. 中共中央 国务院关于加强和完善城乡社区治理的意见[EB/OL]. (2017-06-12)[2023-05-20]. http://www.gov.cn/zhengce/2017-06/12/content_5201910.htm.
④ 陈捷,呼和·那日松,卢春龙. 社会信任与基层社区治理效应的因果机制[J]. 社会,2011,31(6):22-40.

(1)社区管理,即基于对地方社区管理者和相关管理部门的评价。根据前述文献,我们通过量表设计,主要考察了居民对社区管理工作在及时性、透明性以及解决效果等项目上的评价。如表6.1所示,通过因子分析,得到了社区管理评价变量。

(2)社区服务。该变量为居民对目前社区服务的满意度,将"很不满意"到"很满意"转换为了1至5分的测度。

(3)社区感。社区感是衡量社区共同体建设的重要指标,根据以往研究,我们利用量表测量了社区感的两个维度——功能性和情感性。[①] 前者是对社区硬件环境和外部管理形成的认同,而后者则是从居民自身认同出发形成的社区感。根据表6.1的主成分因子分析结果,我们得到了综合性的社区感变量。

表6.1 社区感和社区管理评价的因子分析(主成分分析,因子旋转后)

项目(对各项社区评价的看法)	因子负荷	共同度	项目(对社区管理者评价)	因子负荷	共同度
居住在这个社区,生活很便利	0.6335	0.404	及时性	0.9261	0.858
我很认可这个社区的管理水平	0.7835	0.614	透明性	0.9274	0.860
与其他地方相比,这里的社区环境令人满意	0.7798	0.608	解决问题的效果	0.9126	0.833
居住在这个社区符合我们家庭的需求	0.8178	0.669			
我觉得这个社区已经成为我生命的一部分	0.8232	0.678			
社区让我有家一样的感觉	0.8522	0.726			
我会在意别人对自己社区的看法	0.6074	0.369			
我愿意为社区事务做点力所能及的事情	0.5402	0.292			
特征值	4.359		特征值	2.551	
解释的方差比例	54.49%		解释的方差比例	85.02%	

注:克伦巴赫 $\alpha=0.8772$,KMO$=0.8786$;克伦巴赫 $\alpha=0.9116$,KMO$=0.7565$。

(二)自变量

1.社区新媒体资源网络

根据传播基础结构理论,金永灿和鲍尔-洛基奇提出社区叙事网络的测量公式:

$$LCSN = \sqrt{LC \times INS} + \sqrt{OC \times INS} + \sqrt{OC \times LC}$$

式中,LCSN为居民对社区叙事资源网络的接入程度;LC为地方媒体连接程度;INS为邻里交往强度;OC为社区组织参与程度。他们认为该公式表达了社区媒体、居

[①] 辛自强,凌喜欢.城市居民的社区认同:概念、测量及相关因素[J].心理研究,2015,8(5):64-72.

民日常网络和社区组织等交互整合而成的媒介资源网络结构。[①] 因此,借鉴传播基础结构理论将传播媒介和邻里关系网络的融合,我们设计了以下测算方法以衡量居民接入社区新媒体资源网络程度:

$$新媒体资源网络 = \sqrt{新媒体接入 \times 邻里交往} + \sqrt{新媒体网络参与 \times 邻里交往} + \sqrt{新媒体网络参与 \times 新媒体接入}$$

其中社区新媒体接入度的测量项目为居民阅读社区微博/微信号等发布信息的频率,这体现了新媒体的信息属性,也反映了居民对新媒体正式平台的接触程度;新媒体网络参与为对居民利用互联网相关平台(微信、微博、QQ群等)参与社区活动的程度,该指标体现了新媒体的互动属性;邻里交往为受访者与其他居民、社区组织和相关服务人员的日常往来程度,体现了社区日常的邻里关系网络。如表6.2所示,通过对社区新媒体网络参与和邻里交往的相关项目的因子分析,得到了新媒体网络参与和邻里交往变量。最后,笔者将3个变量标准化后并通过公式计算得到社区新媒体资源网络变量。

表6.2 社区新媒体网络参与程度和邻里交往强度的因子分析(主成分分析,因子旋转后)

项目(相关线上活动参与)	因子负荷	共同度	项目(社区日常来往)	因子负荷	共同度
兴趣小组讨论	0.8104	0.657	邻居	0.7378	0.600
健康知识、亲子教育等分享	0.8127	0.661	居委会	0.8719	0.760
民主选举(居民小组、业委会等)	0.7734	0.599	业委会	0.6537	0.427
社区团购、便民信息分享	0.8464	0.716	社区服务人员	0.8542	0.730
社区环境建设讨论(绿化等)	0.8658	0.750			
社区矛盾化解(物业纠纷等)	0.8234	0.680			
特征值	4.061		特征值	2.206	
解释的方差比例	67.68%		解释的方差比例	55.16%	

注:克伦巴赫 $\alpha=0.9041$,KMO$=0.8876$;克伦巴赫 $\alpha=0.7007$,KMO$=0.6824$。

2. 社区新媒体平台建设

在地方社区的信息化建设实践中,通常包括了"两微一站"建设,"两微"为社区微博和社区微信公众号,"一站"即社区网站。本章的分析重点是基于Web 2.0和移动终端系统的媒体形态,因此主要关注了社区微博和微信的平台建设情况。我们利用两组指标来衡量社区的新媒体平台建设水平。

首先是社区微博的平台建设。具体包括了以下测量指标:①日均微博数量,即微

[①] KIM Y C, BALL-ROKEACH S J. Community storytelling network, neighborhood context, and civic engagement: a multilevel approach[J]. Human Communication Research, 2010, 32(4): 411-439.

博总数/天数,反映了平台运作的活跃程度;②微博关注程度,即微博粉丝数/社区人口数,反映了社区微博被潜在受众的关注程度;③微博互动程度,即微博评论数/微博粉丝数,反映了粉丝与平台的互动情况;④微博认同程度,即微博点赞数/微博粉丝数,该指标表达了粉丝对博主博文的认同。

其次,我们也利用了若干指标衡量了社区微信公众号平台的建设。具体包括以下3个指标:①微信文章数,即公众号发布的文章总数;②微信周均文章数,即微信文章数/第一篇文章到2016年12月31日前的最后一篇文章间隔周数;③微信平均阅读量,即微信公众号文章总阅读量/文章数。

(三) 控制变量

本章的控制变量包括了受访者的性别、年龄、受教育程度、收入水平、婚姻状况、政治面貌和受访者对社区其他相关软硬件条件的满意程度。其中社区满意度项目包括了对居住环境、社区公共设施、社区周边配套和邻里关系的满意度,通过对这些项目评价的控制,可以更好地评估新媒体对社区治理的净效用。此外,由于中国社区资源投入以及居民参与能力等往往与社区人口规模紧密相关,这可能是影响社区治理水平的重要变量。[①] 因此,我们对社区人口规模进行了控制。表6.3所示为分析中使用变量的描述性统计情况。

表6.3 回归模型中变量的描述统计

因变量	均值	标准差	样本数	控制变量	均值	标准差	样本数
社区管理评价	0	1	971	性别(女=0)	0.46	0.50	971
社区服务评价	2.81	0.75	971	年龄	44.23	14.61	971
社区感	0	1	971	受教育程度	13.23	3.25	971
自变量				收入水平	4.72	2.66	971
新媒体资源网络	5.77	2.12	971	婚姻状况(未婚=0)	0.81	0.40	971
日均微博数	0.51	0.53	22	政治面貌(非党员=0)	0.22	0.41	971
微博关注程度	0.11	0.14	22	居住稳定性	14.77	12.21	971
微博互动程度	0.70	0.74	22	居住环境	2.90	0.70	971
微博认同程度	0.26	0.24	22	公共设施	2.62	0.74	971
微信文章数	53.45	104.23	22	周边配套	2.78	0.73	971
微信周均文章数	0.98	1.49	22	邻里关系	3.10	0.59	971
微信平均阅读量	19.73	29.24	22	社区人口规模/万人	0.73	0.27	22

---

① 陈鹏.城市社区治理:基本模式及其治理绩效——以四个商品房社区为例[J].社会学研究,2016,31(3):125-151.

第三节　新媒体能力建设与社区治理绩效

如表6.4所示,基于微博和微信的平台差异,我们通过微博用户和微信用户两组样本,建立了6个分析模型。由于模型中既包括了个体水平的人口学特征和新媒体资源接入等变量,也包括了社区层次的新媒体平台建设水平、社区规模变量,因此我们采用了多层次回归方法对模型进行了估计。

第一组模型(模型1、模型2、模型3)分析了微博平台相关指标对社区治理绩效的影响。首先,社区新媒体资源网络对社区治理的3个维度都产生了积极作用。其次,在微博平台建设的影响上,根据模型1,社区微博认同程度越高,居民对社区管理的评价越高,但社区日均微博数量对社区管理具有负向效应;在模型2和模型3中,社区微博被关注程度越高,居民对社区服务的评价越高,此外微博关注程度也提升了居民的社区感。

第二组模型(模型4、模型5、模型6)中,社区新媒体资源网络对社区治理的各维度同样具有显著的积极影响。而社区微信公众号平台建设的影响,根据模型4,微信周均文章数越多,居民对社区管理的评价越高。在模型5中,微信文章总量越多,居民对社区服务有更高的评价。

综合以上数据分析结果,我们可以得到两个经验发现:第一,根据社会学和传播学理论,社区新媒体资源网络的作用符合理论预期。居民之间的日常接触、从新媒体获得社区信息以及在线网络参与所交织构成的社区媒介系统,促进居民获得更多社区资讯,理解和参与地方公共事务,有利于社区共同体的形成。第二,从社区新媒体平台兼具的媒体——信息属性和社会网络——互动属性上看,平台的信息发布情况、受众对平台的关注反映了前者功能的发挥,而使用者在平台上的发言、转发、点赞等互动和认同行为则表现了后者。因此,根据统计结果,微博平台起到的更多是媒体——信息属性的作用,而作为社会网络的互动属性对社区治理的影响甚微。同样,微信平台对社区治理的影响,也只在文章数量及发布频率这样的媒体信息指标,而潜在反映互动的阅读量水平对居民的社区治理评价却并无影响。[①] 因此,从当前社区新媒体平台的效果看,其更多是作为一种信息媒介存在,而缺乏参与和互动的社会网络平台特征。

另外,社区微博的日常活跃程度(日均微博数)对社区管理具有负向效应(模型1)。有研究提出微博用户的日均微博数对其线上影响力具有负面影响,而原因可能是博文数量虽然增加,但博文的有效信息量下降,从而形成信息过载所致。[②] 然而是怎样的信息可能导致信息过载问题,我们却不得而知。或许通过对社区微博博文的内容和结构的分析,才可以给予该问题的真实答案。

[①] 微信文章的阅读量潜在反映了文章被转发的程度。一般而言,文章被越多微信用户转发,阅读量会越大。
[②] 黄荣贵,桂勇.自媒体时代的数字不平等:非政府组织微博影响力是怎么形成的?[J].公共行政评论,2014,7(4):133-152,185-186.

新媒体环境下社区建设的新路径

表 6.4 影响社区治理绩效的多层次回归模型

项目	自变量	社区管理 模型 1		社区服务 模型 2		社区感 模型 3		社区管理 模型 4		社区服务 模型 5		社区感 模型 6	
	性别[a]	0.043	(0.085)	0.026	(0.053)	−0.201**	(0.081)	−0.044	(0.073)	−0.030	(0.042)	−0.149**	(0.070)
	年龄	0.003	(0.005)	−0.003	(0.004)	0.007*	(0.004)	0.002	(0.003)	0.000	(0.002)	0.001	(0.004)
	受教育程度	0.003	(0.015)	−0.007	(0.015)	0.054***	(0.016)	−0.010	(0.012)	−0.020*	(0.010)	0.016	(0.015)
	收入水平	−0.023	(0.019)	−0.006	(0.010)	−0.001	(0.012)	−0.025*	(0.013)	−0.003	(0.009)	0.006	(0.010)
	婚姻状况[b]	−0.208*	(0.112)	−0.117	(0.073)	−0.088	(0.095)	−0.101	(0.109)	−0.163***	(0.057)	−0.066	(0.098)
	政治面貌[c]	0.056	(0.108)	−0.020	(0.071)	0.010	(0.106)	0.068	(0.097)	−0.022	(0.053)	−0.024	(0.073)
	居住稳定性	−0.002	(0.005)	0.005*	(0.002)	0.013***	(0.003)	−0.004	(0.003)	0.006***	(0.002)	0.012**	(0.003)
社区满意度	居住环境	0.310***	(0.067)	0.027	(0.069)	0.472***	(0.088)	0.238***	(0.059)	0.099**	(0.042)	0.388***	(0.066)
	硬件设施	0.158**	(0.076)	0.336***	(0.051)	0.363***	(0.077)	0.174***	(0.049)	0.295***	(0.052)	0.305***	(0.051)
	周边配套	0.024	(0.093)	0.206***	(0.060)	0.156**	(0.067)	0.100	(0.063)	0.210***	(0.050)	0.238***	(0.035)
	邻里关系	0.227*	(0.117)	0.264***	(0.066)	0.158**	(0.079)	0.072	(0.058)	0.193***	(0.042)	0.191**	(0.077)
新媒体能力	资源网络	0.055**	(0.025)	0.033***	(0.013)	0.085***	(0.015)	0.083***	(0.014)	0.059***	(0.010)	0.082***	(0.012)
平台建设	日均微博数	−0.204**	(0.087)	−0.085	(0.084)	−0.098	(0.071)						
	微博关注程度	0.182	(0.257)	0.607*	(0.330)	0.649**	(0.329)						
	微博互动程度	−0.000	(0.058)	−0.002	(0.070)	0.046	(0.066)						

续表

项目 自变量	社区管理 模型1	社区服务 模型2	社区感 模型3	社区管理 模型4	社区服务 模型5	社区感 模型6
微博认同程度	0.615*** (0.222)	0.111 (0.246)	0.183 (0.190)	0.000 (0.000)	0.001*** (0.000)	0.000 (0.000)
微信文章数				0.086** (0.034)	−0.014 (0.018)	0.032 (0.025)
微信周均文章数				−0.001 (0.001)	−0.001 (0.001)	0.000 (0.001)
微信平均阅读量		0.491** (0.204)	0.340** (0.134)	0.167 (0.145)	0.322* (0.192)	0.288*** (0.140)
人口规模/万人	0.305*** (0.112)	0.047 (0.303)	−5.200*** (0.384)	−2.044*** (0.332)	0.262 (0.190)	−4.297*** (0.340)
常数项	−2.691*** (0.456)					
组内相关系数	0.039	0.107	0.068	0.032	0.053	0.034
样本数	423	423	423	773	773	773
社区数	22	22	22	22	22	22

注：①参照组：ᵃ女性，ᵇ未婚，ᶜ非党员。②括号内为稳健标准误。③*** $p<0.01$，** $p<0.05$，* $p<0.1$。

第四节　嵌入于社区治理的新媒体：技术弹性与内容生产

一、新技术的应用与收缩："行政化"的内容生产

根据居民调查数据的分析，居民日常生活中的新媒体资源网络提高了社区治理水平。然而笔者也发现，新媒体虽然兼具信息媒体和社会互动的网络载体等优点，但是对社区微博、微信这样的新媒体平台而言，只有其媒体属性起到了实质作用。也就是说，基于 Web 2.0 的技术平台实际只发挥出 Web 1.0 框架下那种单向信息作用。那么形成这种现象的原因是什么呢？

当代中国的城市管理实行"重心下移、立足基层"的原则，基层街道办承担了过去本由上级政府承担的部分管理职能。但街道办受限于人力、物力，只能再将大量行政任务摊派给所辖社区的居委会，形成了城市社区的"两级政府，三级管理"体制，进而塑造了"条块分割"的社区行政特征。直接面向居民并且同时接受地方行政管理的社区居委会实际承担了大量的行政性任务。这些行政任务中也包括了社区信息化。在调查中，这 22 个社区都建立了社区官方的微博账号，并由居委会相关人员运营这些新媒体平台。[①] 而设立这些新媒体平台的主要原因，也多是上级主管机构的要求，"社区设有微博，是区 X 局、区 Y 委要求建立的，微博建立的初衷主打监督功能"（T-13 社区访谈）。[②] 在此背景之下，社区微博的运营从诞生起便带有行政任务色彩。[③]

对 16535 条社区微博博文的分析或许可以更为清晰地观察新媒体平台建设的特点。如图 6.2 所示，我们分别从博文的内容类型、所涉空间范围和被转发博文所属机构类型进行分析。首先，在社区微博的内容分类上，它们的主要内容集中在生活资讯、时事新闻和工作动态 3 项，占总博文量近 80%，而与社区公共事务更紧密、更符合"主打监督"本意的"居民反映问题"（1.1%）、"公益慈善"（6.2%）等项目占比却非常低。这显示了社区微博更多体现出信息媒体而非互动平台的特质。其次，在博文信息所涉的空间范围看，社区范围的信息只有 30%，实际与涉及全国范围的信息相当。根据相关研究，居民对社区新闻的重视程度实际与社区意识正相关，而通过提高获取社区信

[①] 根据调查资料，2013 年开始上级机关正式要求社区居委会推动社区新媒体平台的建设，原则上每个社区都要有自身的微博账号，并以此作为绩效考核目标。事实上，有部分社区在全面考核前已设立了自己的官方微博，其中 2011 年有 4 个社区，2012 年 7 个社区，2013 年 22 个社区实现了社区微博全覆盖。

[②] 根据研究惯例，我们对本章所涉社区和相关机构进行了化名处理，其中社区根据微博账号设立的时间排序，以字母 A 至 Z 和设立年份命名，如 A-11 社区。

[③] 由于无法获得社区微信公众号的互动信息，基于研究需要，我们主要利用社区微博的运营情况进行分析。

息的便捷性有助于提升居民的社区意识。① 因此,作为社区媒介的微博建设未表现出很高的"社区性",并不利于提升社区感。最后,在所有微博中有9206条博文转发自其他社会机构,我们对这些机构类型进行了比较,分析结果更清晰地显示出社区新媒体平台的"行政"特性。在所有被转发博文中,社区大量转发了来自政府相关机构和公办新闻媒体的博文,两者占转发博文总量的69.4%。而通常视为与社区具有天然"亲和性"的社会组织被转发量只有2.8%,对民间博主的转发量也只占12.2%。因此,社区微博平台更多发挥了宣传媒体的作用,而并没有体现出鲜明的社区性特点。

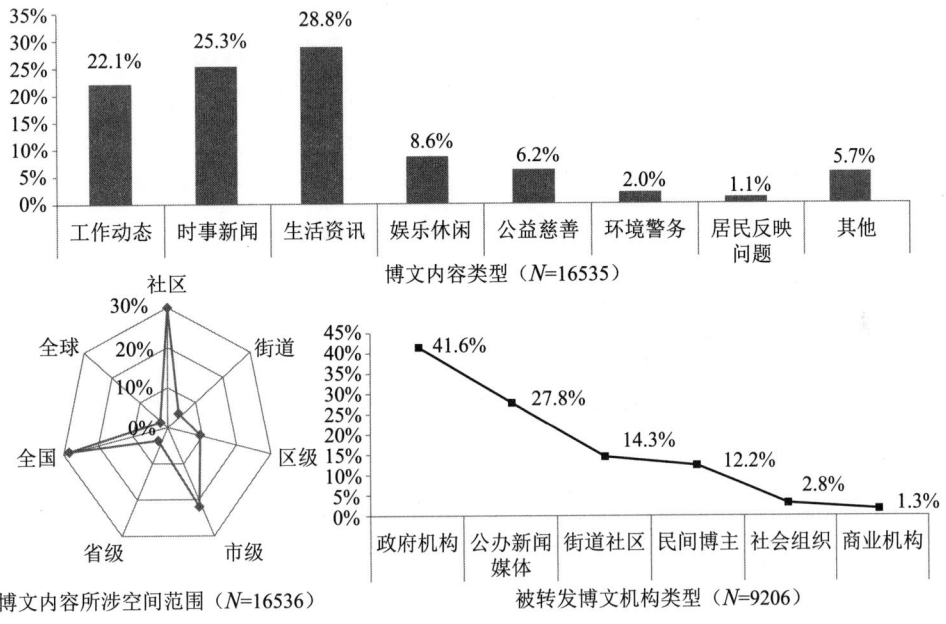

图6.2 社区微博博文内容类型、所涉空间范围和被转发博文机构类型分析

但这种情况的产生也不仅仅是上级行政要求的结果,其也受制于居委会本身组织资源不足问题。社区居委会的组织资源是指其在工作正常运转所依赖的各方面条件,主要包括人力资源、权力资源、财力资源以及时间资源等,由于上述资源在居委会内部短缺严重,进而导致了社区工作中的"选择性应付"现象。② 在社区新媒体平台的实际运营中也存在同样的问题。例如人力资源的不足,社区新媒体运营人员指出,"社区工作人员只会基本的平台日常维护,很难充分利用网络平台的优势,急需网络平台运营的专业化。"(C-11社区访谈)。也有财力和权力资源的不足,如对S-13社区相关负责

---

① 王斌,王锦屏.信息获取、邻里交流与社区行动:一项关于社区居民媒介使用的探索性研究[J].新闻与传播研究,2014,21(12):90-106,121.
② 杨爱平,余雁鸿.选择性应付:社区居委会行动逻辑的组织分析——以G市L社区为例[J].社会学研究,2012,27(4):105-126.

人的访谈中了解到,该社区曾有意向居民推广社区新媒体的使用,要制作相关纸质宣传材料并向街道申请相关经费。街道通常要看到宣传册的实际效果才会批准特别有限的款项申请,行政流程也要花费较长时间。而制作前期样本的广告公司不愿意承担赊账风险,需要签订预付合同。矛盾的是没有上级批准的情况下,居委会既不能签合同,也无法垫付费用。小小宣传册的制作过程困难重重。在此背景下,社区新媒体平台的运营人员坦言,"相对于其他工作来说,(社区微博)更新还是比较次要的,社区最重要的还是综治、计生和民生这些工作"(H-12社区访谈)。

在任务行政化、组织资源不足等社区治理环境中,新媒体平台的内容生产也表现出"行政化"特征。技术的功能弹性塑造了一种嵌入性的技术"收缩"现象,即具有多元复合功能优势的新技术,由于所处社会结构的约束,反而产生了功能的简化或单一化。对社区新媒体的内容生产进行历时性分析,会更清楚地观察到这种随着技术功能的变化。如图6.3所示,笔者分析了22个社区微博在2011—2016年间,社区转发博文的机构类型变化趋势。从调查中了解到,虽然上级机构要求社区设立新媒体平台的时间是2013年,但实际上有半数社区在此之前就尝试了设立微博以推动社区建设。因此,2013年成为行政考核的窗口期。在社区微博设立的初期(2011年),微博转发博文超过60%来自公办新闻媒体和民间博主,此时社区微博具有新闻媒介和民间互动的特点。随着时间推移,社区微博与民间博主的互动逐渐降低,与上级政府机构的博文互动开始增长,最高在2014年,近50%的转发博文是转自政府机构。在2014年后,由于上级考核力度下降,对政府机构的博文转发也略有减少,社区微博开始增加对其他新闻机构的转发,其成为主要转发各类官方信息的媒介平台。事实上,居民也可以直接关注上述被转发的官方信息机构账号,社区微博的信息则显然"冗余"。因此,这也解释了定量分析中日均微博数量却对社区管理具有负向效应的原因。综合以上发现,社区新媒体平台的运作嵌入于治理结构中,其内容生产也随着地方政府、社区居委会和居民等治理主体间博弈的变化而变化,呈现出行政特点。

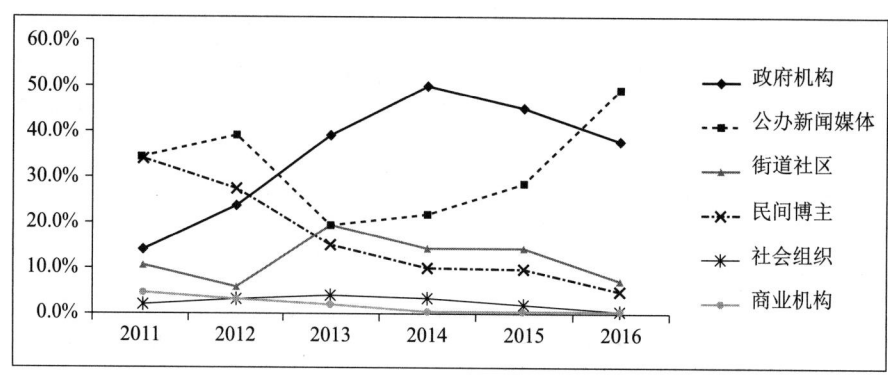

图6.3 社区微博被转发博文机构类型的变化(2011—2016年)

二、技术的社区分化：内容生产和需求的分离

在调查中，虽然作为正式新媒体平台的社区微博呈现出新媒体功能的"技术收缩"和内容生产的"行政化"等特点，然而社区相关负责人认为，对整体的社区工作来说，社区新媒体平台其实并不重要，因为"关注微信和微博的人群主要是年轻人，但是年轻人对社区并不如老年人对社区事务关心"（N-13 社区访谈）。相关研究中也将这种"社区数字鸿沟"作为基层新媒体运营不佳的解释。① 然而社区中的年轻居民以自己的方式关注社区，"相比而言，社区居民对自己组织和建立的网络交流平台有更高的参与热情，使用频率更高，这导致社区政务网站没有起到其应有的作用"（N-13 社区访谈）。例如在 R-13 社区，居民利用自己的微信群，建立社区的新媒体网络。

"（社区群）是居民监督居住环境的空间改造进度、物业公司问题等方面的重要平台，居民在其中不仅谈论关于物业、居委会、业主方面的消息，也会聊聊日常生活，在交流中促进邻里感情。比如微信群里有一位居民是长跑爱好者，会经常在朋友圈里发布一些跑步相关的信息，有相同兴趣的就会相互联系；有些居民经常会在微信群里发送一些日常生活的照片、出去游玩的照片，微信群也成为居民之间相互熟悉、交流的平台。"（R-13 社区访谈）

因此，这就存在着矛盾：居委会工作人员认为作为新媒体用户主体的年轻居民不关心社区事务，然而这些年轻人却在自己搭建的网络平台中乐于讨论社区事务。我们或许可以认为居民只是对社区媒体平台不感兴趣，更在意自己的新媒体网络；但通过社区微博互动情况的分析，透露出另一种事实。

微博的转发、评论和点赞功能代表了关注者对博文内容的兴趣程度和互动意愿。如若人们不关注社区事务，也就意味着不同类型博文不会有明显的转评赞差异。如表 6.5 所示，笔者比较了不同类型博文的转评赞情况。首先，原创博文反映了平台运营者对微博的用心程度，可以看到原创博文获得积极互动明显高于转发博文。其次，从博文内容比较，获得转评赞最高的博文类型主要为居民反映问题、公益慈善，之后是工作动态。从这些互动情况可以看出，运营者越不是应付性建设微博，微博也越贴近居民所关心的问题，越能获得积极互动。

实际上，这种贴近"社区"的互动反应，也表现在被转发博文的差异上。如表 6.6 所示，我们进一步比较了来自不同机构的被转发博文的转评赞情况。其中得到较多关注者互动的博文，排在前 3 位的依次是街道社区、社会组织和民间博主。这恰恰与社区微博的"行政化"内容生产相反。虽然社区管理者认为新媒体平台似乎没有那么大

---

① 黎军，王倩．微信：智慧城市社区传播新宠儿——以南昌首个社区微信公众号的运营为例[J]．青年记者，2015(9)：60-61．

的社区意义,但实际上居民潜在地通过互动表达出了与官方大相径庭的社区关注点。

表6.5 社区微博博文类型和内容类型的转评赞比较($N=16535$)

内容类型	点赞数		评论数		转发数	
	均值	排序	均值	排序	均值	排序
博文类型						
原创博文	**0.65**	1	**1.04**	1	**0.41**	1
转发博文	0.14	2	0.28	2	0.16	2
博文内容类型						
工作动态	**0.92**	3	**0.55**	3	**0.44**	2
时事新闻	0.31	8	0.18	8	0.21	6
生活资讯	0.45	6	0.32	4	0.14	8
娱乐休闲	0.63	4	0.28	6	**0.44**	2
公益慈善	**1.52**	1	**0.79**	2	0.30	4
环境警务	0.38	7	0.24	7	0.21	6
居民反映问题	**1.12**	2	**0.95**	1	**0.51**	1
其他	0.55	5	0.31	5	0.30	4

表6.6 社区转发博文的被转发机构的转评赞比较($N=16535$)

机构类别		点赞数		评论数		转发数	
	博文总量	均值	排序	均值	排序	均值	排序
政府机构	0.08	5	0.14	6	0.11	4	3826
新闻媒体	0.08	5	0.17	5	0.10	5	2559
街道社区	**0.34**	1	**0.76**	1	**0.40**	1	1316
民间博主	**0.25**	2	0.36	3	0.15	3	1126
社会组织	0.16	3	**0.47**	2	**0.16**	2	257
商业机构	0.16	3	0.28	4	0.06	6	122

因此,通过以上分析,社区微博这种新媒体平台能否得到积极互动,取决于其内容生产是否能更接近于社区的真实需求,而居民的真实需求是信息和互动的"社区性"。然而当技术平台嵌入于现有治理结构,内容生产离居民需求越远时,居民会对这种趋势作出回应。如图6.4所示,我们从时间和空间的变化比较了居民对这种内容生产的回应。可以看到,如前面分析,随着社区微博从早期创新项目,逐步成为行政评估指标的过程中,其获得的互动却越来越少。而从所有博文所涉事件、活动等空间范围看,越是贴近地方社区的博文,也越能得到来自关注者的积极互动。基于此,笔者认为,社区

新媒体平台的技术功能"收缩",其原因不在于居民对社区的"冷漠",而是内容生产的"行政化"导致了与居民需求的分离。

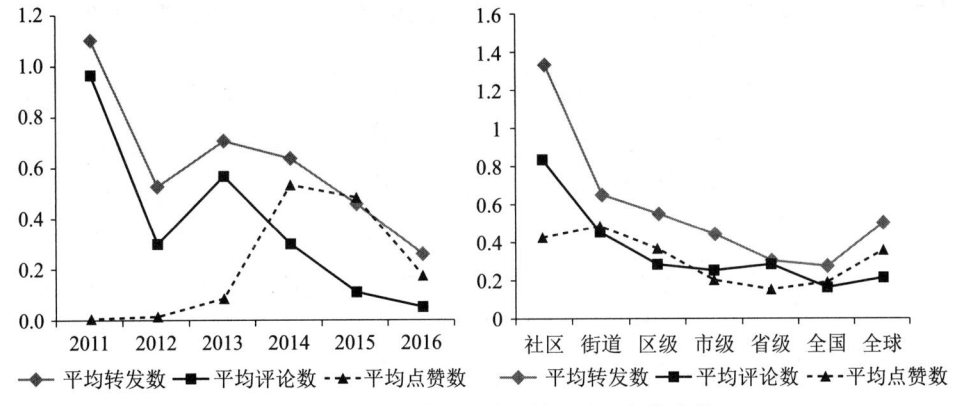

图 6.4 社区微博博文转评赞的时空变化趋势

最后笔者将上述能够反映居民"社区需求"的博文特性,纳入社区治理绩效的评估模型中。当我们将居民对社区的认同感视为最重要的社区治理目标时,见表 6.7,当社区微博运营中,博文的原创性越高、博文内容为"居民反映问题"的比例越高、博文内容越关注街道社区以及更多转发非官方机构的博文时,居民对社区的认同感越强。① 因此,依靠地方管理者运营的政务平台,能否充分发挥新媒体的优势,最终也取决于管理者依赖层级化还是网络化的治理方式。

表 6.7 微博内容结构对居民社区感的影响(多层次模型)

因变量	博文原创性	博文内容		博文所涉空间范围	转发博文机构类型
	原创%	居民反映问题%	公益慈善%	街道社区%	非官方机构%
社区感	**0.006*****	**0.041***	0.011	**0.005****	**0.006*****
	(0.002)	**(0.021)**	(0.013)	**(0.002)**	**(0.002)**

注:①括号内为稳健标准误。②*** $p<0.01$,** $p<0.05$,* $p<0.1$。

第五节 本章小结

通过一项结合线下和线上社区数据资料的混合研究设计,我们分析了当前社区新媒体能力建设和社区治理的相互关系,表明了居民日常新媒体资源网络能够提高社区治理水平,然而具有网络互动优势的社区正式新媒体平台却只发挥了信息媒介的作

---

① 我们将转发微博的机构中"政府机构"和"公办新闻媒体"划分为"官方机构",其他类型机构为"非官方机构"。另外因为篇幅关系,在此未列出如表 6.5 中其他变量的结果,如有需要,可向笔者索取。

用。通过线下访谈和基于社区微博的内容分析,笔者也发现社区新媒体平台出现功能单一化的技术"收缩"现象,原因在于其所嵌入的社区日常治理结构之中,而这进一步造成了平台内容生产和居民需求的分离。基于上述分析结果,可以给予我们相关理论和实践中的启示。

  首先,微博、微信等社会媒体融合于日常的邻里关系网络之中,交织而成的新媒体资源网络对社区服务、管理和认同感等治理元素都起到了积极作用。在传统的社区治理研究中,更多强调了邻里关系和在线社区网络的社会资本意义。然而笔者所提出的媒体资源网络并不同于社区社会资本。社区社会资本包含了互惠、价值规范、志愿精神以及关系网络等社会和文化元素[1],但忽视了传播变量在当代社区治理中的意义。行政意义上的社区是当前各类社区建设项目落地的场域,在各级政府的日常话语中"构建城市熟人社区和地域共同体"也是建设的核心目标。然而我们要面对的一个客观现实则是城市化进程中的社区规模问题。如图6.5所示,当代中国的社区平均人口规模在7700人左右。[2] 虽然几乎所有讨论中国社区建设方向的著述都会谈及滕尼斯的"共同体"概念,但是这种社区人口结构可能更接近滕尼斯笔下的"社会",而非"共同体"。在此背景下,大众传播媒介在塑造社区生活的共同感中就可能发挥重要作用。早在帕克谈及报纸之于城市的意义时就指出,若缺乏大众媒体,城市"不过像镶嵌马赛克似的邻里拼在一起"[3],而"报纸作为新闻的采集者和诠释者,它的作用就是社区功能的某种发展。这种功能原来是由社区内部的人际交流及街谈巷议来完成的"[4]。对于多数居民而言,亲身参与和了解每一项社区公共活动,既难以实现,也未有必要。社区新媒体由于兼具媒体和邻里网络的优势,就可能让微博、微信群等各类互联网微应用成为居民观察、参与和感知社区的窗口,从而了解社区公共事务,实现社区认同。因此,无论是居民新媒体资源网络还是社区新媒体平台,能否满足"社区性"需求都是其活力的来源。

  其次,通过对社区官方的新媒体平台的分析,也给予了我们观察新技术与其嵌入的社会治理环境之间的窗口。以社区微博为例,由于社区工作的行政化和组织资源不足问题,其遵循了行政科层化的内容生产逻辑,然而互联网的特性之一却是"去中心

---

[1] 桂勇,黄荣贵.社区社会资本测量:一项基于经验数据的研究[J].社会学研究,2008(3):122-142.
[2] 社区平均人口规模=城镇人口数/社区居委会单位数。由于城镇人口统计中为常住人口,如果包括不纳入统计,但又需要社区进行日常管理和服务的流动人口,则可能远远超过笔者计算的人数。
[3] 帕克.报纸的形成[C]//帕克,麦肯齐.城市社会学:芝加哥学派城市研究文集.宋俊岭,吕建华,译.北京:华夏出版社,1987:91.
[4] 帕克.报纸的形成[C]//帕克,麦肯齐.城市社会学:芝加哥学派城市研究文集.宋俊岭,吕建华,译.北京:华夏出版社,1987:87-88.

第六章 见"微"知著：社区治理中的新媒体能力建设

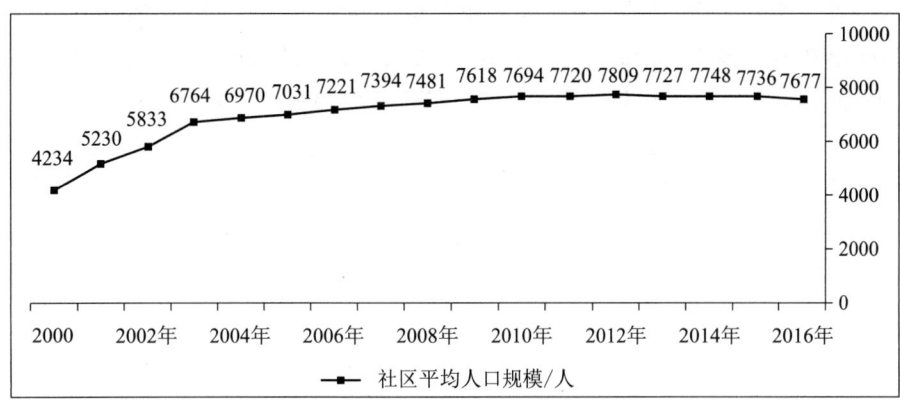

图6.5 社区人口规模的变化

化","其包含的仅仅是节点"①，从而带来"众声喧哗"。因此，在这种纵向结构中，由于新媒体技术的弹性特征，其复合功能逐渐"收缩"为信息的单一功能。另外，在社区新媒体平台运作者的话语中，这类平台处于社区工作的边缘地带，目标群体也并不以此关心社区事务。然而浮现的问题则是被视为不关心"社区"的这些居民却有自己的新媒体网络。根据社区微博互动数据的分析结果，官方平台的关注群体实际也会对"社区性"内容予以积极回应。因此，社区新媒体实际形成了居民资源网络和社区正式平台的两个中心，延续了社区行政中居民和居委会的两个中心的格局。② 在此格局中，本该起到联结地方管理者、社区组织和居民，弥补大众媒体缺场的社区新媒体出现了分化。对新闻传播学研究而言，这种社区新媒体运作的社会学逻辑，或许解释了当管理者和居民发生利益冲突时，新媒体为何会呈现矛盾性的角色。居民日常建立的新媒体资源网络由于具有信息和互动的复合性，当冲突发生时，甚至能够产生技术的"扩张"，扮演"政务平台"的角色。例如在社区维权中，居民在自组织的新媒体平台上，进行环境问题的科普、解读维权相关政策法规、组织拜访专家学者、邀请人大代表等公共行动。③ 这使得本只具有媒体和社会网络属性的新媒体资源网络扩展具有了"政务"属性，可能更加强化了以居民为中心的资源网络和管理者为中心的正式平台之间的隔离，带来更大的信任危机。

最后，在研究方法上我们尝试将线上和线下、量化和质性数据结合，希冀深入探讨当前新媒体和社区治理之间联系的关键性问题。智慧社区和智慧城市建设已进入城

---

① 曼纽尔·卡斯特.信息论、网络和网络社会:理论蓝图[C]//曼纽尔·卡斯特.网络社会:跨文化的视角.周凯，译.北京:社会科学文献出版社,2009:3.
② 闵学勤.社区自治主体的二元区隔及其演化[J].社会学研究,2009,24(1):162-183.
③ 尹瑛.冲突性环境事件中公众参与的新媒体实践——对北京六里屯和广州番禺居民反建垃圾焚烧厂事件的比较分析[J].浙江传媒学院学报,2011,18(3):28-32;王斌.新媒体与基层社会的传播动员机制——"江门反核行动"个案研究[J].暨南学报(哲学社会科学版),2014,36(11):130-139.

市管理的日常实践话语,党的十九大报告也指出了社会治理"智能化"的新方向。然而这种以信息技术为核心架构的"智慧"建设,不仅仅是以硬件和平台为主体的"智商"提高,同时也包括了以舆情、民情和情感为核心的"情商"建设。舆情在于了解居民关注的话题,民情则是建设中融合居民日常的交往关系,而情感更立足于从居民的心理和认同展开项目。究其根本,在于网络时代的基层管理能否从行政思维向管理者将自身也视为网络成员的"节点"思维转换。这也意味着思考如何从技术特点、管理体制、组织架构、人才培养等方面让新型信息技术发挥更积极有效的社会动能,既是我们的机遇,也是未来的挑战。

第七章 总结与讨论

第一节 新媒体时代的社区建设

在社会科学的研究中,关于新媒体技术和地方社区生活之间的关系,一直存在着多种争议。一些研究者害怕互联网把人们从传统的社区机制中抽离,从而导致地方公共生活的衰败。这些社区机制包括了邻里交往、民间组织和其他公共空间的互动行为。而另一些研究则指出,互联网所具备的沟通和传播能力,会提供地方社区新的社会情境(social affordance),从而赋予居民建设传统意义上的社区,一种新的活力。[1] 我们认为,后者的观点对当代中国社会有着重要的理论意义。

在国际上,"社区"和"邻里"常是一个可以相互替换的概念。然而在转型中的中国社区实践语境中,两者却具有差异。首先,邻里是一个在空间上更加严格的概念,表达了居民在地理邻近和住区周边范围内发生的交往和社会参与。相关研究表明,居民生活的交往半径要小于我们在规划和行政层面上所设计的社区范围。[2] 因此,邻里实际由基于地域的原生性社会网络所构成。其次,在社会层次上,传统社会共同体的形成,并非意味着过去居民更具参与精神,而是其本身就由血缘、亲缘和业缘关系所构成。相对于强调建立在利益需求、情感认同和趣缘网络之上的现代社区,邻里更多地体现了亲密的初级联系和首属群体的特质。最后,从制度联系角度,作为基本的行政设置,社区为从中央政府到公众提供了一个中介性平台。在中国社会,社区还兼具行政和福利属性。在国家政治实践中的社区则是城市基层行政辖区,可以指街道辖区或居委会辖区。由于中国社会转型中市场化、城市化和社区建设的不同水平,邻里和社区也显示出了不同程度的非重叠趋势。[3]

---

[1] WELLMAN B,QUAN-HAASE A,BOASE J,et al. The social affordances of the Internet for networked individualism[J]. Journal of Computer Mediated Communication,2003,8(3):JCMC834.
[2] JENKS M,DEMPSEY N. Defining the neighbourhood:challenges for empirical research[J]. The Town Planning Review,2007:153-177.
[3] 黎熙元,陈福平. 社区论辩:转型期中国城市社区的形态转变[J]. 社会学研究,2008(2):26.

新媒体环境下社区建设的新路径

目前,邻里网络面对着多种社会力量的消解作用。首先,以单位为组织体系的城市社会转变带来了社区发育的契机,但也弱化了邻里网络的职业基础。在过去的地域住区,邻里实际上也由同事构成,邻里网络则是业缘网络在空间上的表现。目前的商品住宅区多已不具备这种隐藏的关系基础。其次,在快速城市化背景下,人口社会流动与异质性增强。人们在兴趣、愿望和工作节奏等方面的个人差异越来越大,削弱了邻里交往的动机。最后,交通与通信系统、信息技术的发展弱化了人们社会网络的在地性(locality),在新技术环境下逐渐衍生出一种"网络化个人主义"社区。① 因此,邻里网络存在水平的差异也塑造了社区建设起点的不同。

但是邻里网络从起源及作用范围上看,其仍是一种私人性或有限公共性网络。社区真正成为公共空间,需要通过社会网络的公共性动员得以实现。社区建设也体现为一种通过"再组织"(reorganization)来支持政治或社会行动的过程。在社区层面,将原生性社区网络组织化的作用在于能够将个体的私人纽带转化为一定程度的公共网络资源。而对居民而言,社区组织化又起源于邻里私人空间的扩大化,居民通过这种扩大化的私人领域联系获得了更多网络资源,社区赋权(empowering)的理论内涵正体现于此。② 可以说,邻里网络的公共动员目标是建立起一个被动员起来的社区,其通过在居民中建立起持久的网络和相对制度化的规则,实现居民认同于共同的理念并愿为之而行动。

当代中国社区建设也体现了通过邻里网络的动员来实现更大范围公共性的路径特征。1986年民政部提出开展"社区服务"的要求,并首次在政府文件中提出了"社区"概念。20世纪90年代初,在社区服务广泛开展的基础上,政府进一步阐释了社区建设的思路。该思路的提出有两个社会背景:一是市场经济发展,居民需求的日益增长和多元化,单纯强调社区服务的社区体制改革已不能满足这些需求。二是由于单位制解体,"随着政策、体制和利益关系的调整,城市基层政权和基层组织的功能日趋弱化,对居民越来越缺乏凝聚力和吸引力,在新形势下必须找到一条能强化基层政权和基层组织功能,增强其凝聚力的新路子"③。因此从发展之初,社区建设具有满足居民需求和强化基层管理的双重目标。相应地,一方面居民基于各类利益和服务需求,在社区中出现了大量非正式的自组织;另一方面国家也力图强化社区党组织作用和新建各类正式组织来实现社区建设的双重目标。

因此,无论是在居民交往和参与层面,还是对于政府公共服务供给而言,社区在人们生活中起到的作用也越来越重要。然而重要性的增加,也意味着居民动员和公共服

---

① WELLMAN B. The rise (and possible fall) of networked individualism[J]. Connections,2002,24(3):30-32.
② STALL S,STOECKER R. Community organizing or organizing community? Gender and the crafts of empowerment[J]. Gender & society,1998,12(6):729-756.
③ 李学举. 社区建设工作谈[M]. 北京:中国社会出版社,2003:42.

务成本的提升。如图7.1所示,我们分析了近年来城市社区平均人口的变化趋势。①由于国家精简基层管理机构和行政单位,城市社区人口逐渐由2000年的约5000人增长到了2012年的近8000人。由于城镇人口数量仅为常住人口数量,若包含流动人口,这意味着一个基层社区单位要对近万人的社区提供服务。与此同时,虽然在我国行政实践语境中的"社区"也包含了共同体(community)的含义,然而在近万人的社区中建设邻里交往的共同体,难度可想而知。因此,共同体的理论虽起源于西方,但是对中国的社区建设实践而言,简单地套用西方理论,也难以达到预期的成效。

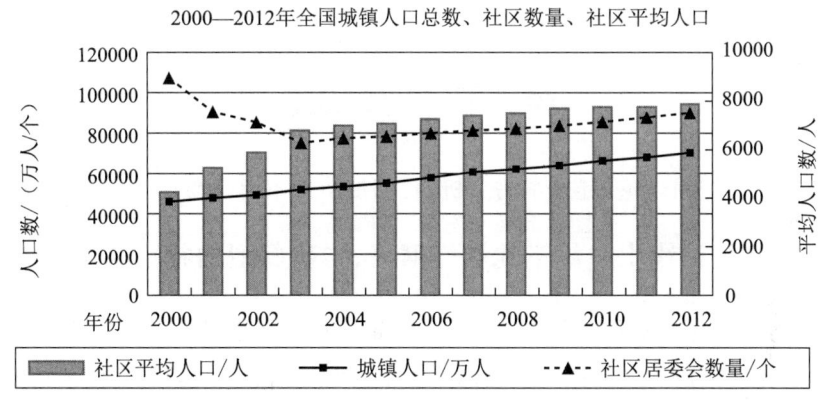

图7.1 社区人口的变化趋势(2000—2012年)

基于这一事实,提供便捷高效的沟通和服务的互联网和各类新媒体设施,也是这个时代中国社区建设必须加以重视且必须利用的工具。这既是当代信息化和数字化的时代需求,也是社区建设本身所面临困境的需求。

因此,本书的学术价值体现于以下几个方面:

第一,从居民生活的跨地域性和社区建设的地域性这一矛盾出发,厘清了互联网时代在线交往的功能和局限,阐释了推动在线社交朝向线下"社区化"纵深发展的理论意义,回应了传统互联网研究议题中的争论,希冀从理论上回答为何地域社区建设仍需紧密结合新媒体技术的问题。

第二,我们对如何利用社区新媒体发展地域社区网络进行了深入分析,在新媒体与城市社区居民社会网络关系的分析中,虽然传统研究关注了新媒体对居民个体网络的跨地域影响,然而却忽视了两者关系间"社区性"的意义。本书既关注了新媒体的社区性使用,也关注了居民社会网络的社区性存量和增量,从社区的中观层面,验证了新媒体对地方社会网络的保存和发展,而非销蚀作用。

第三,针对社区信息化等社区服务实践中出现的居民认同度低和参与性不强等问

---

① 社区平均人口数量=城镇人口数量/城市居委会数量。

题,现有的相关研究仅强调了互联网与社区服务的相关政策建设,缺乏了对居民实际需求的关注,也很少研究利用经验资料展开分析。因此,我们利用潜类分析模型,通过对居民的服务需求、满意度和效能的评估,阐释了当前"互联网＋社区服务"实践中,不同居民群体对"互联网＋社区服务"的认知和评价,强调了当前社区建设中也应重视需求差异化和数字分化的议题。

第四,我们深入分析了在线邻里交往对居民参与线下社区治理的作用路径,并结合了社区在线和线下两种数据,评估了社区新媒体对社区治理绩效的真实影响,能够提供该问题领域新的经验证据。

第二节 对策建议

综合各章总结和讨论,针对本书分析,我们提出以下可供参考的社区实践建议。

一、融合居民线上与线下地域性网络,构建新型的社区邻里关系

(一)发展在线向线下社交的"社区化"转化的多元供给形式

传统的互联网研究多关注人们从线下走向线上交往的过程和影响,然而随着互联网成为一种交往平台,也存在连接更多陌生关系并将其转化为亲密关系的可能性。而本书则更加关心如何吸引更多社区居民"重返"线下社区的议题。根据第三章的分析讨论,虽然互联网能够起到促进社会交往、缓解社会孤独的作用,然而如果互联网发展单纯依赖于在线的社会关系,网络对社会关系的情感支持效果却会越来越弱。

因此,在互联网时代,我们主张仍然不能忽视地域社区性的作用。不同的是,这种作用在网络社会关系"再地域化"过程中会更为重要。互联网虽然起到了跨距离沟通的作用,然而我们并不知道沟通的空间远近是否真是互联网作用的结果。也就是说,即使互联网不存在,在书信、电报或是固定电话时代,这种跨距离沟通也仍然存在。因此,互联网真正情感效能的体现,实际产生于其作为新增社会关系的沟通平台,将这种关系向现实转化的过程。本书正是表明了在这个过程中,互联网关系的地域空间和社区属性仍会产生影响。因此,对于传统互联网将弱化社会关系的地域社区性的研究者而言,往往忽视了互联网也可以给予人们从线上连接走向线下互动的可能性。与此同时,对于仍重视互联网时代的地域社区属性的研究来说,通过具有空间邻近性的社区居民利用互联网产生现实再联结,会比简单地强调空间重要性具有更强的社区实践意义。

目前一些企业组织机构已尝试在构建自身商业发展模式中,将这种基于地域特质的线上和线下网络进行结合。以北京市"国安社区"的品牌建设为例,"国安社区"是中

信国安集团打造的基于本地生活社区服务品牌。① 借助互联网、云计算及大数据等创新技术,"国安社区"搭建起服务社区居民的一站式社区共享平台。"国安社区"既搭建了社区的在线互联网应用,也在居民的生活社区建设了相应的线下门店。不同于传统社区服务系统,"国安社区"的门店对居民而言不仅是购物超市,更是开放式的共享空间、交流情感的窗口纽带。借助互联网、云计算及大数据等创新技术,"国安社区"全面搜集社区居民的消费数据,通过分析其年龄、性别、购物频次、喜好等,在精确描绘社区居民画像的基础上,设计出"家务事""老年之家""社区购物""公共服务"等服务板块。这些板块共同搭建起涵盖居民消费、娱乐、学习、养老等多维度的复合型服务体系,这样形成了无边界开放式的社区服务生态圈。而"国安社区"的 APP 客户端,内容涵盖了社区居民的各类生活所需,各板块间功能互补,数据共享,配合以国安侠、社区门店等进行情感赋能,线上线下深度互动融合,带给居民更多更有温度的社区消费体验。在创新发展战略的指导下,"国安社区"发展迅速,目前已进入北京、上海、天津等 8 个城市,在北京拥有社区门店超过 400 家。这样基于对社区居民需求和共享模式的深刻理解,"国安社区"不断丰富和完善自身的商业发展模式,通过创新技术进行情感赋能,营造更多注重情感体验的消费场景,以此带给社区居民更有温度的消费体验。"国安社区"的社区服务模式正是通过线上线下深度融合实现资源共享、信息共享、服务共享、技能共享,以此构建有温度的社区服务生态圈。正如本书所分析的,这种将线上社会关系"再嵌入"于现实社区的商业方式,不仅仅具有其经济价值,也有推动社区建设和重塑居民情感关系的社会价值。因此,从社区建设的政策层面来说,我们应努力推动更多的商业机构、社会组织和公共部门等一起来发展这种"再嵌入"的社区建设方式。

(二)重视地域社区的虚拟形态建设

在当前社区建设实践中,往往存在重视空间和硬件建设,希冀通过实体公共空间和设施的建设,实现邻里关系的重塑目的。然而要让社区成为真正的公共空间,仍然需要通过邻里社会网络的公共性动员才能得以实现。社区建设也体现为一种通过"再组织"(reorganization)来支持政治或社会行动的过程。在社区层面,将原生性社区网络组织化的作用在于能够将个体的私人纽带转化为一定程度的公共网络资源。对居民而言,社区组织化同时起源于邻里私人空间的扩大化,居民通过这种扩大化的私人领域联系获得了更多网络资源,社区赋权的理论内涵正体现于此。可以说,邻里网络的公共动员目标是建立起一个被动员起来的社区,其通过在居民中建立起持久的网络和相对制度化的规则,实现居民认同于共同的理念并愿为之而行动。基于此,我们认

---

① 搜狐网.国安社区创建一站式共享平台 让社区服务更有温度[EB/OL].(2017-09-27)[2023-06-10]. https://www.sohu.com/a/194910135_120078003.

为通过构建地域社区居民以互联网为平台实现的社区交往,正有助于这种社区的公共动员。因此,对于地方社区的管理者来说,数字时代的地域社区建设不仅仅是只重视线下的各类服务和活动,更需要认真思考如何通过在线的社区平台来推动新时期的社区治理。

因此,根据本书的分析,我们提出在社区建设中既要重视社区有形有实体的"现实资产",也应通过相关政策设计,推动社区的"虚拟资产"发展。基于地域社区的"虚拟资产"可以表现为在线形式的邻里网络和社区组织、社区服务、互动和参与的平台、社区居民共享的网络文化和价值偏好等。虽然目前社区信息化、"互联网+社区"乃至智慧社区建设已在全国快速发展,但重硬件、轻软件,重投入、轻维护等现象也普遍存在。究其根本,在于地方社区建设中以实体形式而存在的社区投资更容易见到成效。然而社区建设和发展的可持续性取决于能否将这类社区投资融合到邻里网络中,并在居民的日常生活中发挥持续性的作用,而不是暂时性或临时性的作用。随着信息技术的快速发展,数字社会和线下社会已成为社会生活的"一体两面"。因此,在基层社会治理的实践中,我们也有必要重视"实体"和"虚拟"双重意义上的社区建设。

(三) 搭建基于居民利益和兴趣的融合型社区网络平台

尽管当前社区研究者提出要通过挖掘居民共同利益培育社区关系,却很少研究去关注怎样的利益能够促进社区关系的形成。[①] 通过对居民在线社区关系形成的利益机制分析,本书发现以基于社区居住、环境、安全等公共空间利益为核心的在线社交能够最为明显地促进邻里关系的形成。这启示社区建设者应从构建涉及社区公共空间利益议题的在线平台入手,透过居民对居住物业、安全、环境等公共空间问题的关心,组织相关的线上线下活动,增进邻里之间的关系。

此外,本书也发现了休闲娱乐型的互联网使用较之于资讯工具型应用,更能推动社区居民从线上走向线下,实现虚拟和现实关系的叠加。这也意味着社区居民的日常在线交往中,包含了互动形式的网络使用会更加有利于在线邻里的形成。因此,在社区新媒体建设中,地方社区治理者并不应仅仅将互联网作为单向的服务传送或宣传的平台,而应在这类平台中推动社区多方建设力量的互动,才可能达到社区建设的核心目标。我们相信,这些分析对于当今新媒体环境下的社区治理实践具有一定的启示意义。

2016 年,一款名为 *Pokemon GO*(中文译名为《口袋妖怪 GO》)的网络游戏火爆全球。这是一款利用增强现实(augmented reality,AR)技术的宠物养成对战手游。玩家们可以利用互联网、智能手机和 AR 技术,对现实世界中可能出现的口袋妖怪进行探

---

① 桂勇. 城市"社区"是否可能?——关于农村邻里空间与城市邻里空间的比较分析[J]. 贵州师范大学学报:(社会科学版),2005(6):17-23.

索捕捉、战斗以及交换。《口袋妖怪 GO》采用的 AR＋LBS(location based services,地理位置的服务)技术,让玩家在现实的地图场景中捕捉虚拟世界的小精灵,实现线上和线下互动。[1] 游戏的设定让玩家必须走上街头,且小精灵的位置多位于玩家密度较高的公共区域,玩家可以在同一地点因小精灵偶遇；在游戏中的对战模式,激发更多社交互动话题、社交活动的同时,也激发了线下社交的无限可能性。真实线下＋虚拟体验的新型模式促进了城市人群社交关系的形成。[2] 这个商业化的成功案例,实际上反映了互联网娱乐并非均为让人们沉迷游戏而脱离了现实社区,实际上基于地域社区的互联网娱乐应用能够促进人们重返线下并重塑社区交往。

因此,互联网发展中基于 LBS 技术给予了我们当前社区综合网络平台构建的技术工具。例如,北京市朝阳区团结湖街道的"掌上团结湖"手机应用就发挥了实体社区和虚拟平台的叠加作用。"掌上团结湖"是一个手机软件,居民只要下载到手机即可使用。该软件包括了智慧之窗、智慧服务、智慧言路、智慧门户、邻里互动、智慧网格、智慧视听、智慧家园等板块。在智慧之窗板块,居民能浏览辖区新闻,查收社区的通知；在智慧服务里,有一刻钟服务、党务服务、便利服务和公益服务,附近的理发店、家电维修等便民服务店,都有详细地址和服务项目,联系电话和营业时间也能查询得到；通过智慧言路,居民可以反映自己发现的问题,并上传照片,方便相关部门解决,凡是反映的问题,都将和街道的微博、微信、微群"三微平台"联机,交由相应的部门落实。这些应用有效地推动了社区线上和线下网络的融合。例如,社区居民可以通过"掌上团结湖"的手机"摇一摇",加入由社区年轻妈妈发起的亲子活动,经常相约参加儿童成长课堂。久而久之,居民彼此成了好朋友。闲暇之余,她们还通过手机平台,相约吃饭、唱歌等,陌生邻里也真正从线上走向了线下社区。[3]

二、扩大社区数字服务的应用场景,发展智慧社区

(一) 完善城市社区互联网软硬件基础,扩大"互联网＋社区服务"的供给主体

根据本书第五章对当前智慧社区建设的调研和分析结果显示,当前以"互联网＋社区服务"、社区信息化服务建设、智慧社区建设等政策支持下的社区发展项目已取得了一定成效,在物业与居住服务、健康医疗、教育、就业、法律援助、社区资讯等方面的智慧社区项目也获得了居民的认可。但这些项目也存在着一些问题和困境,具体包括了以下几个方面：

---

[1] 夏旺盛.AR 手游的开发现状与趋势研究——以 *Pokemon Go* 游戏为例[J].中国传媒大学学报(自然科学版),2017,24(3):6.
[2] 黄维.人文地理学中 AR 技术的城市空间特点——以 *Pokemon Go* 为例[J].今传媒,2017,25(7):2.
[3] 北京日报.掌上"团结湖"拉近社区邻里距离[EB/OL].(2013-01-07)[2023-06-10].http://www.people.com.cn/GB/24hour/n/2013/0107/c25408-20110940.html.

第一，社区管理者对互联网和信息技术与社区服务相结合的认识尚不到位，行政主导的倾向还较为普遍。我们在研究中发现，相关社区的管理者更多是以应付上级要求的认识来开展相关建设项目的，有的社区认为在工作中使用各类新媒体、数字化手段反而增加了社区负担，社区居委会的工作反而更加复杂，"互联网＋"和智慧社区并没有对社区的减负增效起到什么实质性作用。这就造成了往往在上级对社区相关信息化、数字化等建设项目进行检查时，社区才进行平台更新、设备维护等工作，在社区的日常运作中则束之高阁。

第二，资金和专业人员缺乏等组织资源不足问题也较为突出。智慧社区建设需要一定的前期资金投入，并且随着信息技术本身的发展以及信息化建设的不断深入，日常运行维护和后期更新的资金需求将更大。然而在社区实际运行中，往往存在上级政府拨款的短期、滞后以及预算不足等问题，而社区也缺乏自筹经费的能力。这就造成了社区的一些数字服务终端设备购置后使用者寥寥，没有发挥其应有的作用。这在国内相关社区也有类似案例，如江苏省泰州市"和谐海陵"的社区信息亭建设。在信息亭内，社区居民可以进行各种便民服务信息查询与多项生活服务费用的缴纳。像类似信息亭的公共设施以及平台本身建设成本和后期的更新、维护费用是不容小觑的，这笔费用如果由政府承担，极有可能会给政府的财政造成巨大压力，而如果由居民承担，则大多数居民将会放弃这种方式。[①] 另外，社区新媒体的运营、信息化和智能化的相关应用维护也需要一定的专业技能。然而社区现有工作人员承担着大量行政性工作，又要组织开展居民自治，长期处于超负荷工作状态，对智慧社区建设存在着不适应问题。例如，我们调研的社区网站、社区微博以及社区微信公众号等新媒体手段虽然在各社区都存在，但是运营、更新和与居民互动等存在不同程度的不足。这些情况都影响了"新媒体＋社区服务"的质量和水平。

第三，数字服务的供给主体和服务对象都十分有限。从供给主体上看，目前除政府外，物业管理企业和相关互联网运营商参与社区数字化、智慧社区的发展都十分有限。内在原因还是这些项目运转效率偏低，成本偏高，但经济效益不明显，影响了企业投入的积极性。而在服务对象上，社区互联网项目的参与往往需要一定的技术能力，因此也以年轻人为主。但矛盾的是，年轻人对社区事务的参与和投入也比较有限。此外，社区在线网络的官方互动人员主要是社区工作人员、各居民小组组长、物业或个别单位负责人，而实际上他们能够参与互动的时间也较少，这也影响了社区服务的效果，使居民更加不认同这些项目的实际效果。

因此，对当前社区数字服务而言，可以从以下两个方面进行改革和创新：

---

① 宋红红，方甜，徐乔，等."互联网＋社区"治理模式创新问题研究——以国内典型智慧社区为例[J].中国商论，2017(6)：3.

首先,完善城市社区互联网的软硬件基础条件。一方面,社区建设中要继续巩固和完善数字化的设施基础,并且利用社区云计算、社区大数据和社区物联网等新技术应用,更好地服务社区管理和居民需求,提高相应设施、设备、网络应用的普及率和使用率。另一方面,则要加强对数字服务建设和日常维护的资金和人员保障,改变当前"重投入、轻运营"的问题,建立数字服务投入的制度化和长效化机制。

其次,扩大社区数字服务的供给主体。进一步加大政府对数字社区服务投入的同时,引入市场机制,解决社区数字化、智慧社区建设投入不足问题。地域性数字社会发展不能仅依靠政府财政的投入,要打破经费上的条块分割,多元化渠道筹集资金,在确保信息安全的前提下,充分发挥市场在资源配置中的决定性作用。吸引各类社会资本参与项目投融资、建设和运营,共享开发利用成果。此外,本书也建议政府推动地方购买社区社会服务中也重视社区互联网相关服务的购买。通过购买服务的方式,让更多具备新媒体和信息通信技术素养的专业技术人员和高层次管理人员参与到智慧社区的建设和日常管理中来,并不断发展社区新媒体教育体系,通过对社区居民提供继续教育和学习的渠道,让每个居民真正具备参与和使用相关服务的能力。

(二)注重社区数字服务的层次性,缩小社区数字差距

根据我们对智慧社区建设的调研,居民对社区数字公共服务需求构建存在过程的层次性和内容的多样性。如表7.1所示,居民的需求形成和满足强度并不一致,会随着具体的数字项目而改变。例如,居民的个体数字鸿沟成了其对"数字资讯/互动服务"接纳的主要障碍,而社区鸿沟则是"数字社会服务"满足居民需求的主要障碍,"数字居所管理"的需求构建则同时受到两种数字鸿沟的影响。层次性和多样性意味着地方互联网服务实践中,从居民的认知开始,一种数字障碍便已存在。对许多居民来说,并非相关服务无法满足其需求,而在于特定人口学特征和数字技能的限制,从而造成了其对"互联网+社区服务"项目的"接触壁垒"。

表7.1 治理视角中社区数字公共服务需求的构建差异

		社区数字公共服务需求形成		作用因素
		高	低	
社区数字公共服务需求满足	高	居住安全	资讯/互动	社区结构鸿沟（社区软硬件能力）
	低	社会服务	居所管理	
作用因素		个体鸿沟(人口学特征、数字能力)		社区参与

这种社区数字公共服务的人群需求分化,既体现了不同类型社区居民对社区服务的需求本身存在层次性,也反映了信息时代的数字鸿沟问题。因此,针对不同群体的需求特点,进行社区数字公共服务项目的设计和推广,有助于提高其在居民层面的普

及。另外，随着互联网技术在各类教育层次和工作职业中的普及和运用，对社区年轻居民来说，使用互联网已成为其日常生活的重要部分，社区数字公共服务对这类群体而言能带来极大便利。而大部分学历较低的老年群体对新媒体技术较为生疏，他们是数字公共服务和智慧社区建设中的"数字弱势群体"。因此，通过宣传引导来精准提升特定人口学特征的居民对相应服务的关注，并以数字教育、技能培训等发展居民的数字技能来激发其对公共服务的需求则尤为重要。只要这样，才能够"充分对接不同阶层、群体的愿望，更好地提供普惠性、精准性的政务服务，将用户至上的互联网思维转化作以民为本的治理实践"[1]。总而言之，在社区数字化发展过程中，需要根据居民具体需求情况来开展工作，这样才能更有效地提高居民对数字公共服务和智慧社区的接纳程度。

（三）构建以居民需求为核心的社区数字服务建设体系

虽然目前社区数字服务有了一定的发展，但是相关建设往往忽视了居民参与者的角色，更多地将其视为社区服务的被动接受者。当前社区数字服务的提供也主要以"效率为中心"，而并非以"需求为中心"即社区服务过度关注信息技术应用带来的便捷化。因此，总体上将数字化硬件和服务应用平台的建设作为社区服务的重点工作，并通过这些数字基础设施向社区居民提供市场上已存在的便民服务和公共服务，导致因社区服务的同质化问题突出而对居民失去吸引力。[2] 此外，非需求导向的数字社区建设，往往导致社区把"互联网＋社区服务"或智慧社区建设视为响应上级政府不得已而为之的举措，这容易导致实际建设和居民需求的分离，造成相应项目的实用性不足。[3]

因此，我们认为，可以利用互联网和信息技术本身的优势，从以下几个方面提升社区服务与居民需求的对接，提高社区数字服务的精准化水平。

首先，重视居民在社区数字服务建设项目上的参与程度。居民需求的识别，很大程度上依赖于居民通过社区网络进行意见的表达。而这种参与并非技术应用上的问题，其取决于社区本身存在的社会资本、社区组织关系以及居民认同感的因素。目前的社区建设，偏重于建设基于信息技术系统的社区硬件和实体环境，而对于社区居民的社会互动和需求多样性的关注则十分不足。事实上，通过居民对社区公共事务的参与，一方面能够自下而上地通过社区和邻里的互动，促进居民对新型服务的认知和使用能力，克服现有个体性数字鸿沟；另一方面参与也有利于数字公共服务的接受者更清晰地表达自身意见，结合有效的社区管理和回应能力，自上而下地促进服务提供者

---

[1] 陈广胜.以"互联网＋"撬动政府治理现代化——以浙江政务服务网为例[J].中国行政管理，2017(11):19-21.
[2] 李梅,张毅."互联网＋"驱动智慧社区发展路径研究[J].中国房地产，2017(33):9.
[3] 马东山.关于当前社区信息化建设的问题探讨[J].科技管理研究，2002,22(4):3.

更好地进行项目设计,推动"互联网+社区服务"能够更好地落地社区,服务居民。因此,要提高社区数字服务的建设水平和建设效能,最终还是需要动员居民的参与并真正关注社区建设,让作为社区数字化、信息化、智能化受益者的居民觉得这种建设是自己的事,而不仅仅是政府的事。

其次,利用社区云服务、大数据分析等技术手段,精准挖掘居民需求,分析和开发更有效的社区数字服务项目。社区云服务是公众用以接入公共服务的平台,这些平台通过相应的分析软件收集社区居民的日常活动和偏好等大数据,并通过追踪、分析、分类居民的相关信息数据,实现社区服务自动化的预测和计算,从而为居民提供个性化的服务。社区云服务可与党建云进行集成,也可与医卫健康云、食品安全流通监控云实现数据和信息共享,共同为基层社区组织提供管理和服务。

三、构建新型的社区数字参与方式和平台

(一)发展虚实融合的社区参与渠道和制度化水平

根据本书第六章的分析,表明在线社区参与既促进了社区的日常交往,也方便了居民就社区公共问题进行意见交换,从而促进了对公共事务的探讨。因此,在线社区参与成为中国基层社会中居民进行讨论与协商的新型公共领域。通过在线邻里交往,居民获取了更多有关社区公共生活的信息和知识,也培养了参与公共事务的能力。这将进一步作用于居民的心理和情感,提升了居民自身对社区公共议题影响力的感知。因此,在线社区参与对居民也是一种心理赋权的过程,其直接结果是居民社区效能感的提升。这种效能感对于居民进一步参与到线下社区的各类公共活动起到了重要的中介作用。

因此,对当前社区数字参与建设来说,要重视以下两个方面的建设和创新:

第一,利用好社区网站、在线论坛、微信、微博等新媒体平台,发挥平台的技术特性,丰富居民在线参与的形式和内容。新媒体平台的核心特性是互动性和用户生产内容(users generated content,UCG)。这就意味着该类平台的活力在于平台信息是否符合居民的需求和形式是否能够吸引居民。根据本书,当前居民关心的核心社区问题涉及居住、物业、环境和安全等公共空间利益。因此,这些平台理应以上述公共空间利益的设计为落脚点,而并不该以单一的指令性、政府性活动为设计方向。通过合适的在线参与渠道和内容的设计,寻找到符合居民需求愿望的活动载体,利用居民邻里网络连接的拓展,带动更多的居民真正开始关心社区、参与社区。通过内容多样性的设计可以为不同偏好的居民提供参与社区的机会,从而调动在线参与社区的积极性、主动性和创造性,提高社区共治共建水平。

第二,通过优化制度设计,塑造在线网络中政府、社区组织和居民等多方行动者的责任和行动准则。在当前的社区治理模式中,各级基层管理部门、街道办事处、居委会

和居民之间的权责关系并不明晰，基层机构的资源获得也仍然依赖于传统的纵向供给。而随着市场化和信息技术的发展，社区出现的居住、环境、安全等权益衍生型在线组织更是缺乏有效的制度保障。然而在责权不明、角色不清的情况下，只会使社区行动的离心现象更为强化。因此，社区参与的核心仍然是通过优化制度设计推进行政权、自治权以及居民私权三者的明晰化，实现社区事务的权益伸张主体的协商，将居民多元利益诉求与国家管理对接来推进社区线上和线下网络的融合。另外，新制度主义学派重视制度在社群分化状态下给予人们认知稳定性的意义。这意味着我们需要重视制度的两个方面：一是制度设计，二是制度的"制度化"。制度的"制度化"可以表现为客观化和习惯化。客观化强调制度的公共性和保障性，基层管理的规则应表达社会合意的结果，而非依赖于任何个体或组织的主观意志。而习惯化则是通过当前权责明确、依法保障的实践以及对实践的社会传递，不断地强化社会成员对正式制度有效性的信心，通过制度信任来重塑政治信任。

（二）发展社区数字协商和民主的新方式

2015年7月22日，中共中央办公厅、国务院办公厅印发《关于加强城乡社区协商的意见》，指出"城乡社区协商是基层群众自治的生动实践，是社会主义协商民主建设的重要组成部分和有效实现形式。到2020年，基本形成协商主体广泛、内容丰富、形式多样、程序科学、制度健全、成效显著的城乡社区协商新局面"。与此同时，该意见在"拓展协商形式"部分也指出了"推进城乡社区信息化建设，开辟社情民意网络征集渠道，为城乡居民搭建网络协商平台"[①]。因此，通过社区的在线参与实现社区协商应是新媒体环境下社区参与的一种重要的新路径。这种"互联网＋社区协商"具有两方面优势：一方面，互联网提供了居民参与社区协商的便捷渠道，可能让更多的社区成员参与到公共利益的讨论与协商中来，扩大了居民自治的民主基础；另一方面，与一般的网络协商不同，匿名化的网络群体由于核心利益的差异以及群体极化效应，容易造成协商缺乏中心议题，导致众声喧哗而降低了协商的效果。但是在诸如业主论坛、社区微信群等基于线下社区关系的新媒体中，由于网络成员拥有共同的公共利益、相似的身份背景以及融合了现实的人际网络，从而使居民可能通过线上温和、持续的讨论，从而达到更具建设性的协商效果。

因此，我们认为社区数字协商的形式可以践行党的十九大报告中对"社会治理重心向基层下移"的改革方向，有利于实现政府、社区组织和居民之间共同参与和共同治理。但也要注意社区数字协商的两个问题：首先，由于互联网存在的信息孤岛效应，这就需要不同政府部门、不同社区组织和居民善于就利于协商的信息进行沟通和传递。

---

① 新华社.中共中央办公厅、国务院办公厅印发《关于加强城乡社区协商的意见》[EB/OL].（2015-07-22）[2023-06-15].http://www.gov.cn/zhengce/2015-07/22/content_2900883.htm.

所谓信息孤岛,即由于部门之间信息管理制度和新媒体运作方式的差异,造成信息无法在整体网络中流通。这容易降低政府、社区组织和居民之间进行沟通和协商的效率,也容易引发由于信息真空所导致的矛盾和冲突。因此,发展数字时代的"互联网+社区协商",首先就需要打破基层管理部门之间的数字壁垒,改革信息管理和共享机制。其次,也需要融合线上协商和线下协商,缩小数字鸿沟带来的影响。由于数字技能上的差异,社区居民不可能全面地参与线上协商,而那些接受过高等教育、有较高经济水平的成员会有更大的优势。这就降低了在线协商的社区代表性。因此在数字时代,社区协商也有必要在线下收集那些缺乏数字技能的居民的意见,促进这些居民通过线下的社区协商参与到社区公共事务的讨论和决策中来。

(三)建立以社区认同为核心的数字参与文化

根据本书,从在线到线下社区参与的过程中,居民对社区的情感认同与参与事务所需的心理动机在其中扮演了中介的桥梁角色。与抽象的互联网使用方式不同,在线社区参与是具体的、以社区为导向的互联网应用。这种聚焦于地域性社区的虚拟社群,不仅不会导致居民与社区之间的情感疏离,而且能够起到增进社区凝聚力的作用。这种情感投入促使居民将更多的注意力投入社区生活中,并感受到这些每天发生在自己身边的事情是与自己息息相关的。因此,通过在线形式的邻里交往,重构社区的情感纽带,是当前社区居民在线参与的重要目标。

根据本书分析,融合线上和线下的社区参与中,社区感和社区(政治)效能感两种社区认同因素起到了重要中介作用。这意味着发展新时代的社区数字参与中,要注意从两个方面培育社区的参与文化。

首先,要利用互联网和新型信息技术培育社区文化,促进居民对社区的文化认同。互联网的优势在于其便捷性、即时性和交互性,这让日益陌生的邻里通过一定的在线平台,有了沟通和互动的机会。与此同时,分享(sharing)精神也是互联网文化的内核之一,而在社区场景中,有着共同居住背景的居民利用网络进行共同关心事务的分享并由此进一步走向线下,这有利于在社区中产生邻里间信任和社区认同的文化。

其次,通过在线社区参与的便捷性和多样性,促进社区自治文化的产生。一方面,可以挖掘社区的信息技术人才和组织,动员其参与到数字社区、智慧社区等项目的建设中。从社区参与的角度来看,这一举措有利于居民的社区参与以及多元主体之间的互动。另一方面,要利用在线新媒体内容的丰富性和娱乐性,将社区的公共议题转化为居民喜闻乐见的信息形式,激发社区居民的参与意愿。让居民作为社区建设的参与者和亲历者,也有利于增强居民对社区的认同感和归属感,使社区更具有凝聚力。

四、充分融合社区新媒体的技术、网络和政务属性

(一) 在新媒体环境下,基层管理者应从行政思维向网络"节点"思维转换

党的十九大报告中指出,当前社区治理的任务是"加强社区治理体系建设,推动社会治理重心向基层下移,发挥社会组织作用,实现政府治理和社会调节、居民自治良性互动"[①]。因此,在新媒体与社区治理的结合过程中,将新型信息技术服务于社会治理重心的下移,促进政府治理、社会调节和居民自治的良性互动,是当前新媒体环境社区治理的重要发展路径。

根据本书对新媒体和社区治理的研究,在当前实践中,基层管理者仍然存在很强的行政主导倾向。以社区新媒体的运营为例,由于社区工作的行政化和组织资源不足问题,其遵循了行政科层化的内容生产逻辑,而这种纵向的行政思维很难在互联网快速发展的环境中发挥出社区新媒体的优势。然而互联网的特性之一是"去中心化","其包含的仅仅是节点",从而带来"众声喧哗"。[②] 在网络拓扑学中,"节点"是网络任何支路的终端或网络中两个或更多支路的互联公共点。换言之,"节点"是网络运营和管理的中枢。但在互联网上,任何一用户都成为"节点",而一个个"节点"的连接就构成了我们所知的互联网。通过互联网,可以直接进行"点对点"连接,或者通过其他单个或若干"节点"的连接而"点对点"连接起来。这就意味着互联网时代,"节点"是平面化和非等级性的。而"节点"的力量则来自其在网络中的影响力,也就是与其连接的其他"节点"的规模及这些"节点"的影响力。因此,"节点"思维是一种以平等、横向地对待其他"节点",争取其他"节点"接受和认同的思维方式,也就是一种以网络成员为中心,重视体验和感受的运营理念。而传统社区管理模式中的行政化、等级性的垂直模式就无法在新媒体发展的环境中起到作用。

在信息和互联网技术发展背景下,社会科学界也开始呼吁我国基层治理结构需要从传统官僚和科层制的层级化治理转向网络化治理。如表7.2所示,网络化治理是一种与等级制和市场化相对的新型治理机制,来自政府、市场和市民社会的参与者在制度化的框架中相互依存,并未实现一定公共价值而展开联合行动。[③] 网络化治理具体表现为建立在政府、社会组织和公众的关系网络基础上,通过多元参与追求公共价值,以协商的方式调节利益,实现自我管理和风险与利益的共享。[④] 因此,网络化社区治理

---

① 新华社.习近平:决胜全面建成小康社会 夺取新时代中国特色社会主义伟大胜利——在中国共产党第十九次全国代表大会上的报告[EB/OL].(2017-10-27)[2023-06-15].http://www.gov.cn/zhuanti/2017/10/27/content_5234876.htm.
② 曼纽尔·卡斯特.网络社会:跨文化的视角[M].北京:社会科学文献出版社,2009.
③ 陈剩勇,于兰兰.网络化治理:一种新的公共治理模式[J].政治学研究,2012(2):12.
④ 孙健,张智瀛.网络化治理:研究视角及进路[J].中国行政管理,2014(8):4.

结构的特点是其合法性来源于社区性而非行政性,在追求社区公共价值的过程中,多方力量都可以成为治理的主导力量,而每个社区行动者也都处于网络节点的位置。相关学者因此也提出在信息化时代,当前仍偏重于层级化治理的网格化管理最终需要走向网络化治理。① 因此,在新媒体时代,基层治理的发展首先需要管理者思维方式和治理风格向网络化治理模式转变,即需要培养网络思维,学习新媒体运营中的沟通和传播规模,真正从居民的偏好和体验出发,发挥技术和服务相结合的最大效能。

表 7.2 数字时代的社区治理结构

社区治理结构	合法性来源	价值取向	主导力量	行动者逻辑
层级化治理	行政性	部门价值	政府	管理者逻辑
网络化治理	社区性	公共价值	多中心	节点逻辑

(二) 重视"互联网+社区治理"的技术回应性

基于形成路径的差异,社区新媒体包括内生于社区的资源网络和官方推动的正式平台两种形式。前者反映了居民日常新媒体信息获取和社区互动的交织作用,而后者则在地方管理者的推动下形成。新媒体的信息和互动功能使其具备了媒体和社会网络的技术特征,而地方管理者参与的内容生产则给了新媒体政务平台的新属性。因此,相应的技术特征就可能彰显于多主体如何运用信息和互动功能影响社区治理的过程之中。例如,治理主体之间的互动体现了新媒体的社会网络特征,而新媒体的媒体则在不同使用者阅读相互间推送的信息、互动中的评论和留言时发挥作用。当地方管理者发布政务信息、回应居民意见时,社区新媒体则成为基层政务平台。作为治理主体的地方管理者、社区组织以及居民兼具了技术内容的生产者和消费者的双重身份。因此,新媒体技术的功能弹性就依赖于不同治理结构所塑造的多主体之间关系。一方面,不同形式的社区新媒体凭借信息和互动能力,让居民对社区管理、参与和认同等治理要素产生了不同评价,影响了社区治理水平。而另一方面,技术所嵌入的社区治理结构,如当前社区中并行的层级化和网络化的治理结构,塑造了多主体之间的行动逻辑,则可能让技术的功能发挥出现差异。

根据本书分析,社区新媒体平台运营者往往认为这类平台处于社区工作的边缘地带,社区居民也并不以此关心社区事务。然而被视为不关心"社区"的那些居民其实有自己的新媒体网络。与此同时,根据社区新媒体互动数据的分析结果,官方平台的关注群体实际也会对"社区性"内容予以积极回应。因此,社区新媒体实际形成了居民资源网络和社区正式平台的两个中心。在此格局中,本该起到联结地方管理者、社区组

---

① 王颖.扁平化社会治理:社区自治组织与社会协同服务[J].河北学刊,2014(5):6;刘少杰.网络化时代的社会治理创新[J].中共中央党校学报,2015,19(3):5.

织和居民,弥补大众媒体缺场的社区新媒体出现了分化。居民日常建立的新媒体资源网络由于具有信息和互动的复合性,当冲突发生时,甚至能够产生技术的"扩张",扮演"政务平台"的角色。这使得本只具有媒体和社会网络属性的新媒体资源网络扩展具有了"政务"属性,可能更加强化了以居民为中心的资源网络和管理者为中心的正式平台之间的隔离,带来更大的信任危机。

在我国的管理实践中,"社区"更多意指基于地域和行政内涵上的辖区。[①] 虽然社区居委会在法律上为居民自治组织,但日常运行中实际承担了大量辖区内的行政管理任务,呈现出城市基层政务的"最末端"机构特征。在此背景下,由地方管理者推动建设的社区官方微博和微信公众号等新媒体平台也成为数字政府治理潮流下基层行政的一部分。近年来,新媒体与政务服务的结合已成为数字治理发展的新趋势。然而根据一些对我国电子政务发展情况的实证研究表明,虽然信息化已成为当前地方政府治理能力建设的重要目标,但普遍存在对公众回应的比率低、速度慢和质量差等问题。[②] 根据对我国地级市的电子政务平台的分析,政府网站发展或地方政务微博扩散,起到决定作用的主要还是政府因素,公众压力对上述政务平台都没有。[③] 因此,新媒体所特别强调的互动功能以及社区作为最贴近公众生活的治理末端,贴近居民生活的社区新媒体平台在对居民需求的回应性也需要更加被重视。

(三)促进新媒体对新型城镇化背景下社区治理的积极作用

在城市化、市场化和数字化"三化叠加"的发展背景下,行政意义上的社区是当前各类社区建设项目落地的场域,在各级政府的日常话语中"构建城市熟人社区和地域共同体"也经常是建设的核心目标。然而我们要面对的一个客观现实则是城市化进程中的社区规模问题。根据图 7.1,至 2016 年我国社区平均人口规模在 7700 人左右。虽然几乎所有讨论中国社区建设方向的著述都会谈及滕尼斯的"共同体"概念,但是这种社区人口结构可能更接近滕尼斯笔下的"社会",而非"共同体"。在此背景下,大众传播媒介在塑造社区生活的共同感中就可能发挥重要作用。根据本书的调查分析,微博、微信等社会媒体融合于日常的邻里关系网络之中,交织而成的新媒体资源网络对社区服务、管理和认同感等治理元素都起到了积极作用。对于多数居民而言,亲身参与和了解每一项社区公共活动实际难以实现。由于社区新媒体兼具媒体和邻里网络的优势,就可能让各类社区互联网微应用成为居民观察、参与和感知社区的窗口,从而了解社区公共事务,实现社区认同。因此,无论是居民新媒体资源网络还是社区新媒

---

① 黎熙元,陈福平.社区论辩:转型期中国城市社区的形态转变[J].社会学研究,2008(2):26.
② 殷存毅,叶志鹏,杨勇.政府创新扩散视角下的电子政务回应性实证研究——基于全国923家县级政府门户网站的在线测评数据[J].上海行政学院学报,2016,17(4):11.
③ 马亮.政务微博的扩散:中国地级市的实证研究[J].复旦公共行政评论,2013(2):23;马亮.电子政务发展的影响因素:中国地级市的实证研究[J].电子政务,2013(9):14.

体平台,能否满足"社区性"需求都是其活力的来源。

近年来,随着城市商品房小区的迅速扩展,出现了很多人口数量过万甚至超 10 万的超大社区。这些新型社区、超大社区如何治理,成为当前基层社区建设和发展的一个难题。将社区进一步划分为更小的网格化,进行网格化治理,是当前重要的政策实践。与此同时,不少地方社区也开始尝试以"互联网+社区治理"的方式推动社会治理重心的下沉。正如本书调查结果显示,越来越多的居民通过微信公众号、社区群、智慧社区的相关 APP 软件、客户端等互联网技术手段,获取社区信息并参与到社区治理中。因此,在新媒体环境下构建社区建设的新路径,从本质上说,就是构建"线上"与"线下"融合的治理机制,依托新媒体技术,搭建多元化、多样性的互联网平台,构建政府、业主组织、物业公司、社区社会组织的协商沟通渠道,形成各个治理主体协同共治的格局。这样才能推动社区治理能力现代化,提升社区资源配置效率和基层管理的问题解决能力,提高社区居民的幸福感和获得感。

附录　社区建设与信息化服务调查问卷

A卷　社区建设问卷

一、社区服务与治理

A1.请您在下列选项中选择三种您认为最重要的社区服务。

1.养老服务　2.儿童照顾　3.婚姻家庭服务　4.生活救济　5.技能培训

6.文娱活动　7.调解邻里纠纷　8.社区环境卫生　9.社区治安

10.建设居民活动公共空间,如活动室、社区公园

11.公共空间的使用与治理,如治理停车难、占道经营等问题

12.翻新社区的公共设施　13.其他_____

A2.如果您家有老人,请您在下列选项中选择三种您认为最重要的社区服务。

1.老年食堂　2.老年学堂/大学　3.老年兴趣小组　4.紧急救助呼叫服务

5.日间照料中心托老所．6.家政帮扶　7.上门诊疗服务

8.其他_____

A3.如果您家有小孩,请您在下列选项中选择三种您认为最重要的社区服务。

1.亲子活动营　2.家长培训班　3.功课辅导　4.兴趣技能培训

5.志愿者培育　6.少儿托管　7.早教　8.心理咨询　9.小饭桌

10.志愿者培育　11.其他_____

A4.总的来说,您认为社区中出现公共问题的主要原因在于:

1.完全是政府的失职　　2.政府负主要责任,但居民也应负一部分责任

3.政府与居民有同等责任　4.主要是居民不遵守规则,但也有政府管理不力

5.完全是居民自身造成的

A5.对于社区管理者或政府有关部门对居民提出的社区建议的反馈与回复,您认为:

项　目	很　好	比较好	比较差	非常差
及时性	4	3	2	1
透明度	4	3	2	1
解决问题的效果	4	3	2	1

A6.您认为,解决社区中的公共问题,主要应该依靠谁?

1.依靠行政的力量　　　　2.行政力量为主,居民自我管理为辅

3.两者并重,相互配合　　4.居民的自我管理为主,减少不必要的行政干预

5.完全依赖居民的自我管理

二、邻里与社会网络

B1.一般来说,您对现在社会上的陌生人是否信任?

1.非常不信任　2.不信任　3.一般　4.比较信任　5.非常信任

B2.一般来说,您对居住在同一社区的居民是否信任?

1.非常不信任　2.不信任　3.一般　4.比较信任　5.非常信任

B3.在过去半年里,您与以下各类人群的日常来往联系的频率是:

人群类别	每天几次	每周几次	每月几次	每年几次	从不
亲戚	4	3	2	1	0
朋友	4	3	2	1	0
同事	4	3	2	1	0
邻居	4	3	2	1	0
居委会	4	3	2	1	0
业委会	4	3	2	1	0
社区服务人员	4	3	2	1	0

三、社区参与

C1.您是否在社区居委会选举中投过票?　　1.是　2.否

C2.您是否在业委会选举中投过票?　　　　1.是　2.否　3.无业委会

C3.您是否参加过业主委员会竞选?　　　　1.是　2.否　3.无业委会

C4.您是否希望小区有业委会或居民物业管理小组?

1.希望　2.无所谓　3.不希望

C5.您参与所在社区下列问题的活动或讨论情况如何?

问题类别	经常	有时	很少	从不
活动信息(如组织健身活动、文艺排练等)	4	3	2	1
便民信息(如交流打折、休闲娱乐信息等)	4	3	2	1
生活经验(如分享教育、抚育子女的经验等)	4	3	2	1
邻里互助(如在邻里之间借修理工具等)	4	3	2	1
空间议题(如停车拥挤、缺少休闲空间等)	4	3	2	1
设施议题(如健身设施老旧等)	4	3	2	1
环境议题(如环境治理、清理小广告等)	4	3	2	1
服务议题(如子女看护、居家养老等)	4	3	2	1
选举议题(如居委会、业委会投票或竞选等)	4	3	2	1
维权抗争(如联合起来与物业进行谈判等)	4	3	2	1

四、归属感与满意度

D1.请问您对社区以下各方面的满意程度是:

社区项目	很满意	比较满意	比较不满意	很不满意
居住环境	1	2	3	4
公共设施	1	2	3	4
周边配套	1	2	3	4
邻里关系	1	2	3	4
社区服务	1	2	3	4

D2.您对现在生活的总体感觉是:

1.很幸福　2.比较幸福　3.一般　4.比较不幸福　5.很不幸福

D3.您在多大程度上同意以下观点?

观点类别	完全同意	比较同意	一般	比较不同意	完全不同意
居住在这个社区,生活很便利	1	2	3	4	5
我很认可这个社区的管理水平	1	2	3	4	5
与其他地方相比,这里的社区环境令人满意	1	2	3	4	5
居住在这个社区符合我们家庭的需求	1	2	3	4	5
我觉得这个社区已经成为我生命的一部分	1	2	3	4	5
社区让我有家一样的感觉	1	2	3	4	5
我会在意别人对自己社区的看法	1	2	3	4	5

续表

观点类别	完全同意	比较同意	一般	比较不同意	完全不同意
我愿意为社区事务做点力所能及的事情	1	2	3	4	5
居民可以对社区管理产生影响	1	2	3	4	5
我觉得自己有能力参与社区管理	1	2	3	4	5
政府会重视居民对社区问题提的建议或意见	1	2	3	4	5
我对社区提的意见能得到及时回应	1	2	3	4	5

五、共同缔造

E1. 请问您一般通过哪些渠道了解"美丽厦门共同缔造"活动的相关信息？（可多选）

1. 社区宣传栏　2. 社区网站、微博、QQ群　3. 社区工作人员上门宣传

4. 电视新闻　5. 邻居、朋友相告　6. 其他（请注明）_____

E2. 请问您是否亲自参与过共同缔造的相关活动？

1. 经常参加　2. 偶尔参与　3. 从未参与

E3. 请问您参与共同缔造的程度是？

1. 关注　2. 建言献策　3. 出资出力　4. 无参与

E4. 您是如何参与到社区共同缔造中来的？（可多选）

1. 在亲友的带动下　2. 在邻居的带动下　3. 居委会的动员

4. 通过团体/组织　5. 主动参与　6. 其他（请注明）_____

E5. 您认为社区发动居民参与共同缔造工作做得如何？

1. 很好　2. 比较好　3. 一般　4. 差

E6. 您对"美丽厦门共同缔造"效果的总体满意度是：

1. 非常满意　2. 比较满意　3. 一般　4. 不太满意　5. 很不满意

E7. 您觉得共同缔造活动应该从哪方面入手效果最好？（可多选）

1. 环境整治　2. 商铺经营规范　3. 社区治安　4. 公共服务设施建设

5. 文化保护与创意　6. 培育社区活动组织　7. 推动居民参与社区管理

8. 其他（请注明）_____

E8. 以下哪些是可能阻碍您参加社区的共同缔造的原因？（可多选）

1. 不太清楚共同缔造的具体内容　2. 平时太忙，没有时间参加

3. 想参加，但是缺乏参加的平台和渠道

4. 这些都是政府的事，个人帮不上什么忙

5. 都是表面功夫，没有太大意义

E9. 请问您对厦门市以下各项共同缔造工作的满意度是：

活动名称	很满意	比较满意	比较不满意	很不满意
建设公共空间、环境改造	1	2	3	4
发动居民参与社区事务	1	2	3	4
组织培育社区组织	1	2	3	4
推动社区服务的提升	1	2	3	4
其他_____	1	2	3	4

六、人口学信息

F1. 您的性别：_____   1. 男   2. 女

F2. 您的出生年是：_____年

F3. 您在该社区居住了多少年？_____年

F4. 您的教育程度是：_____

1. 小学及以下   2. 初中   3. 高中(含中专、职高)   4. 大专   5. 本科   6. 研究生以上

F5. 您的政治面貌是：_____   1. 群众   2. 中共党员   3 民主党派   4. 共青团员

F6. 您的月收入是：_____(在横线填写或所在区间处打钩)

0	1001	2001	3001	4001	5001	6001	7001	8001	9001	10001	1万以上
1	2	3	4	5	6	7	8	9	10	11	

F7. 您的职业是：_____

F8. 您的婚姻状况是：_____   1. 未婚   2. 已婚   3. 离异   4. 丧偶

B卷　互联网使用与社区信息化问卷(互联网用户填答)

一、互联网使用基本情况

G1. 过去一周里，您每天平均接入互联网上网的时间是_____(包括计算机/手机/平板电脑等)

1. 小于1小时   2. 1～2小时   3. 2～3小时   4. 3～4小时

5. 4～5小时   6. 5小时以上

G2. 您第一次上网是在哪一年？_____年

G3. 您使用互联网以下功能的频率是：

功能类别	每天几次	每周几次	每月几次	每年几次	从不使用
G3.1 信息搜索	4	3	2	1	0
G3.2 影视、视频、音乐、软件等下载	4	3	2	1	0
G3.3 看体育、娱乐新闻	4	3	2	1	0
G3.4 看时事新闻	4	3	2	1	0
G3.5 用互联网看帖	4	3	2	1	0
G3.6 用互联网回帖	4	3	2	1	0
G3.7 收发电子邮件	4	3	2	1	0
G3.8 在线网络游戏	4	3	2	1	0
G3.9 使用社交网站(人人、开心网等)	4	3	2	1	0
G3.10 使用博客、微博等功能	4	3	2	1	0
G3.11 使用即时聊天工具(QQ、微信等)	4	3	2	1	0
G3.12 网络销售/购物	4	3	2	1	0
G3.13 网络金融服务(炒股、网银等)	4	3	2	1	0
G3.14 网络教育与培训	4	3	2	1	0

G4. 以下陈述与您的相符情况是：

项 目	从不	偶尔	经常
G4.1 曾在网上与陌生网友交谈	0	1	2
G4.2 在网上认识新的朋友后,会进一步联系	0	1	2
G4.3 和网友见面	0	1	2
G4.4 和网友成为现实中的好朋友	0	1	2

G5. 您是否使用微信？ 1.是　 2.否（该题选"否"者,跳答至G10开始）

G6. 您是否经常在微信群中发言？　　　　1.经常　2.偶尔　3.从不

G7. 您是否经常在朋友圈转发信息？　　　1.经常　2.偶尔　3.从不

G8. 您是否经常在朋友圈发表状态或评论？　1.经常　2.偶尔　3.从不

G9. 您在微信上主要关注哪方面的帖子？（可多选）

1.休闲娱乐　 2.时政新闻　　 3.健康养生　 4.科技数码　 5.旅游出行

6.本地生活　 7.与工作相关内容　 8.购物信息　 9.其他_____

G10. 您是否使用过微博？　　 1.是　 2.否（该题选"否"者,跳答至H1开始）

G11. 您的微博以转发为主还是以原创为主？

1.以转发为主　 2.以原创为主　 3.差不多

G12. 您在微博上关注的主要对象包括哪些？（可多选）

1. 亲朋好友　2. 影视明星　3. 某领域专家　4. 政府机构的官方微博
5. 草根名人　6. 商业公司　7. 您所在城市、行业中的相关机构　8. 公益组织
J. 其他_____

二、网络沟通与交往情况

H1. 大多数人时常会和他人讨论重要的问题。这些人，可以是自己的配偶、家人、亲戚、同事、老同学、邻居、朋友及网友等。在过去半年内，您在<u>网络上</u>和谁讨论过对您来说是重要的问题呢？请你说出<u>所有这些人</u>的<u>姓</u>或<u>简称</u>，如老张、小李、王姨、老伴等。（调查员：将被访者所说的交往对象<u>按重要性程度</u>，将其中<u>最重要</u>的5个人依次记录在下表第一行，同时请调查员记录被访者提出的全部人名的数目：☐）（注意：如果提名超过5个，记录实际数字；如果被访者不了解网络互动者相关背景信息，项目横线处填"0"）。

H2. 全部人名的数目是：_____（请务必填写该项）

与之讨论问题的主要对象	第一人姓：	第二人姓：	第三人姓：	第四人姓：	第五人姓：
H2a. 您与他主要讨论哪方面问题呢？（可多选） 1. 社会公共议题，如权益维护、环境等 2. 经济问题，如金融、财务等 3. 与工作有关事务 4. 情感方面，如倾诉、安慰他人等 5. 生活娱乐方面					
H2i. 你们的<u>最主要</u>沟通方式是通过： 1. QQ　2. 微信　3. 电子邮件 4. 社交网站　5. 微博 6. 其他网络聊天平台					
H2b. 他是您的什么人？ 1. 家庭成员　2. 亲属　3. 朋友 4. 网友　5. 同事　6. 邻居　7. 其他					
H2c. 他的性别：1. 男　2. 女					
H2d. 他的年龄是：					
H2e. 他的教育程度是： 1. 小学及以下　2. 初中 3. 高中（含中专、职高）　4. 大专 5. 本科　6. 研究生以上					
H2f. 他的职业是：					

续表

与之讨论问题的主要对象	第一人姓：	第二人姓：	第三人姓：	第四人姓：	第五人姓：
H2g. 在过去半年内与他聊天或娱乐的频繁程度是： 1. 经常（每周一两次） 2. 有时（一月一两次） 3. 很少（半年一两次） 4. 没有过					
H2h. 他居住在： 1. 同一楼栋　2. 同一社区 3. 同一街道　4. 同一县区 5. 同一省份　6. 其他省份 7. 其他国家　8. 不适用					

三、社区信息化服务情况

I. 您对如下信息化社区服务的需求情况及现有状况的满意程度如何？根据您的情况打分。

需求度：非常有需求　比较有需求　不太有需求　没有需求
　　　　3————————2————————1————————0

满意度：非常满意　比较满意　不太满意　非常不满意　不了解
　　　　4————3————2————1————0

项目	具体情况	您对该服务的需求状况如何				您对该服务当前实施状况的满意程度如何				
物业服务	I1.1 更便捷的上网服务（光宽带提速等）	3	2	1	0	4	3	2	1	0
	I1.2 网络支付物业收费	3	2	1	0	4	3	2	1	0
	I1.3 在线评价物业管理	3	2	1	0	4	3	2	1	0
	I1.4 小区电子门禁/电子识别车辆进出与停车	3	2	1	0	4	3	2	1	0
	I1.5 物业通信呼叫系统（维修/投诉等服务）	3	2	1	0	4	3	2	1	0
	I1.6 物业与业主、业主之间的网络交流平台	3	2	1	0	4	3	2	1	0
	I1.7 设置社区电子眼，监控不法行为	3	2	1	0	4	3	2	1	0
社区服务	I2.1 建立信息化监护系统（借助网络托管老弱病残等群体）	3	2	1	0	4	3	2	1	0
	I2.2 提供在线医疗咨询、预约服务	3	2	1	0	4	3	2	1	0
	I2.3 提供在线就业信息或提供网络就业培训	3	2	1	0	4	3	2	1	0
	I2.4 获取在线法律咨询、调解、维权服务	3	2	1	0	4	3	2	1	0
	I2.5 社区提供各类在线咨询、办理服务	3	2	1	0	4	3	2	1	0

续表

项目	具体情况	您对该服务的需求状况如何				您对该服务当前实施状况的满意程度如何				
资讯与参与	I3.1 网络推送社区最新的新闻资讯、活动信息	3	2	1	0	4	3	2	1	0
	I3.2 社区微信公众号	3	2	1	0	4	3	2	1	0
	I3.3 社区微博	3	2	1	0	4	3	2	1	0
	I3.4 社区网站	3	2	1	0	4	3	2	1	0
	I3.5 在线参与讨论社区事务的QQ群、微信群	3	2	1	0	4	3	2	1	0
交通服务	I4.1 使用统一的电子交通卡（如e通卡）	3	2	1	0	4	3	2	1	0
	I4.2 掌上公交（公交实时查询、到站提醒）	3	2	1	0	4	3	2	1	0

四、社区网络沟通

J1. 您所在的社区/小区中，是否成立了微信群、QQ群、微博等网络互动平台？

1. 有，而且我是一名老成员 2. 有，并且我刚刚加入群组中

3. 有，但我没有参与 4. 没有这些平台 5. 不了解

J2. 就您所知，这些网络互动平台的主要组织者是：

1. 居委会 2. 业主委员会 3. 社区活动组织 4. 普通居民

5. 其他_____ 6. 不了解

J3. 您通过相关网络平台（QQ群、微信、业主论坛等）参与以下社区活动的情况如何？

社区活动	参与程度			是否因此认识更多的邻里	
	经常	偶尔	没有	是	否
兴趣小组讨论	2	1	0	1	0
健康知识、亲子教育的分享	2	1	0	1	0
民主选举（居民小组、业委会）	2	1	0	1	0
社区团购、便民信息分享等	2	1	0	1	0
社区环境建设讨论（绿化、设施等）	2	1	0	1	0
社区矛盾化解（物业、宠物等）	2	1	0	1	0

J4. 您使用网络进行下列活动的频率如何？

网络活动	每天几次	每周几次	每月几次	每年几次	从不使用
浏览社区网站	4	3	2	1	0
阅读社区微博、微信号等发布的信息	4	3	2	1	0
了解当地最新的政策动态	4	3	2	1	0
向当地媒体反映社区中的问题或提出建议	4	3	2	1	0

续表

网络活动	每天几次	每周几次	每月几次	每年几次	从不使用
向上级部门反映社区中的问题或提出建议	4	3	2	1	0
向社区居委会、业委会提出工作建议	4	3	2	1	0
发表关于社区或地方治理的评论	4	3	2	1	0
网络信访、网络举报	4	3	2	1	0

五、网络效能感

K. 下列关于<u>互联网对社区公共环境影响</u>的陈述,哪些比较符合您的观点?

陈述类别	非常赞同	比较赞同	比较不赞同	非常不赞同
信息获取途径				
增进居民对社区管理的了解	1	2	3	4
增加参与公共事务所需的政策知识	1	2	3	4
增进对事实真相的了解	1	2	3	4
有利于居民进行民主监督	1	2	3	4
社会动员方式				
吸引人们关注居住环境	1	2	3	4
聚集起拥有共同利益和观点的居民	1	2	3	4
有利于居民联合起来捍卫自己的权益	1	2	3	4
有利于调动更多的居民资源	1	2	3	4
有利于扩大集体行动的影响力	1	2	3	4
政府与居民的互动平台:				
有利于地方管理者关心社区问题	1	2	3	4
方便政府对居民意见进行回复与反馈	1	2	3	4
有利于管理者传达政令	1	2	3	4
能够敦促政府部门进行政务公开	1	2	3	4

问卷到此结束,再次感谢您的积极配合!

祝您生活愉快,万事如意!